我和我的祖国系列丛书

全国性竞赛活动作文类竞赛获奖作品选集

（第二辑）

主编 葛东雷

·点评与写作指导·
·相关写作素材链接（课程思政融合案例）·

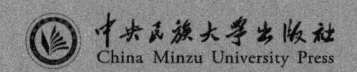

中央民族大学出版社
China Minzu University Press

图书在版编目（CIP）数据

全国性竞赛活动作文类竞赛获奖作品选集. 第二辑 / 葛东雷主编. -- 北京：中央民族大学出版社，2024.6.（2024.10重印）（我和我的祖国系列丛书）. -- ISBN 978-7-5660-2372-8

Ⅰ. H194.5

中国国家版本馆 CIP 数据核字第 20243T8H43 号

全国性竞赛活动作文类竞赛获奖作品选集（第二辑）
QUANGUOXING JINGSAI HUODONG ZUOWENLEI JINGSAI HUOJIANG ZUOPIN XUANJI (DIERJI)

主　　编	葛东雷
责任编辑	戴佩丽
封面设计	舒刚卫
出版发行	中央民族大学出版社
	北京市海淀区中关村南大街27号　　邮编：100081
	电话：（010）68472815（发行部）　　传真：（010）68933757（发行部）
	（010）68932218（总编室）　　（010）68932447（办公室）
经 销 者	全国各地新华书店
印 刷 厂	北京鑫宇图源印刷科技有限公司
开　　本	787×1092　1/16　　印张：24.5
字　　数	364千字
版　　次	2024年6月第1版　2024年10月第2次印刷
书　　号	ISBN 978-7-5660-2372-8
定　　价	98.00元

版权所有　翻印必究

编 委 会

主　　编：葛东雷
副 主 编：郑　兴　任　雪　王封霞　鲁瑞瑞　刘润芳　赵明亮
　　　　　刘　伟　陈　雪　张　琰　赵书仪　王鸿霞　贺依然
编　　委：（以姓氏笔画为序）
　　　　　于　晓　于启立　于晓航　马　瑾　马素珍　王　瑜
　　　　　王一诺　王桂林　王新宇　古　帆　师文佳　朱　丹
　　　　　乔　畅　刘洪志　刘雪丽　芦奕文　杨　斯　时玲玲
　　　　　张　晨　张倩倩　周润达　郑家齐　赵　哲　侯　玥
　　　　　洪　云　敖日格乐　顾　欣　徐　丰　徐嘉怡　高卿云
　　　　　郭亚杰　郭鸿宇　郭超博　符　笛　康　婷　裴景瑞

编委会成员及工作单位

主　编：葛东雷　北京工业职业技术学院
副主编：郑　兴　北京工业职业技术学院
　　　　任　雪　鄂尔多斯职业学院
　　　　王封霞　贵州财经大学
　　　　鲁瑞瑞　中国人民大学附属中学朝阳学校
　　　　刘润芳　北京理工大学附属中学
　　　　赵明亮　辽宁省康平县高级中学
　　　　刘　伟　沈阳市浑南区实验小学
　　　　陈　雪　盘山县高级中学
　　　　张　琰　深圳市新安中学（集团）外国语学校
　　　　赵书仪　锦州市逸夫中学
　　　　王鸿霞　北京邮电大学附属小学
　　　　贺依然　沈阳市沈河区文化路第二小学
编　委：（以姓氏笔画为序）
　　　　于　晓　北京市第五十四中学
　　　　于启立　中共克拉玛依市委员会党校
　　　　于晓航　大连市金州区城内小学
　　　　马　瑾　青海省海东市化隆县群科新区中学
　　　　马素珍　中央民族大学
　　　　王　瑜　锦州市义县第二高级中学
　　　　王一诺　南开大学文学院
　　　　王桂林　盖州市陈屯学校
　　　　王新宇　沈阳市浑南区第二初级中学
　　　　古　帆　北京市门头沟区大峪第一小学
　　　　师文佳　北大附中新馨学校

朱　丹	北京工业职业技术学院
乔　畅	中央民族大学
刘洪志	渤海大学
刘雪丽	沈阳市康平县方家九年一贯制学校
芦奕文	海南大学
杨　斯	天津师范大学
时玲玲	语文出版社
张　晨	北京小学通州分校
张倩倩	郑州科技学院
周润达	沈阳市和平区和平大街第一小学
郑家齐	北大附中西三旗学校
赵　哲	北京警察学院
侯　玥	中央民族大学
洪　云	北京市海淀区教师进修学校
敖日格乐	青海民族大学
顾　欣	盘锦市双台子区第三中学
徐　丰	渤海大学附属高级中学
徐嘉怡	马来亚大学（University of Malaya）
高卿云	中国社会科学院大学
郭亚杰	云南民族大学
郭鸿宇	渤海大学
郭超博	呼和浩特市新城区新华小学
符　笛	东莞市长安镇中山小学
康　婷	浙江省杭州市钱塘区金沙湖实验学校
裴景瑞	中央民族大学、沈阳师范大学

基金项目：

1. 2022年教育部人文社会科学研究青年基金项目"语言文字治理的理论体系与路径研究"（22YC740015）的成果。

2. 2022年北京市职业教育教学改革项目"职业院校'五位一体'课程思政育人体系改革与实践"成果（项目编号：AG2022001）。

3. 2023年北京工业职业技术学院职业教育教学改革项目"语文课程思政一体化教学设计与研究"成果（项目编号：JGXM-202312）。

4. 教育部教育类教指委中文专委会——北京语言文字工作协会2024年度教育教学改革课题"大中小学语文课程思政一体化教学设计与研究"成果（项目编号：2024JGZD005）。

学术支持：

1. 中国语文现代化学会汉语拼写教学专委会
2. 北京语言文字工作协会学校语言文化建设专委会
3. 北京工业职业技术学院语文学会/文综党支部/语文教研室

社会实践：

教育部、共青团中央"推普助力乡村振兴"全国大学生暑期社会实践志愿服务活动北京工业职业技术学院语文学会调研团队

北京工业职业技术学院大学生项目"职业院校推普助力乡村振兴的实践路径研究（BGY2024XSKY-53）

前　言

2024年1月，国务院学位委员会发布《研究生教育学科专业简介及其学位基本要求（试行版）》（以下简称《要求》）。其中，"中文创意写作"成为"中国语言文学"一级学科下新设立的二级学科，可招收本科、硕士和博士研究生。这标志着经过十几年的探索，"中文创意写作"学科建设取得重大进展，同时也凸显了新时代国家对"中文写作"的重视。增强学生的写作意识、培养学生的写作能力、提升学生的写作本领显得更为重要。

在原学科设置下，写作并非中国语言文学下设二级学科，多是在汉语言文学专业开设《基础写作》《应用文写作》《公文写作》等课程，对写作能力的要求较为弱化。"中文创意写作"更加注重写作创造力的激发、养成和拓展。作为新兴的交叉学科，中文创意写作既重点培养具有原创力的文学创作人才和具有深厚专业基础、出色创意才华的高层次应用型写作人才，也包括对创意写作学及新媒介写作研究、创作理论、写作教育等研究人才的专业培养。由此可见，从小培养学生观察事物的能力，锻炼学生的写作能力至关重要。

2022年9月27日，教育部办公厅关于发布《2022—2025学年面向中小学生的全国性竞赛活动的通知》，公布了6项作文竞赛，分别是世界华人学生作文大赛、叶圣陶杯全国中学生新作文大赛、全国中学生科普科幻作文大赛、全国中学生创新作文大赛、"语文报杯·时代新人说"全国中学生征文大赛、全国中学生环境保护优秀作文征集活动。本书依据以上作文竞赛获奖作品编写，但由于多方面原因，本次编辑出版的作品主要选自于北京工业职业技术学院基础教育学院学生的获奖作品，仅代表部分院校获奖作品质量与水平。本书作品文责均由作者本人负责，特此说明。编委会成员为作品撰写了点评与写作指导和相关写作素材链接（课程思政融合案例）。为丰富本书内容，还收录了教育教学改革课题成果作品和其他优秀作品。

  我们衷心希望这本书能够发挥其应有价值，让更多的学生更加热爱阅读、热爱写作、热爱中国的语言和文字、热爱中华优秀传统文化，希望这本书能够让更多的人受益。

编者

2024年6月

目 录

1 叶圣陶杯全国中学生新作文大赛获奖作品选录

生命中的点滴幸福 / 刘莎莎 ……………………………………… 2

浅秋之约 / 马艺瑄 ………………………………………………… 4

生如夏花 死如秋叶 / 侯佳睿 …………………………………… 8

诗歌里的文化 / 王雪一 …………………………………………… 11

温暖的家 / 吴思璇 ………………………………………………… 13

沿途的风景 / 邢宇涵 ……………………………………………… 16

充实与思考 / 崔正婷 ……………………………………………… 19

莫忘少年凌云志 追逐繁华新盛世 / 李雨坤 …………………… 22

轻舟已过万重山 / 王 灿 ………………………………………… 25

自信的力量 / 王俊皓 ……………………………………………… 28

2 全国中学生科普科幻作文大赛获奖作品选录

未来之镜 / 宋小川 ………………………………………………… 32

曙光 / 李琛 ………………………………………………………… 35

关于我提前体验碳中和这档事 / 历子强 ………………………… 38

青山水长流 / 刘 露 ……………………………………………… 42

环境保护 / 王佳音 ·············· 45
冷静 / 王俊皓 ·············· 48
低碳生活的我们 / 宋晋辉 ·············· 52
碳理想 / 邬 彦 ·············· 55
零碳的城市 / 尹 佳 ·············· 58
碳与草 / 尹家乐 ·············· 61
低碳环保 / 崔思彤 ·············· 64
178年后的世界 / 姜 好 ·············· 67
立足冬奥，"碳"索未来 / 李浩源 ·············· 70
我的2060 / 樊香伊 ·············· 73
绿色环保 低碳生活 / 王昕悦 ·············· 76
"双碳"改变生活 / 马鸣轩 ·············· 79

3 "语文报杯·时代新人说"全国中学生征文大赛获奖作品选录

青年理想 不负韶华 / 王雪一 ·············· 84
信仰 / 陈 旭 ·············· 86
争做新时代好青年 / 郑舒宇 ·············· 88
青春少年，强国有我 / 李逸菲 ·············· 91
人因理想而伟大 / 马鸣轩 ·············· 94
我的未来理想 / 张勋涛 ·············· 97

4 全国中学生创新作文大赛获奖作品选录

爷爷的茉莉花茶 / 姜佳琳 ·············· 100

老家的春节　/ 佟玥瑶 …………………………………… 103
珍藏的回忆　/ 徐天睿 …………………………………… 106
姥姥的饺子　/ 王一鸣 …………………………………… 109
旧相册　/ 孟　想 ………………………………………… 112
我的爷爷奶奶　/ 尹家乐 ………………………………… 115
怀念母校　/ 李逸菲 ……………………………………… 118
醒悟　/ 金泽阳 …………………………………………… 121
青春的烟花秀　/ 陈　旭 ………………………………… 124
纪念日　/ 梁晶涵 ………………………………………… 127
怀念祖母　/ 侯鑫宇 ……………………………………… 130
一场校园足球赛　/ 胡懿豪 ……………………………… 134
相册　/ 侯子木 …………………………………………… 137
母爱　/ 马鸣轩 …………………………………………… 140
落灰的相册　/ 全　亮 …………………………………… 143
追忆初中生活　/ 芮心欣 ………………………………… 146
画架　/ 樊香伊 …………………………………………… 149
怀念姥爷　/ 王俊皓 ……………………………………… 152

5 全国中学生环境保护优秀作文征集活动获奖作品选录

绿色生活实现双碳目标　/ 马一凡 ……………………… 156
保护生态环境，建设美丽中国　/ 宋小川 ……………… 159
美丽中国　双碳有我　/ 张勋涛 ………………………… 162
筑生态文明　绘山水宏图　/ 周新洋 …………………… 165
保护环境亦是社会重责　/ 刘思航 ……………………… 168
守护我们的绿水青山　/ 李　睿 ………………………… 171
环保在我心中　/ 孙慧怡 ………………………………… 174

饮食与环保 / 侯佳睿 …………………………………………… 177
防沙治沙 / 王一鸣 …………………………………………… 180
环保创新 / 刘　轩 …………………………………………… 183
以坚定如磐之心　守千年未改之梦 / 张　楠 ……………… 186
践行绿色低碳　守护美丽中国 / 崔志捷 …………………… 189
美丽中国　有你有我 / 范嘉宜 ……………………………… 192

6　世界华人学生作文大赛获奖作品选录

风从心起 / 侯子木 …………………………………………… 196
母辈的爱 / 隗琳琳 …………………………………………… 200
心中的博爱 / 王雪一 ………………………………………… 203
我的姥爷 / 宋佳音 …………………………………………… 206
伞 / 李雨坤 …………………………………………………… 209

7　教育教学改革课题成果作品选录

在那个阳光明媚的下午 / 廉　菲 …………………………… 214
跨文化之旅：留学生与中华文脉的诗意邂逅 / 林圣娥 …… 216
透过寨子的光 / 张竞阳 ……………………………………… 218
胸中有丘壑　眼里存山河 / 陈昊天 ………………………… 220
那边正在吟唱 / 华　旻 ……………………………………… 222
牧场 / 黄　敏　根嘎旦真　杨向飞 ………………………… 224
迈向未来：日语教学改革的探索与实践 / 吴　尽 ………… 226
国家通用语言文字共绘中华民族同心圆 / 汪大本 ………… 228
用好《中华民族共同体概论》/ 刘洪志 …………………… 230
协和万邦 / 韩宇珠 …………………………………………… 232

"绣"美年华　/ 陆宝婵　梁娟美　周素昭 …………………… 234

语法足可以让学生眼前一亮　/ 唐晓东 …………………… 236

江南恋歌　/ 张博皓 …………………………………………… 238

那一次　我真后悔　/ 赵曼婷　韩泽琪等 ………………… 240

青年人的精神偶像　/ 张小英 ……………………………… 242

穿越时空的对话　/ 肖　路 ………………………………… 244

代代相承中国"影"　/ 王　欢 …………………………… 246

古韵青岩：语言景观中的历史文脉　/ 马雪妮　刘淑雅 …… 248

跨文化视域下语言文化铸牢中华民族共同体意识　/ 汪良平 …… 250

我也谈谈爱情　/ 周婉婷 …………………………………… 252

九龙追梦记：泉州非遗之旅　/ 林丽娟 …………………… 254

合抱之木　/ 张婷婷 ………………………………………… 256

那棵房顶上的歪脖子树　/ 戴洪锐 ………………………… 258

寻找春天　/ 左佳帅 ………………………………………… 260

别开生面的清照词　/ 朱宇菲　彭　飞 …………………… 262

萤火之光　/ 杨雨露　魏凤英 ……………………………… 264

匆匆　/ 唐语笛 ……………………………………………… 266

诗意长安与智慧教室：人工智能时代的语文课堂探索　/ 史惠斌 …… 268

中华优秀海洋文化融入大学英语教学模式建构　/ 尹逸文 …… 270

春野村晚　/ 秦元玺 ………………………………………… 272

语言文字规范化背景下职业院校汉字教学改革的几点思考　/ 和百灵 …… 274

她的成长　/ 李　雯 ………………………………………… 276

大青树下石月亮小学的巨变　/ 李青山　芈　莹 ………… 278

讲好普通话并不难　/ 吴　万　任媛媛　郭艳荣 ………… 280

不学"文学"的文学院学生　/ 王伟民 …………………… 282

我的老家　/ 贺子轩 ………………………………………… 284

走在追梦的路上　/ 康军帅 ………………………………… 286

传承经典　培根铸魂　/ 申晓辉 …………………………… 290

勾连语言之桥，徜徉碧海蓝天 / 陈经纬 ·················· 292
寻文化之美 铸民族之魂 / 曲晟彬 ·················· 294
艺术促团结·文化润同心 / 黄 漫 谢海东 ·················· 296
课程思政育人重在教师 / 葛东雷 ·················· 298
夜游拙政园 / 郑家齐 ·················· 304
赓续中华文化 谱写时代新篇 / 侯 玥 ·················· 306
以生生之美 点燃民族之魂 / 乔 畅 ·················· 308
儒家文化从孔子学堂中走来 / 张雨婷 ·················· 312
普通话推广与汉语方言保护略论 / 黄尚霞 ·················· 314
久有凌云志，我辈逞英豪 / 冯禹晗 ·················· 316
语言文字数字化助力高校档案管理 / 何冠熠 ·················· 318
推进国家统编教材使用 铸牢中华民族共同体意识 / 陈建威 ·················· 320
离去的远山 / 李婷月 ·················· 322

8 其他优秀作品选录

姥爷与戏曲 / 王淇萱 ·················· 326
石头记 / 张 杉 ·················· 328
探寻文化内涵 / 蒋炳麟 ·················· 330
少年拾趣 / 焦博涵 ·················· 332
锤炼 / 刘牧涵 ·················· 334
不忘初心勤耕耘 踔厉奋发勇前行 / 王桂林 ·················· 336
当雪花与坚守同框 / 张倩倩 ·················· 338
励志与奋斗齐飞 传承共发展一色 / 王重元 ·················· 340
雕刻一把钥匙 / 李秋宏 ·················· 342
母亲从岁月中走来 / 冯 琳 ·················· 344
聆听大自然的声音 / 王黛瑶 ·················· 346

误入大海的小金鱼 / 王钥瑶 ………………………………… 347
凝聚青春力量 推普助力乡村振兴 / 张煜瑶 ……………… 348
炽热的青春 / 李梦涵 …………………………………………… 350
那一次 我与古典舞深深共鸣 / 刘灿然 …………………… 352
什么是年 / 王嘉瑞 ……………………………………………… 354
又见小麦黄 / 王真卓 …………………………………………… 356

9 跟着习近平总书记的足迹学习感悟选录

跟随总书记的足迹 从"课堂听"到"现场悟" ……………… 360
躬耕教坛心向往 强国有我勇担当 / 葛东雷 ……………… 362
以青春之我勇担时代使命 / 杨奕 …………………………… 364
坚定理想信念 不忘初心使命 / 郭蕊 ……………………… 366
挺膺责任担当 坚定文化自信 / 李雪艳 …………………… 369

1 叶圣陶杯全国中学生新作文大赛获奖作品选录

生命中的点滴幸福

刘莎莎

生命是一场充满挑战和不确定的旅程，但在这漫长的人生路上，我们也能够感受到许多点滴的幸福，这些小小的温馨和快乐，会让我们更加珍惜生命的美好。

幸福有时候是一杯清茶，有时候是一份早餐，有时候是一本好书。每天早上，泡一杯清茶，看窗外的风景，感受生命的美好。在忙碌的工作中，简单的早餐也能给我们带来无限的温暖和力量。而一本好书，能让我们沉浸在故事中，感受到别样的人生。

幸福也可以是一次旅行，一次聚会，一次演唱会。旅行可以让我们暂时离开繁忙的工作，感受不同的文化和风景。聚会能让我们感受到友情的美好和温暖。而在演唱会上，我们可以和千万人一起欢呼、跳动，感受音乐的力量和生命的激情。

幸福也可以是一次成功，一次认可，一次奖励。每当我们完成一项任务，获得认可和奖励，这都是生命中的点滴幸福。成功可以让我们感受到自身的价值和能力。认可和奖励，更是一种肯定，让我们感受到别人的关爱和支持。这些点滴幸福，让我们更加坚定自己的目标，让我们更加努力地追求自己的梦想。

每个人的幸福点滴都不尽相同，有些人的幸福来源于工作中获得的成就感，有些人的则是由爱情带来的温馨和感动。更重要的是，生命中的点滴幸福往往来自内心的领悟。当我经历了一次挫折或者失败时，我也会从中收获一些宝贵的经验，这些经历让我更加坚韧，也让我更加珍惜生命中的每一个幸福瞬间。

生命中的点滴幸福，或许微不足道，但却是我们前行路上的重要支撑和动力。如同伏尔泰所说："生命中最大的幸福，不在于拥有什么，而在于享受到什么。"

让我们珍惜每一个幸福瞬间，让生命更加美好、更加温暖。

【此作品荣获"第二十届叶圣陶杯全国中学生新作文大赛"省赛一等奖】

◎点评与写作指导

本文以"生活中的点滴幸福让我们更加珍惜生命的美好"开头，开门见山，让读者能够感受到生活中点滴幸福的重要性。接下来作者阐述了幸福在生活中的体现，可以是简单的清茶、早餐、好书，也可以是一次旅行、一次聚会、一次认可、一次成功……作者用细腻温暖的语言向我们阐述了生活中的点滴幸福带给我们生命的意义，虽然生活中总是有挫折和困境，但是我们要在幸福中汲取力量，让我们的生活更加美好。

总体而言，文章内容充实，情感细腻，表达流畅。同学们在写作此类文章时可以试着举一些生活当中的具体事例，这样能够更好地增加作者与读者之间的共鸣，通过描写来展示画面，让读者身临其境。

◎相关写作素材链接（课程思政融合案例）

隐秘而伟大——沈忠芳

沈忠芳，我国第三代防空武器系统总指挥，是我国航天事业的重要组织者、建设者和见证者。他说："人生最大的幸福，莫过于为人民的幸福奋斗。"他曾经亲眼看到日本飞机对上海进行轰炸和扫射，日本是侵略者，但他们有飞机，我国却没有，于是沈忠芳投身于飞机制造研究，并报考了飞机设计专业，立志保卫祖国的领空；他为了祖国的国防建设，毕业后投身于我国导弹研制，面对西方国家的封锁，自力更生、坚持真理、坚持理想、对党忠诚、不负民族，从此隐姓埋名60余载，一辈子都在磨砺国家的剑与盾，这是真正的大国脊梁。

浅秋之约

马艺瑄

春天是万物复苏的季节，一切都充满着生机，但它乍寒乍暖，大地空旷。夏天是绿色的世界，绿的草地，绿的树叶，葱葱郁郁，但它燥热难耐，还有蚊虫困扰。冬天是白茫茫的一片，令人心旷神怡，但它让人缩手缩脚，不想出门。

秋天就不一样了，它像一盒五彩缤纷的颜料，把黄色给了银杏树，把红色给了枫树，金黄色是田野的，橙红色是果树的，花仙子的颜色就更多了，紫红的，淡黄的，雪白的……

秋天是美丽的、收获的季节。但是我喜欢它不是因为这些，而是因为我和"浅秋"有个约会。

我爸爸是一名军人，自我出生以来，确切地说是在我出生以前就开始，爸爸每年只有"秋天"才休一次假，一次十几天到一个月不等。五岁以前的我，对父亲的印象都是模糊的，只是那一抹深蓝色的挺拔的背影。所有关于父亲的记忆，都是妈妈和奶奶口中说出来的，比如"爸爸什么性格，喜欢吃什么"，包括父亲的模样，也都是从家里的照片中刻进脑海里的。我唯一记得的就是，每到秋天的时候，爸爸就会回家，因此我们全家人都很盼望"秋天"，一家人欢声笑语，其乐融融。我也会和小朋友们去炫耀："我爸爸回来了，爸爸带我去哪玩了，爸爸给我买好多零食……"那时候，爸爸是我的骄傲。

随着年龄的增长，我和爸爸的沟通多了起来，电话上，QQ上，微信上……虽然还是每年一次"浅秋的约会"，但是父亲的形象在我心中却越来越清晰。他中等身材，不胖不瘦，黝黑的皮肤，浓浓的眉毛，一双炯炯有神的大眼睛，让人一看就觉得很威风、很坚韧。特别是在那身蓝色军装的映衬下，他就更加威武了。我从心里崇拜爸爸，也正是因为这些，只要爸爸在家时，我就会要求爸爸穿上军装去接我放学。那时候，爸爸是我的骄傲。

当然，再大一点，我上中学了，也到了青春期，有了自己的想法。我和妈妈的矛盾逐渐多了起来，家里的氛围偶尔会很紧张，但是和爸爸还是只有那一年一度的"浅秋之约"。好在这个时候，我们已经可以每天和爸爸视频交流，每次和妈妈出现不同见解，我都会和爸爸视频连线，诉说着妈妈对我的不理解，妈妈的唠唠叨叨，还有我自己的一些不太切合实际的想法。每次，爸爸都会在百忙之中听我诉说，耐心地倾听，细心地解释，在安慰好我的同时，话语间都会流露出"妈妈的辛酸和对妈妈的愧疚"。一次、两次，我还不是太能理解妈妈，总感觉妈妈很压制我。直到有一次，爸爸和我说："孩子，爸爸是一名军人，舍小家为大家是我们的责任，对于咱们家，对于爷爷奶奶，对于妈妈，包括对于你，真的有很多的愧疚，尤其是妈妈，她要替我撑起这个家，一个人照顾爷爷奶奶，一个人爱护、教育你，妈妈吃别人吃不了的苦，受别人受不了的委屈，但她从来没有在我面前说过一句埋怨的话，都是家里一切都好，你安心工作，所以你抱怨的妈妈，确实是最爱我们的呀。"从那一刻起，我醒悟了，听懂了爸爸的每一句话，妈妈确实是最美的"军嫂"。那时候，爸爸妈妈是我的骄傲。

再后来的一次"浅秋之约"，爸爸由于工作繁忙，不能按时休假，我和妈妈就在十一长假去了爸爸的部队，当时的行程让我记忆犹新。爸爸的单位是在一个卫星发射中心，一个荒芜又空旷的地方，我们下飞机后，有位叔叔来接我们，一路上没看到任何美景，也没见几户人家，所见都是一望无际的沙漠，也不知道坐了多长时间的车，才到了爸爸的部队。我看到的每一位叔叔，都是那么笔挺，走路带风，说话掷地有声、彬彬有礼，让我顿生敬意，这就是军人的本色。

那一天的晚餐，爸爸叫上他的两位战友和我们一起吃饭，其中一位叔叔应该比我大不了几岁，是一位刚刚入伍的新兵，他黝黑的脸蛋，瘦瘦的身材，简直就是邻家大哥哥的样子。可是，用餐中的一个小插曲，让我看到了"哥哥的伟岸"。服务员正端着热气腾腾的菜准备上桌，由于是汤菜，又盛得很满，可能这个小姐姐也是刚刚工作不久，快到我们桌上的时候，她突然手一抖，热汤洒到了兵哥哥的肩膀上，顺势又溅到了小姐姐的手上，只见兵哥哥迅速帮忙把菜放到桌上，不顾自己的肩膀，拉起小姐姐就去旁边的水池冲凉水，嘴里念叨着："被烫后一定要用凉水冲十分钟以上，里边的肌肉组织才不会被伤害到。"爸爸问："你没事吧？""我是钢筋铁骨！"兵哥哥笑着说。瞬间，我的心被融化了，我看着爸爸，看着叔叔，看着哥哥，那时候，他们是我的骄傲。

2016年爸爸退伍转业了，16年的部队生涯结束了，我们家也终于结束了对一年一度的"浅秋之约"的等待和期盼。爸爸回家工作了，但是我们家一直在延续这个"浅秋之约"，每年秋天都要组织一次有意义的全家活动。

我喜欢秋天的美丽，喜欢秋天的成熟，更喜欢秋天的这份情意。

【此作品荣获"第二十届叶圣陶杯全国中学生新作文大赛"省赛一等奖】

◎点评与写作指导

初读本文，我被文章中生动的故事所吸引；再读之，我为作者笔下军人的精神震撼。作者从四季的对比入手，为我们呈现了一个五彩缤纷的秋，而在这浅秋之中，作者却与之有一个约会，深深地吸引了读者。作者的父亲是一位军人，每年只有秋天，他才能与父亲相见。虽然军人父亲不能时时陪伴在作者身边，但是，他是作者的骄傲。随着青春期情绪的波动，"我"与母亲之间产生了矛盾，是父亲不断地指引"我"，让"我"感受到了"军嫂"母亲的不易。在去父亲所在部队的时候，新兵哥哥舍己为人的举动令"我"肃然起敬。这都是作者与"浅秋"之间的约定，文章结构严谨，让人读来意蕴无穷。

作者在本文中想要塑造鲜明的人物形象，除了通过事件来表现以外，可以尝试着使用一些环境描写，既可以渲染气氛、又可以帮助推动情节发展,刻画人物形象。

◎相关写作素材链接(课程思政融合案例)

自强不息书写"极限人生"——朱彦夫

朱彦夫,14岁参军入伍,曾参加淮海战役、渡江战役等,在抗美援朝战场上失去了四肢和左眼,国家安排他在荣军休养院休养,但倔强的朱彦夫不愿意在"功劳簿"上被人伺候,他毅然决然地回到家乡,想为家乡干点事情,靠着身上的那股不服输的精神,把一个贫穷落后、荒山秃岭、缺水少电的小山村建成了远近闻名的先进村。办夜校、开荒山、填深沟、挖水井、造梯田,每一件事都难上加难,但是他的每一段人生都有着一股子韧劲儿。他说:"人活着,就得奋斗;奋斗着,就是幸福;奋斗不止,幸福就不断。"

生如夏花　死如秋叶

侯佳睿

泰戈尔的诗中写道："生如夏花之绚烂，死如秋叶之静美。"小时候爷爷告诉我，这句话的意思就是鲜花在夏天盛开的时候十分美丽绚烂，在秋天的时候变成枯叶，缓缓落下，有一种特别的美感。

爷爷在我印象中是一个身材矮小却强壮的人，他皮肤黝黑，眼睛中透着淳朴。因为早年当过兵，他的身体十分强壮，精力旺盛。听老一辈们讲，爷爷在部队踏踏实实，吃苦耐劳，立了不少功。退伍后，他便返回家乡发展。爷爷是善良的，邻居家的水管、门锁坏了，他都会帮忙修好。有一天我和爷爷在骑车回家的路上，碰上了一位父亲抱着自己发烧的女儿，爷爷二话没说把车骑了过去，带着父女俩去医院，直到晚上才回到家。

爷爷是平凡的，他和大多数老人一样，喜欢自己种种菜，养养花，喜欢出去和别的老头们一起喝酒聊天，他还有一个最大的爱好就是抽烟，奇怪的是爷爷抽了一辈子烟，却从未在我面前抽过一次。每次和他出去，他都会紧紧地握住我的手，他的手掌上布满了厚厚的茧子，像老树皮一样粗硬，手背上爬满了弯曲的血管，可却是那么温暖。

爷爷是怀旧的，他总是喜欢戴一顶蓝色的帽子，听说这是他的老班长送他的，这么多年还保留得十分完好。家里到处都是以前的老式照片，照片上的他精神抖擞，神采奕奕，眼神是那么坚毅。

爷爷是坚强的，在我上初中的时候，或许是常年吸烟的原因，爷爷不幸患上了肺癌，从那天起他像变了一个人，本来话就不多的他变得更沉默寡言了，有时会望着墙壁呆呆地出神，但每次只要我去看他，他便会高高兴兴地给我讲在医院的趣事，有一次，我忍不住哭着问他疼不疼，他笑着摸了摸我的头说："傻孩子，我这个身体还扛不住这点小病吗？"没过多久他的头发全部褪去了，那个精神的老头现在变得无精打采，他应该很累吧，没有人知道他那段时间经历了什么，或许一辈子要强的他，不需要我们来同情他，所以从未在我们面前倾诉过，又或许是不愿意看我们伤心难过，装出一副若无其事的样子。

他"走"的那一天我陪他说了很多话，那天凌晨两点多我胸口闷得睡不着，起床就得到了爷爷去世的消息，我身边那个爱笑的老头，就这么"走"了，睡不着原来都是有"预兆"的。爷爷出殡的前一天，家里来了好多的人，那天晚上我用纸包了很多元宝，看着田埂的烈火燃烧，只求他在"那边"也能无忧无虑，奇怪的是我往哪里站，火焰便往哪边吹，火烧到了我的脸，或许是在"两个世界"的原因，爷爷摸一下我的脸会那么痛，但我没有躲开，因为我知道那是爷爷和我最后的告别。

生命是山，我们无法估计它的长度，只能追求它的高度，生死并不可怕，被人遗忘才可怕，我们要趁着大好年华努力学习，努力进步不断提升自己。直到今天我才真正意识到当时爷爷那句话的准确意思，我们在生的时候要活得像花一样五彩缤纷，多姿多彩，在"走"的时候才能安安静静，不留任何遗憾。爷爷的那朵夏花在生命的秋天里凋落得静美，但在我心里他永远热烈绽放着。

【此作品荣获"第二十届叶圣陶杯全国中学生新作文大赛"省赛二等奖】

◎ **点评与写作指导**

"生如夏花之绚烂，死如秋叶之静美。"是爷爷经常挂在嘴边的话，"我"小的时候并不知道是什么意思，只以为那是爷爷为了彰显自己有文化而刻意引用，可是，当爷爷最后离开"我"的时候，"我"才幡然醒悟，爷爷是以他平凡却坚强的一生践行着这句话，同时，也深深地影响了"我"，让"我"感受到了生命的意义和价值。作者在描写爷爷"走"的那天的情形尤其动人，能够看出作者是一个善良、有心、孝顺的孩子，他和爷爷是有心灵感应的，爷爷"走"的那天，他胸闷得睡不着觉，烧着纸元宝的火焰一直朝"我"的脸上吹,是灼热的痛,但是"我"没有躲开,因为"我"知道那是爷爷在"另一个世界"对"我"的轻抚,让人潸然泪下。亲情是我们一生中弥足珍贵的,爷爷爱抽烟,却从未在"我"面前抽过一次;癌症那么痛,却从未在"我"面前显露过一次。爷爷平凡而坚强的一生通过作者的笔触深深地走进了我们的心中。

写人的文章可以采用夹叙夹议的布局方式,这样能够给读者清晰明了、言之有物的体验,在布局上也可以采取单句成段的过渡和单独一段的议论,结构上条理分明,可以让本就不枯燥的文章增加更多的可读性。

◎相关写作素材链接(课程思政融合案例)

家

贺知章在《回乡偶书》中写道:"少小离家老大回,乡音无改鬓毛衰。"家,是我们的巢,无论身居何处,都有一丝牵挂伴随着我们。家是一个特别暖心的字,一个宝盖头遮住了风吹雨打,一个竖钩把全家人紧紧地系在一起。家是避风港,是我们伤心难过之时,可以放肆痛哭的地方。家也是我们最大的底气,有父母和兄弟姐妹的支持,是我们的靠山。小时候,我们总觉得外面的世界很精彩,想去外面看看;长大后,我们却总想回家,因为一杯热茶,一个拥抱,可以让我们卸下一切伪装和疲惫。

诗歌里的文化

——丹心照汗青

王雪一

时光辗转,岁月无声,历史的更迭无疑是一个流逝的过程。每个人由于性格、经历不同,历史必然会给出不同的结局,有的人苟且偷安,贪享一时之乐,最终被钉在历史的耻辱柱上,而有的人为国家抛头颅洒热血,"留取丹心照汗青",被人们传颂千古,留名青史。

自古往今,历代文人志士皆为民族与国家点燃自己的一分光,撑起一片天地,他们无疑是鲁迅先生口中的萤火,是中华真正的脊梁。

留取丹心照汗青,是梦想亦是执着。

司马迁惨遭宫刑,所有人都认为他会庸碌地度过此生,可他遭逢大难依旧初心不改,成就了"史家之绝唱,无韵之离骚"的《史记》,正是司马迁执着追求梦想,坚持一片丹心,才成就了此番文学造诣,达到史学创作的至高境界,这在今日同样值得我们学习。

留取丹心照汗青,是爱国亦是信念。

无论是于谦"粉骨碎身浑不怕,只留清白在人间"的气节,还是林则徐"苟利国家生死以,岂因祸福避趋之"的追求,他们无一不把国家和人民放在首位。立身于世确应如此,无论从事为何,身在何方,官也好,民也罢,只要心怀国家,就能够绽放出自己的价值之花。

留取丹心照汗青,是奉献亦是担当。

鲁迅先生讲过:"中国从不缺少舍生取义的人。"无论是孙中山先生的政治变革,还是鲁迅先生的文学改革,抑或黄兴、秋瑾等人的武装革命,他们都凭借个人的一片丹心肩负起民族大义。除了他们，也有后者，当代青年须知晓：这些行为的意义是什么？是对民族的责任，是对人民的守护，是宁可奉献生命也要勇往直前的担当。

"人生自古谁无死，留取丹心照汗青。"这是气节，是信念，更是爱国爱人民的担当。"数风流人物，还看今朝。"新时代的篇章已缓缓揭开，我辈青年，沐浴在祖国今日的阳光下，更应了解民族的历史，坚定文化之自信。以梦为马的我们，当树立远大之志向，坚守初心之使命，塑造科学之思想，涵养家国之情怀，谱写时代华章，不负青春韶华。

【此作品荣获"第二十届叶圣陶杯全国中学生新作文大赛"省赛二等奖】

◎点评与写作指导

本文以"丹心照汗青"为中心论点，从"梦想与执着""爱国与信念""奉献与担当"三个方面进行论证说明。文章采用多种论证方法，融举例论证与引用论证为一体，增加了文章的文采。作者立足于时代与自身情况，充分展现了当代青年热爱祖国、奋发图强的精神品质。全文条理清晰，层次分明，结构完整。论据贴合主题，触动人心。

议论文最常见的写作思路是"引、议、联、结"。"引"指的是结合材料或事例引出中心论点。"议"指的是分析议论，用事实加以论证，用道理说服读者。"联"指的是联系历史或现实生活，举例子，摆事实，讲道理。"结"指的是总结全文，延伸拓展或再次强调论点，照应开头。

◎相关写作素材链接（课程思政融合案例）

留取丹心照汗青——文天祥

文天祥，南宋民族英雄。文天祥德才兼备，有爱国诗歌传世，辞、意皆优。

文天祥在元军兵临城下时，群臣奔逃，但他明知凶多吉少，却置个人生死于不顾，几度挣脱敌军魔掌，为雪国耻，临死也一心为国，他在《指南录后序》中发誓："生不能救国难，死尤为厉鬼以击贼。"他也因此写出了"人生自古谁无死，留取丹心照汗青"的慷慨悲歌。

温暖的家

吴思璇

人们都说青春只有一次，要去敢于尝试、勇于体验。一次，我和朋友相约去爬山，在山顶，我们看到了壮丽的日出，站在山顶向下望去，一片灯火璀璨。

突然，一阵手机铃声打断了正在看日出的我，是我的妈妈，不出所料她对我展开了一番教育，我嘴上答应着，其实压根没有听。像这样的争吵天天都有，有的时候虽然我吵赢了，却没有丝毫畅意。在我14岁的时候，正是青春叛逆期，对长辈说话毫不客气，对此直到现在，我对爸妈都很愧疚。

我常常因为学习的事情和妈妈吵架，记得有一次，我和妈妈的情绪都很激动，妈妈说："我怎么能生出你这么个孩子！"我呆住了，虽然我们常拌嘴，但是从来没有说出伤人的话，我感到很伤心，于是赌气一个星期都没有跟妈妈说话。最终还是妈妈打破了僵局，好似无意地说了一句"衣服别乱丢"，这是我们数日里说的第一句话，我还是没有回应。那天晚上我出来上卫生间，看到爸爸正安慰着妈妈，我隐隐约约能听到妈妈说"怎么办啊，我说了过分的话，女儿不理我了"。我本就是一个感性的人，更何况我的行为使日日呵护我的妈妈伤心。我忍不住推门出去，抱着妈妈大哭："对不起妈妈，我错了。"妈妈也抱住了我。现在回想那时候还真是幼稚。

以前我上学不住宿，现在终于可以独立了——住宿舍！起初，我为摆脱爸妈的束缚而兴奋，却没有想到学校远远不如家里好。刚开学一个星期，我就感染了病毒，回到家一直感觉困倦，直到妈妈回来才发现我发烧了。嗓子的疼痛使我没有食欲，妈妈耐心地为我做各种健康饮食，高烧不退的时候，妈妈不顾被感染的风险也要守在我身边。爸爸也在我发烧时，忙前忙后。我的爸爸是个很"前卫"的人，记得小学时我总是完不成作业，爸爸经常偷偷帮我写，直到被妈妈发现，他们两个还为此生气吵架，即便是现在还会提及此事。

去年，奶奶被疫情"带走"，这个家就靠爸爸支撑着。爸爸平时给我的印象是天不怕、地不怕的英雄，但是有一天看见爸爸在偷偷落泪，爸爸看到我，对我说："爸爸没有妈妈了。"原来爸爸也有内心柔弱的一面，只是在我面前表现得非常坚强。

爸爸妈妈都是"双面人"，他们会把不好的情绪消化掉，在我面前永远展现他们的开心。他们两个一个思想开放，一个有些传统，我们家在外人看来也许比较冷清，但是只有我知道，有爸爸、有妈妈，还有我爱的小狗，这就是温暖的家，这就是幸福的生活。

【此作品荣获"第二十届叶圣陶杯全国中学生新作文大赛"省赛三等奖】

◎点评与写作指导

该作品是一篇典型的记叙文，作者首段先回忆了看日出这件事，自然地引出"我"的"妈妈"，回忆了"我"与爸爸妈妈之间的故事。全文叙述详细具体，细节描写生动逼真。慈父严母的形象跃然纸上。作者的文笔流畅质朴，以朴素的语言表现真挚的情感，叙说井然有序。结尾处的升华于平凡的叙述中展现深厚的内涵，家永远是温暖的港湾，情真意切。

好的记叙文应该充满生动形象的描写，精细入微的刻画，包括人物的语言、行为、心理活动以及事件发展的过程、景物的变化等。在写作中也可以适当运用自然环境描写为全文定下感情基调，通过环境烘托人物心理。

◎**相关写作素材链接（课程思政融合案例）**

感恩文化

中国自古以来便有感恩文化。《诗经》中有这样一句话："投我以木桃，报之以琼瑶。"一个木桃、一块美玉，连接的是人与人之间的心意，投桃报李也由此而来。结草与衔环也与报恩有关，它们均出自《左传》。

结草讲的是一位士大夫在其父亲死后，将父亲的爱妾改嫁他人，而并未让其殉葬，这位爱妾已死去的父亲为了报答士大夫，将地上的杂草缠成结绊倒了士大夫的敌人。

衔环的故事则讲的是一个孩子救了一只黄雀，黄雀衔来四枚白环，声言此环可庇佑恩人子孙世代身居高位。

后人将两个典故合在一起，比喻受人恩惠，定当厚报。

沿途的风景

邢宇涵

一个美好周末的午后，风和日丽，我在平坦的道路上骑着自行车，迎着北京春天温暖柔和的风，踏上了从家前往学校的旅途。这对我来说是第一次骑车前往学校，21公里说长不长，说短不短，重要的不是旅途的终点，而是沿途的风景。

林间小道的宁静与新鲜空气使我放松地蹬着脚蹬，听着耳机中传来的轻松悠扬的音乐声和林间的鸟鸣声。此刻，在我的世界里只有远方的道路和脚下的自行车。也许是刚开始上路的缘故，那是旅途中最放松、最自由自在的一段时间。

后来逐渐踏上主道，沉浸在刚才清新氛围中的我还没反应过来，身旁的各种高楼大厦就好似突然出现，耸立在我周围，好在平坦的大道并没有什么变化。城市中的车水马龙、汽车的笛声、在路上奔波的人们，这一切都是这座城市的独特风景。而作为其中的一员，我也真真切切地感受到了北京这座现代化城市日常的忙碌。

突然，耳机中的导航传出"您已偏航，正在为您重新规划路线"的语音。之前的路都是严格按导航走的，这使从小没有自己骑车出过远门的我慌了，我急忙把车停到路边，开始摆弄起自己的手机，那一刻，我仿佛真的有一种网上所说的"被困在城市的高楼大厦中迷失"的紧张感。好在只是地图软件的导航模式选错了，差点让我进入了自行车不能走的路，重新设定好导航模式和终点之后，我松了一口气继续踏上前往学校的路。

在经历过小插曲之后，我离学校也不远了，等完红灯，跨越最后一个十字路口，我顺利地抵达学校。回了宿舍之后，我先是给父母报了平安，然后开始复盘这次的路途，突然感觉也没什么，甚至开始回忆和享受之前骑车的感觉，感觉这趟短短的旅途是那么充实与美好，这是在我之前的忙碌生活里从未体会到的。

人都有自己要走的路，无论沿途的风景如何，如果自己不去留意，即使是再美的风景，也无法体会到。

【此作品荣获"第二十届叶圣陶杯全国中学生新作文大赛"省赛三等奖】

◎点评与写作指导

文章开头简短地介绍时间、地点，以景物描写代入主题，画面感十足。文章主题是"人生重要的是沿途的风景"，接下来作者围绕这一主题来讲述一件平淡却立意深刻的事情。过程详略得当，写出作者对行车时沿途风景的极度享受与喜爱，沉浸在沿途风景时又有小插曲，最后当一切安定下来后，作者依旧怀念着沿途的风景，还享受着这样充实而美好的感觉。结局升华主题，将整个事件与文章升华，以小见大。这虽为一件小事，作者却能描写得有声有色。该篇文章主题新颖独特，令人耳目一新。

景物描写要突出景物的神韵，必须抓住景物的层次和主要特征有序描写。场面描写要突出场面的特点，要把人物置于场面之中。不管是人物描写、景物描写，还是场面描写，都必须注意细节描写，就是对故事情节中那些极富个性特点的细枝末节方面进行描写。细节虽小，却往往通过作品给人留下深刻、难忘的印象。优秀的文学作品，甚至一篇不太成功的作文，常常因其某一独特而极具个性的细节描写，而令我们过目不忘。

◎相关写作素材链接（课程思政融合案例）

享受过程　尊重结果

积极追求目标是生活中不可或缺的态度。然而，我们有时候太过专注于结果，而忽略了当下美好的过程。成功并非单纯源自成果，更在于我们在努力奋斗中的不断提升与学习。

珍惜当下，享受每一个细节，体会其中的乐趣与收获，这就是真正的享受过程。同时，无论最终的结果是好是坏，我们都应该持积极的态度去珍视自己所付出的努力。成功带来的成就感、失败带来的经验教训，都是我们不断成长的机会。因此，让我们怀揣乐观与积极，坚持不懈地追求自己的目标，享受探索的过程，成就自我。

充实与思考

崔正婷

我走在下晚自习的路上，月光照在我脸上，让我不免觉得辛苦。想到上学期的自己还并没有感到这么痛苦，也许是这学期课程增多了吧，上学期一直沉浸在快乐之中的我一直没有感受到一名真正高中生的苦累，直到现在我才觉得，也许这才是我应该有的充实生活。

于是我开始思考，人生是否也一样，轻松地开始之后便是痛苦的日子。其实认真想一想，在日常生活中，我们也在不知不觉地"放纵自己"，有些事情明明可以做却一直没有去做，一直在推迟，直到有人顶替了你，才会觉得放松。然而我们对待生活不能总抱着侥幸心理，应该去尽力争取。生活本身就是充实而又忙碌的，我们不应停留在自己所认为的舒适圈里而不去接触外面的世界。

想到这里，我加快了回宿舍的步伐，这种充实的生活虽然苦累，但是也确实让我有了前进的动力。然而学习生活确实变得充实起来了，可是我自己是否也是真的在努力？还是做做样子？回想今天的学习，我上课时虽然认真听讲了但对于不懂的地方没有及时去请教老师。作业虽然完成了，但是我对于有些题还是一知半解。

"原来充实并不是自己感觉到的，而是行动得到的啊。"我这样想着。回到宿舍，洗漱完后我躺在床上认真思考，我不应该仅仅感受到充实，而应该真正体会到充实所带给我的知识与回报。第二天在去上课的途中，我拿起记在笔记本上的英语单词并开始背了起来，在英语课的听写中发现英语单词都被我顺利地写了出来。我想，这就是充实吧，并不是只要忙忙碌碌过完这一天才称得上充实，而是我努力了并且得到了真实的回报。

于是我给自己设立了目标，让自己的生活变得真正充实，不是虚假地做做样子。自此以后，我逐渐理解到充实的意义，并不是认为自己的生活是如此辛苦，通过蒙蔽让自己沉浸在"舒适圈"中，躲在给自己画的局限中，而是用真正的行动告诉自己什么是充实的一天，证明自己这一天所做的事情是对自己有意义的。

人生如此漫长，在自己认为合适的小圈子里给自己划清界限并非对自己有益，即使这样能够带来短暂的欢乐与幸福，但是人总要学会向前迈步。或许，直到自己真正走出所谓的"牢笼"时，虽然经历了许多苦难与劳累，但是所见的风景也与圈子里所局限的风景有所不同。

这一次下晚自习，我走在和平常一样的道路上，但是心里所想的与之前有所不同，我不再感到劳累与困难，而是感受到了如何让这一天过得更有意义，变得更加充实，让自己学会更多的知识。我想，这就是我的成长，也是我向前努力的动力，让自己感受到生活的美好，学会让自己跨出舒适圈。

我拿出了笔记本，记录下自己独立思考的过程，也提醒自己，让自己变得更加努力，让生活成为自己认定的充实，让自己不再迷茫，不再感受到虚假的充实所带来的劳累感，这一次的思考带给我十分有意义的道理，也成为我牢记于心的目标。

【此作品荣获"第二十届叶圣陶杯全国中学生新作文大赛"省赛三等奖】

◎ **点评与写作指导**

题目揭示文章内容，引起读者思考。文章结构严谨，围绕充实与思考展开叙述，开头介绍故事背景，和主题联系更加紧密，后续作者经过思考，明白自己处在充实的舒适圈中，也重新认识到充实的真正意义是自己真正的努力得到了回报，为理想而奋斗的过程描写真情流露。结尾紧扣主题，点睛之笔短促而有力，情感丰富而真实，引发读者共鸣，表达出作者会为了明日更加充实而不断思考、不断奋斗的决心。

一个人的内心独白往往不好用文字表达，怎样把内心所感所想通过文字表达出来的关键在于琢磨每一个字、每一个词以及每一句话，真正做到表达不啰唆、语言无口语化，最重要的是要有真情实感。

◎相关写作素材链接（课程思政融合案例）

天才画家王希孟

　　王希孟的一生极其短暂，他的生命只有短短的二十年，在这短短的一生中只画了一幅画，但他却在人才济济的北宋被誉为天才画家。但是天才也是用勤奋浇灌出来的，十岁出头的王希孟一开始入宫只能干些杂活儿，但每逢夜深人静的时候，他总会刻苦学习作画技能。后来他有幸得到了宋徽宗的赏识与指点，绘画技术也有了质的飞跃。在十八岁那一年，他花了半年时间完成了主要取景自庐山、鄱阳湖的绢本设色画——《千里江山图》，成为中国十大传世名画之一。

莫忘少年凌云志　追逐繁华新盛世

李雨坤

在我的成长道路中，不乏会遇见种种困惑与挫折，面对人生路上的各种不平与困难，我希望在经典著作中找到人生的方向。在经典著作中，我可以与作者达到心灵上的同频共振，可以感受到他人与我同在的慰藉，可以得到世事浮沉的答案、执迷不悟的解脱、雾里看花水中看月的回头和学会放手的岁月静好……风雨有时，读书无止。一本好的书，如同在至暗时刻，抚平忧伤的良师益友。

我一直不知道初心是什么？又该如何坚守？就在我困惑不已时，我有幸读到屈原在《离骚》中写到的"亦余心之所善兮，虽九死其犹未悔。"这句话，屈原的亲身经历给予了我将自己的人生志向坚持下去的理由与动力。这本书就像是一面奇妙的"镜子"，让我们看见了千百年前，屈原纵身一跃，以他认为正确的方式结束了他短暂而又精彩的一生，只为坚守他的信仰与初心。

这种精神值得所有人尊敬，在我看来屈原就像是兰花，它不与世争俗，长在幽芳的山涧之中，从来只顾自己倔强生长；他品性清高，立志为自己的国家打下一番事业，他开始不断提升自己，他的爱国之心令人为之动容。从此，他踏入了水火两热的朝堂，辅助君王左右，不断参与治国理政的事务。他善于吸取前朝的经验，从而提出了"选贤任能"的新政措施，也正因为创立新政，才使楚国强大。回看他之所以在官场上有如此大的成就，离不开他的自我磨炼与提升以及对梦想的绝对忠诚。他敢直言相劝君王，尽管知道必定会困难重重，但他依旧追随于君王身后，直面指出君王的过错，他不能容忍君王的错而不改，因此他敢与君主直面对抗。他看不惯那些大臣们阿谀奉承，不愿意与他们同流合污，就一直朝着自己认定的方向大踏步地行走，最后以死明志，表达自己对于国家的绝对热爱。

在了解到屈原的事迹后，再观如今，我看到了大多数人为了追求名利而日渐麻木，从而放弃了最初的梦想。我以屈原为榜样，希望自己能够成为一位像屈原那样的人，遇见不公敢于发言，遇见困难也能勇往直前，而不随波逐流。

我的未来要风雨兼程，朝那烈焰繁花之处，以梦为马，或是披荆斩棘，或是潇洒自如地向着远方前行。心中铭记——不忘初心，方得始终，出走半生，归来仍是少年。

【此作品荣获"第二十届叶圣陶杯全国中学生新作文大赛"省赛三等奖】

◎ 点评与写作指导

文章开门见山，作者开头前两段提出观点，认为阅读经典名著可以让思想更加优良，形成一种良性的循环，语言有感染力。作者引经据典地写出了对现实麻木人群的批判与对屈原等品格高尚之人的崇敬与赞美。文章构思巧妙，内涵深刻，取材新颖，全文语言流畅，铿锵有力。文章以小见大，讽刺了现在一些人追求名利而麻木，放弃最初的梦想的现象，作者不甘于同流合污，不屑与这些人为伍，愿不断奋斗来完成自己的理想。文章结尾令人饱含期待与热情，言已尽而意未了。

在记叙的过程中，恰到好处地对所记叙的人和事抒发感情，可以让平白的叙事锦上添花，引起读者的共鸣。抒情，就是用真挚的语言来抒发内心的情感。抒情的文字有时渗透在文章的字里行间，作者凭借所描述的人、事、景、物来传情达意，即间接抒情，常见的间接抒情方法有叙事抒情、借景抒情、托物言志三种。抒情文字有时在叙述和描写的基础上直接抒发，也就是直抒胸臆。

◎相关写作素材链接（课程思政融合案例）

人生起于低谷，也要逆风前行

江梦南，人如其名，一个温文尔雅的女孩子，可是意外却降临在这个美丽大方的女孩身上。半岁时她因药物导致失聪，但在父母的帮助下，她努力学习唇语，通过读唇语学会了"听"和"说"。接下来，其凭借顽强的毅力和坚持不懈地学习，最终考上了吉林大学，并顺利完成了本、硕所有学业，也如愿被清华大学录取。江梦南，用其不屈的毅力改写了命运的不公。后来，江梦南做了人工耳蜗植入手术，怀着"解决生命健康难题"的学术志向笃定前行。在无声的世界里，江梦南用乐观、坚强谱写了一曲激昂向上的青春生命乐章。

轻舟已过万重山

王 灿

在人的一生当中，会有许许多多当时认为可能过不去的"坎"。小的时候，作业没写是天大的事情；到了中学，成绩退步是天大的事情；到成年之后，工作受挫又成了天大的事情。但随着时间的流逝，渐渐地，我们终会放下与原谅过去那些难以跨越的"坎"。

要驶过这些难以释怀的大山，我们所需的那艘轻舟，便是自我的心态。在我们"春风得意马蹄疾"，身处鲜花与掌声之中的时候，需要的是使自己淡然、谦逊的"一叶扁舟"。只有保持内心的淡然，才会使我们的一叶扁舟不会被重重荣誉和骄傲压垮。只有驾着这样一艘小船，我们才会有可能驶向远方辉煌的港湾。"宜将剩勇追穷寇，不可沽名学霸王"，在得意之时，我们所需的是这样一种奋发、进取的心态，这样才会让我们越行越远，不至于在乌江自刎，叩石而歌。最危险的一刻，便是即将胜利的一刻。须知超然物外，不忘骄兵必败，无论面对成功还是失败，我们都要保持良好的心态。

人生中，高光时刻终究是短暂的，大部分时间，我们始终处在平凡的时刻。没有鲜衣怒马的热血，也没有英雄末路的落寞。取而代之的是平淡无奇的俗世生活。但平凡不等于平庸，如果我们所保持的是"躺平"的思想，那或许这一生中我们都会过得平平无奇，如机械般麻木。此时的我们，需要的是"直挂云帆济沧海"的勇气与激进，以勇于创新的心态去迎接接下来的每一天，充满希望地去看待一切事情。生活即使琐碎，我们也可以在这鸡毛蒜皮的小事中找到存在的乐趣，从而驶过重重大山。

人生中的这些大山不难驶过，难的是在遇到不同的大山时用怎样不同的心态去驾驶这一艘小船。在得意的时候淡然，平凡的时候激扬。在人生的大海中行驶，即使风雨如磐，命途多舛，只要拥有一份适时而变的良好心态，在以后的某一天，蓦然回首，原来"轻舟已过万重山"。

【此作品荣获"第二十届叶圣陶杯全国中学生新作文大赛"省赛三等奖】

◎点评与写作指导

本文以"轻舟已过万重山"为题，论述了在人生起落中保持良好心态的重要性。文章运用排比式开头，列举了人生中不同阶段的"坎"，并鲜明地提出中心论点——"要驶过这些难以释怀的大山，我们所需的那艘轻舟，便是自我的心态。"进而又分别论述了在人生得意之时和平淡失落之时应当具备的不同心态：人生得意时，应当保持淡然和谦逊；人生落寞时，应当积极进取，无惧无畏。中心论点和分论点之间结构清晰，逻辑顺畅。

议论文写作中，同学们可以采用举例论证、道理论证、对比论证等方法增强文章的说服力，恰当的论据往往能有力地支撑起自己的论点。此外，在行文过程中，作者应当重视以下几个问题：一是论点是否缺失或不突出，是否需要论证；二是论据是否能够切中论点中的关键词；三是行文是否结构清晰，有层次，有深度。一篇优秀的议论文，论点、论据以及论证过程应当是紧密联系、环环相扣的。

◎相关写作素材链接（课程思政融合案例）

不完美才是人生

季羡林先生，堪称学术界一代宗师，在语言学、文化学、历史学等领域建树颇丰。他精通多国语言，是世界上仅有的几位研究吐火罗语的学者之一。回顾其一生，跨越自清朝末年到改革开放后的漫长岁月，他的一生，体验过辉煌也经历过落魄，蹲过牛棚，还在传达室当过门房。季老先生曾说过，即使在困难的时候，也没有丢掉自己的良知，不完美才是人生常态，唯有尽人事听天命，方能保持心绪的平和。

"莫听穿林打叶声，何妨吟啸且徐行"，人生有起有落，重要的是要始终保持豁达的心态。正所谓"胜不骄，败不馁"，成功有时，失败有时，得意有时，落寞有时，唯有保持良好的心态，才能在人生路上披荆斩棘，徐徐向前。

自信的力量

王俊皓

自信是人生中最重要的性格特点之一，它就像一盏灿烂炳焕的明灯，可以照耀我们成长，也可以把生命中的未知点亮，因此，我们要驱散自卑，拥抱自信。

在现实生活中，我们不可能总是一帆风顺的，生活的主旋律中还是有困难和挫折的，我们要勇往直前，不能因为一些小小的挫折而产生自卑心理，从而丧失了信心。

自信具有强大的力量，它可以改变一个人的心态和选择。每个人都有可能成为各领域的佼佼者，可能只是由于缺乏了那一丝一毫的自信心从而错失良机。斯坦尼斯拉夫斯基是俄国著名的戏剧家，有一次排练话剧，女主角突然不能演出了，斯坦尼斯拉夫斯基实在找不到人，只好叫他的大姐担任这个角色。他的大姐以前只是一个服装道具管理员，现在突然出演主角，便产生了自卑胆怯的心理，演得极差，引起了斯坦尼斯拉夫斯基的烦躁和不满。一次，他突然停下排练，说："这场戏是全剧的关键，如果女主角仍然演得这样差劲儿，整个戏就不能再往下排了！"这时全场寂然，他的大姐久久没有说话。突然她抬起头来说："排练！"一扫以前的自卑、羞怯和拘谨，演得非常自信，非常真实。斯坦尼斯拉夫斯基高兴地说："我们又拥有了一位新的表演艺术家！"

自信是英雄的创造器，适当的自信造就了一批批传奇人物。然而，自信不仅仅造就英雄，也成为平常人人生的必需。缺乏自信的人生，我相信必是不完整的人生，我自己也有深刻体会。

我小时候本来是个很自信的人，但是刚到高中时，我非常害怕与陌生人交流，在陌生人面前我会十分紧张和拘谨，连打招呼我都不愿意，从而在学习和个人爱好等方面错过了很多宝贵的机会。这时妈妈找到了我，说："孩子，小学时我总是和你说关于自信的问题，我觉得你一直做得很好。但通过近期的观察，我发现你现在的问题是怕在别人面前表达自己，这就是一种缺乏自信的表现。每个人都会有紧张犯错的时候，要相信你自己，不要在乎会不会说错。"后来，我意识到我必须有所改变。那时正好有一位新的语文老师在高二分班后的第一节课留了自我介绍的作文作业，第二天每个人都会进行自我介绍。我认真地完成了作业，第二天我心怀忐忑地走进教室。第一节课就是语文，我紧张极了，因为一会儿老师会让我们进行自我介绍。上课铃打响了，一位女老师走了进来，两束尖锐的目光从她那炯炯有神的眼睛中发射出来，紧皱的眉毛和严厉的表情让我感到浑身不舒服，我开始怀疑自己能不能做到，快到我的时候，我的心中不停打鼓。突然，妈妈的声音回响在我耳边，我毅然走到了讲台上，开始介绍我的名字、年龄、性格、爱好等特点。一开始我还是有些紧张，手略微颤抖，但是我很快适应了这个环境，并表达出了我内心想说的话。发言过后，老师和同学都为我鼓掌，我长舒了一口气，心想：我成功了！

我终于找到了属于我自己的自信心，希望在今后我可以变得更加自信，成为更好的自己。

【此作品荣获"第二十届叶圣陶杯全国中学生新作文大赛"省赛三等奖】

◎点评与写作指导

本文是一篇论点明确、行文流畅、选材贴近生活的议论文。文章以"自信的力量"为题，开篇即点明了自信的重要性，并提出论点"我们要驱散自卑拥抱自信。"接着，作者分别用俄国戏剧家斯坦尼斯拉夫斯基和其大姐排练戏剧的故事以及自己在高中阶段重拾自信心的经历作为论据，进一步论证了自信具有强大的力量，能够帮助人们勇敢面对挑战，取得成功。但需要注意的是，典型事例作为议论文的论据，其写法要跟记叙文有所区分。在描述典型事例时，作者以精妙的语言向读者清晰地呈现事件的来龙去脉即可，不必将事件中人物的语言、神态、动作、心理等细节一一描述出来。否则，文章很难做到详略得当，进而论证的逻辑结构也会受影响。

举例论证能够帮助作者具体有力地论证分论点，增强文章的说服力和可信度，让深奥的道理变得浅显易懂，也很容易能够让读者产生共鸣，是议论文写作中常用的论证方法之一。

◎相关写作素材链接（课程思政融合案例）

自信的名言积累

1.有必胜信念的人才能成为战场上的胜利者。——希金森

2.一个人面对正当之事物，从正当的时机，而且在这种相应条件下感到自信，他就是一个勇敢的人。——亚里士多德

3.一个人除非自己有信心，否则不能带给别人信心；已经信服的人，方能使人信服。——麦修·阿诺德

4.相信就是强大。怀疑只会抑制能力，而信仰却是力量。——弗烈德利克·罗伯森

5.天生我材必有用，千金散尽还复来。——李白

2 全国中学生科普科幻作文大赛获奖作品选录

未来之镜

宋小川

衣

"主人,起床了!"随着机器人小爱的一声轻唤,我从甜美的梦境中醒来,机器人小爱此时正有条不紊地将我今天要穿的衣物放到床上一一展开,衣物不再是原来那些纯棉制品,而是采用纯天然的树叶以及鲜花制成。树叶作主体材质,鲜花的主要作用是调色,衣服上会有淡淡的花香和青草的味道,使人无时无刻不沉浸在大自然中。

食

来到餐厅,一家人早已围坐在餐桌旁,机器人小爱正在忙前忙后。我与大家打着招呼,坐在自己的座位上,我的面前摆放着一瓶牛奶,奶瓶上印有一头可爱的奶牛,下面是生产日期,精确到几时几分,从产地源头到餐桌只有1个小时。我们的食材都是点对点供应,其中包括:蔬菜、水果、蛋、奶、鸡鸭鱼肉等,无需自己采购。机器人小爱又陆续给我们端上了粗粮面包以及时令蔬菜与水果。

行

推开房门,金色的阳光立即将我罩于其中,伴随着的是润人肺腑的清新空气。街上的人们也在充分享受大自然给他们带来的快感,老人们闲坐在公园内，大人们在肆意畅谈，孩子们在开心玩耍。街上只有悬浮式的公共汽车，人行道与主干道是完全隔开的，人们只有进入站点，才能乘坐公共汽车。其他机动车辆全部在地下行驶，并且有专门的交通机构统一远程操作。

人行道相对宽敞，完全是花园式设计，有的古色古香，有的颇具行为艺术感，有的是新中式风格，使人流连忘返。人们可以随意进行拍照打卡，不用再担心任何突发危险。

购

所有购物场所均为大型综合性商场，进入商场首先要进行人脸识别，然后才能购物。物品分区分类进行摆放，机器人会引导你。每件物品上都有标签，标签上写有产地、生产日期、材质等，还在明显的位置标有二维码及物品编号。如需购买，只需脸部对准购物识别器，扫描商品的编码及数量即可。购物结束后，在商场出口进行结算，结算完成后机器人会按照您所提供的地址给您送货到家。

感

未来的生活可能要比我想象的世界更加美好，人们生活的环境更加优美，人们不再忍受病痛的折磨，人们可以与小动物和谐相处。经济正在高速发展，我们的环境碧水蓝天。绿水青山看似不如金山银山，但是它给人们带来的长久效益，使我们受之不尽。

【此作品荣获"第九届全国中学生科普科幻作文大赛"省赛一等奖】

◎点评与写作指导

本篇文章题目别出心裁，以"未来之镜"为题，巧妙地吸引了读者兴趣，接着作者分别从"衣""食""行""购"等几个方面展开论述，畅想了在未来，人与自然和谐相处、绿色低碳的生活场景。作者以时间为线索，从早上起床开始到购物结束，在每个场景的描写中，作者好似拿着放大镜，将生活中的细节刻画入微，让人感觉身临其境。

文章结尾处以作者自身的感悟为主，从眼前利益来看，金山银山来得更快更实际，而从长远来看，绿水青山才能真正促进经济发展和环境保护双赢。全文细节刻画较为细致，条理清晰，想象奇特，不失为一篇优秀的科幻类文章。

◎ 相关写作素材链接（课程思政融合案例）

沙漠愚公——苏和

苏和，是一名退休干部，退休后，他并没有急于享受晚年的美好生活，而是带着老伴回到了家乡，生活在中国北部内蒙古自治区阿拉善盟额济纳旗的丝绸之路上一个保存完好的古城——黑城遗址附近。

苏和在2004年到2021年间种植了一片覆盖3500亩的森林，在沙漠中建造了一片绿洲，为当地的生态文明建设作出了重大贡献，这是黑城遗址防沙尘暴的生态盾牌。他常说："在我有生之年多栽几棵树，就能给后人留下一个好环境"。2021年，苏和老人去世了，但是他的精神却犹如这森林一样，充满生机，充满力量。他的妻子和儿子决定留下来，继续照顾和扩建这片森林，在这个罕见的沙漠地区，谱写一首首绿色的生命赞歌。

曙光

李琛

"丹顶鹤，鸟纲，鹤形目……"慕梓在办公室读着刘森前辈的电子笔记，心里感慨万千。"现在不再是过去了啊……"慕梓感叹道，这位年过花甲的老科研人员也感慨这山河变迁之飞速，他的眼中渐渐流露出了光芒。

2055年，中国要实现碳中和，人们的不懈努力和对人与自然和谐相处的渴望造就了如今的水木繁华；2041年，失踪数十年的长江白鲟突然重新出现在大众的视野；2045年，黄土高原重展绿茵，蒙古野驴在高原驰骋，黄河鲤鱼在水中逆流而上；2051年，大熊猫正式退出保护动物名单。到今天，距离疫情结束已经过去了三十多年，人们摘下了口罩，呼吸到了久违的新鲜空气。人们开始走亲访友，一切都步入了正轨。

慕梓是一名刚刚毕业于华东师范大学的硕士研究生，他为了实地考察丹顶鹤的种群变迁，特意乘坐空气能源的"中和号"高铁来到了黑龙江省漠河市。不久他便与漠河的老科研者刘森完成工作上的对接。刚来到漠河森林湿地保护区，慕梓便看到了从未见过的景象：一排排丹顶鹤扶摇直上，鹤唳声响彻云霄，鸟儿们在这里无忧无虑地生活着。刘森看到慕梓那"没见过世面"的样子，呵呵地笑着，用一口浓烈的东北口音说："咋样？娃儿？这些你在学校可没见过吧？"

"是没见过……这真的太神奇了！"慕梓激动地说。他拿出相机拍摄，又发现没有安装胶卷，他急忙从背包里拿出胶卷，但刘森依旧笑着说："别担心娃儿，这些鸟跑不了。"

慕梓当日收获颇丰，到后来甚至有些应接不暇。他一边查看照片，一边和刘森聊天。刘森走到饮水器旁，将水壶放到茶台上，饮水器便汨汨地淌着温水。刘森喝了一口水说："娃儿，你现在看到的，都是我们当年想都不敢想的场景啊……那会儿，寒冬一到，万籁俱寂啊！漠河的冰面特别厚，连拖拉机都能开上去，现在不一样了，国家碳中和已经实现，咱们漠河虽然依旧结冰，但是不会那么厚啦！这样更适合鱼类鸟类安然度过冬天。"

慕梓饶有兴趣地听着，他明白，是国家的强大让现在的环境如此优美，环境的重要性不可估量，国家的举措是明智且值得永世不忘的。

刘森抚摸着慕梓的手，饱含深情地说："娃儿啊！一定要好好努力，让国家变得更加富强，让咱的子孙世世代代住在绿荫下！我们这一代老啦！该你们这些新时代青年来接班了！"

慕梓热泪盈眶地说："放心吧刘教授！我们新时代青年一定举起开辟未来的旌旗！"慕梓坐在椅子上，关闭了电脑上笔记的页面，摘下眼镜向外眺望——迎着日出，那里一片雪白，新品种青松的黑绿点缀着白雪，一些丹顶鹤不时飞往高空。

"当时虽是数九寒冬，东方的曙光依旧映入眼中。"晚年的慕梓在自己已经泛黄的日记本上这样写道。

【此作品荣获"第九届全国中学生科普科幻作文大赛"省赛一等奖】

◎ 点评与写作指导

  该篇文章是一篇典型的科幻类小说，全文语言流畅、行文舒展自如，不失为一篇成功之作。作者开篇介绍了故事发展的背景，在2055年，中国实现了碳中和，濒临灭绝的国家保护动物重回人们视野，环境优美、人与自然和谐相处。接着作者以两位主人公对话的方式描写了2055年实现碳中和的中国一角——漠河。文章结尾处呼应文章题目——曙光。

  在小说写作中，同学们可以在人物的对话中适当添加一些人物的动作、神态及心理活动等描写。因为现实生活中，人们每说一句话，或多或少，或明显或隐蔽，总会伴随一些动作和神态，这些动作和神态往往同说话的内容是一致的。因此，在写对话时运用恰当的描写手法，不但增强了对话的表现力，而且更鲜明地刻画了人物。

◎相关写作素材链接（课程思政融合案例）

什么是碳中和？

气候变化是人类面临的最严峻挑战之一。工业革命以来，人类活动燃烧化石能源、工业过程以及农林和土地利用变化排放的大量二氧化碳滞留在大气中，是造成气候变化的主要原因。除二氧化碳之外，具有增暖效应的温室气体还包括甲烷、氧化亚氮、氢氟碳化物、全氟化碳和六氟化硫。为了应对气候变化，促进人类社会的可持续发展，必须努力减少温室气体排放。

碳中和是指人为排放源与通过植树造林、碳捕集与封存技术等人为吸收汇达到平衡。碳中和目标可以设定在全球、国家、城市、企业活动等不同层面，狭义指二氧化碳排放，广义也可指所有温室气体排放。对于二氧化碳，碳中和与净零碳排放概念基本可以通用，但对于非二氧化碳类温室气体，情况比较复杂。由于甲烷是短寿命的温室气体，只要排放稳定，不需要零排放，长期来看也不会对气候系统造成影响。

（本文摘自《碳达峰、碳中和100问》）

关于我提前体验碳中和这档事

历子强

2030年某试验基地开展了碳中和模拟实验。该实验模拟2060年的生活环境，实验对象在全国范围内随意抽选，而我很荣幸可以参与其中。

"一会儿把衬衫解开，躺在床上，保持放松，大脑也尽量放空，不然可能会影响模拟过程以及结果。模拟过程中您的安全会得到保护……"实验操纵人员一边在操控台上调试仪器，一边为我讲解实验的注意事项。

"好的！"我用微微颤抖的声音回复道。我躺在实验用床上，心里"砰砰砰"跳个不停，内心既感到兴奋，又不失紧张。

"切记，这只是模拟，不是现实，如果实验中的任何模拟场景使您难以接受，请您保持冷静，否则模拟结果可能会产生变化。实验过程大概是24小时，时间一到会自动退出，最后祝您一路顺风。"

话音刚落，眼前的场景就开始变化。"是我家！"我惊讶道。但这里既熟悉又有点儿陌生。我在家中徘徊，家里变化很大，少了很多家具，并且变得异常整洁和空旷，整个客厅只有一张单人沙发。还没等我继续思考，一缕微风从我的鬓间吹过，阳光透过窗户洒进我的房间。我三步并作两步来到窗前，两只手握住窗框，身体向前倾，努力将头探到窗外，无论是万里无云的天空，还是长满花草的大地，都让我目不暇接。窗外的景色不断地驱使着我望去，不同于现在的是，世界仿佛静音一般，城市没有了嘈杂喧闹，变得异常宁静。

当我沉迷于窗外的风景时，手机传来消息，是我的领导在询问我，"你还没到吗？"这时，我才意识到今天是工作日，我急急忙忙换上衣服冲出家门，向公司跑去。

前往公司的路上行人很少，且异常从容，没有过去的匆促，唯一匆忙的我显得有点儿格格不入。即使现在是早高峰，马路上的车辆也异常稀少。我感觉一切都变了，行人没有了原本的匆忙，街道不再拥挤，城市少了喧闹，剩下的只有各式各样清新美丽的绿化。

到了公司，虽然我迟到了，却没有被斥责，经理面对我的道歉只有一个"好"字。我带着疑惑来到工位，和身边工作多年的同事吐槽上司的迷惑行为。他没有理会我，继续手上的工作，而我却无心工作，视线不受控制地向窗外望去，情不自禁地问身边的同事："你说这汽车是什么能源驱动的啊？"

同事一惊，但又马上冷静回答道："你傻啦，这些常识都忘了？现在汽车普遍用氢能源驱动，2035年那会儿柴油车就已经被淘汰了。"

"这样啊！平常那个大大咧咧的你呢，现在怎么变得这么安静啦，平常一分钟不吸烟就难受的你现在怎么一根也不来了？"

"从2035年新政策开始实行我就戒了，再像以前那样大大咧咧的，碳排放量总得超标，哪有那么多碳资金。"

"啥东西？那啥玩意？"

"你没事吧？就是钱啊！不说了，和你聊天浪费不少碳资金。"说完他便转头工作，不再回答我的问题。

我整理了一下刚刚的对话，从2035年开始，人们找到了新能源，政府发布了新政策，社会发生了巨大的变化。以一个市民的角度说，我对此很开心，不仅城市变得更加美丽环保，人也变得更加和善。

中午，我结束了上午的工作，带着激动的心情来到食堂，心里想着现在这么先进，食物肯定也更加丰盛。但当我只看到一盘青豆静静地放在面前时，我心里十分复杂，愤怒吼道："就吃这点东西？"但看向其他人，却显得异常平静，我找到我的同事问道："午饭一点肉都没有吗？"

"你难道不知道肉是奢侈品吗？养一头牛排放的碳是青豆的几百倍，肉那种东西现在已经很少见了。"我正想说什么，手机又传来消息，但这次不是老板，是欠款提示音，上面写道，"您今日排放量已经用尽，多余排放会从碳资金中扣除。"我很震惊，问这是什么。同事说："谁让你这么兴奋，运动就会排放热量。多余的排放我可以帮你垫一点碳资金，要珍惜。"没等他说完，我便跑出公司，一路跑回家。

到了家里，我慢慢冷静下来。这不是我想象的未来，确实，环境得到了保护，但代价却是连活动都会受到限制。我一直在否定这个模拟的未来社会，即使是虚拟的，我依然难以接受。

到了晚上，城市里几乎没有灯光，我因黑暗感到恐惧，但当我从窗口看向星空，那是我从来没见过的景象。整片星河清晰地漂浮在天空中，它的璀璨让我沉醉，原来是曾经的灯火辉煌遮掩了星空的灿烂。我的想法在这一刻转变，我开始重新思考今天的所见所闻。曾经烟不离手的人，如今戒掉烟瘾；虽然无法在舌尖感受到鲜美的味道，但肥胖率大幅下降，人们越来越健康。当然，还有很多我没有体验的。

如果你要问我，实现碳中和对人类来说是正确的吗？

我想回答你，那星辰大海便是答案。

【此作品荣获"第九届全国中学生科普科幻作文大赛"省赛一等奖】

◎ 点评与写作指导

该篇文章是一篇较为典型的科幻类文章，文章以第一人称"我"来展开叙述，开篇介绍故事背景，紧接着作者讲述了生活在2060年的人们是如何生活的，每一个人有固定的碳排放量，超额需要支付对应额度的碳资金。作者的想象力丰富大胆，描绘了未来碳中和世界的优美环境，人与自然和谐相处。但是，作者在描绘未来美好世界的同时，对严格控制碳排放的措施也产生了质疑。显然，作者在认真思考如何让人类文明进步的同时能够实现生态环境的优化。

科幻小说的创作并不是完全发散思维，毫无根据地乱想，每一个成功的科幻故事都是构建于现实认识的价值体系之上的。

◎ 相关写作素材链接（课程思政融合案例）

文学艺术创作要坚定文化自信，秉持开放包容，坚持守正创新。中国科幻小说起步较晚，我们一方面要立足中华优秀传统文化，从传统文化中汲取营养，另一方面也要从西方科幻小说中学习创作经验。《弗兰肯斯坦》（全名是《弗兰肯斯坦——现代普罗米修斯的故事》）被认为是世界上第一部真正意义上的科幻小说，它还被译成《科学怪人》《人造人的故事》等名字。这本小说创作于1818年，作者是英国作家玛丽·雪莱。该作品的主角，即弗兰肯斯坦是一个研究生命起源的生物学家，他经常在藏尸间偷盗尸体并进行肢解，将不同的身体器官进行拼凑。拼成的怪物获得生命后向弗兰肯斯坦索要女伴、温暖和友情，主人公被吓得落荒而逃，接下来发生了一系列诡异的悬疑案件。本篇科幻小说打开了人们丰富想象的世界的大门，我们应取其精华，去其糟粕，创作出人民喜闻乐见的优秀科幻小说作品。

青山水长流

刘 露

雨果说:"大自然是善良的慈母,同时也是冷酷的屠夫。"大自然,这个我们赖以生存的家园,如水,能载舟,亦能覆舟。

青山环绿水,白云缀蓝天。从古至今,我们在地球母亲的怀抱中才得以生存。单是山的秀丽,海的辽阔,花的芬芳,就足以让我们感受到生命的鲜活。中华上下五千年的文化在地球上源远流长,我们在地球上繁衍生息,地球妈妈也用甘甜的乳汁哺育着我们一代又一代人。

"水光山色与人亲,说不尽,无穷好。"李清照一言道尽了这人与山水之情。曾经,环境保护在绝大多数人眼中是无用之事,在追名逐利的道路上,人类因为自己的私心将唯一的地球村落破坏得满目疮痍。地球流着痛苦的眼泪,于是她终于爆发了!因为人们乱砍滥伐,她便降下沙尘暴;因为人们浪费资源,乱排废气,她便让全球气候变暖,冰川融化;因为人们往溪流里排放污水,她便流着泪引发赤潮。当工业革命的瘴气笼罩了蓝天,当病树前头再没有万木之春,当梅花不再绽放,当杨花不再化作白雪纷飞,人们方才醒悟:我征服了一切,却站在墓群中间。这曾经被认为是无用事的环境保护竟是重中之重。

但还好,现在我们对于保护环境的意识增强了。渐渐地,本是一片沉寂的山川湖海已经有了些许好转。"绿水青山就是金山银山",环境之价值重如泰山。我们应该打赢蓝天保卫战,守护我们的环境,真正让李清照诗中的无穷好再次变成现实。

我们应像保护眼睛一样保护生态环境,让世间万物可以在骄阳下焕发出勃勃生机。从环境保护法确立到停止进口洋垃圾再到全国推行垃圾分类，从片面追求经济效益破坏生态环境到实施可持续发展战略，我国为保护环境作出了巨大努力。从光盘行动到拒绝使用一次性餐具再到绿色出行，我们每个人也都在为保护环境做力所能及的小事。我相信，在我们的共同努力下，地球母亲千疮百孔的身体一定会痊愈。让我们伴着"千里莺啼绿映红"，共同奔向那"绿树村边合，青山郭外斜"的美好生活。

【此作品荣获"第九届全国中学生科普科幻作文大赛"省赛一等奖】

◎点评与写作指导

该作品是一篇典型的议论文，文章切合题意，这一点从标题"青山水长流"就可看出，结尾处以诗句再次点题，中心明确。作为一篇议论性散文，文章语言流畅，少了传统议论文的呆板枯燥，多了鲜活的灵性、灵气，更加耐人品读。作者对"绿水青山"与"金山银山"关系的认识比较深刻。作者能熟练运用例证法、引证法，文章中充斥着丰富的古语引用，大量的道理论证亦为之增彩。本文内容非常有深度，语言极富哲理性，充分显示了作者思想的深度和学识的丰富。

议论文写作要善于从中华优秀古典文献中挖掘典故、名句和人物事例，并且能巧妙地运用在文章写作中，为文章论证提供论据。

◎相关写作素材链接（课程思政融合案例）

我国古代先贤们对人与自然有着非常深刻的认识，如道家提出"天人合一"的自然观，儒家的生态观认为人与自然是平等的，强调人与自然共生共存，倡导在保护自然的同时，可以合理地利用自然。2015年气候变化巴黎大会开幕式上，习近平总书记引用了《荀子·天论》的"万物各得其和以生，各得其养以成"。

荀子在《天论》中系统阐述了人与自然的关系，提出了"明于天人之分"的观点。文中说："列星随旋，日月递炤，四时代御，阴阳变化，风雨博施，万物各得其和以生，各得其养以成，不见其事，而见其功，夫是之谓神。"其大意为，天上的星宿是相互伴随而旋转的，太阳与月亮也是交替照耀大地的，因四季转换而产生了节气之分，阴阳始终循环变化，风雨广博地洒在土地上，万物各自得到和气而产生，各自得到滋养而成长。人类无法看到大自然是如何生成万事万物的，只能看到最后的功效，这就是大自然的神奇。

　　这段对人与自然关系的深刻思考在当今的生态文明建设依然具有现实意义，是人类宝贵的精神财富。

环境保护

王佳音

人类生活离不开地球，地球是我们共同的家。茂密的森林，广阔的草原，无边的海洋，各种各样的神奇生物，构成了我们所熟知的大自然。人们在春天可以踏青，在夏天可以游泳，在秋天可以放风筝，在冬天可以堆雪人……一切生命能够在地球上活动，都是因为这里有生命必需的氧气，有适宜人类居住的气温。

某个盛夏的夜晚，我坐在大树旁，仰望着璀璨的星空，那一闪一闪的星星将我带入了一个童话般的绿色星球：纯净的空气，湛蓝的天空，茂密的丛林，动物们无忧无虑地在草原上追逐……突然，一阵微风吹来，树上醒目的白色塑料袋从我眼前划过，我也被那美妙的王国抛了下来。不得已，我回到了现实中。

想想我们现在的生活：人类活动造成的污染，给我们赖以生存的家园带来了越来越多不可挽回的灾难，地球正遭遇着人类的摧折。森林被砍伐，小鸟失去了欢乐的家园；水污染严重，难以想象生活在河里的生物，该如何生存？陆地上的野生动物不断被人们杀害，只为了满足人类心中可怕的欲望！

近年来，人们才逐渐意识到恶劣环境带来的严重影响：反常的气候、肆虐的病毒，使人们不得不封闭在正常的生活范围内，甚至有时戴着口罩见面还会心存芥蒂。人和人之间的距离似乎在一瞬间变得那么遥不可及。环境，对每个人来说都至关重要。因此，未来的我，也会尽一份自己的绵薄之力，努力建立"绿色生活圈"，践行低碳生活的标准：不乱扔废弃物、做好垃圾分类；绿色出行，乘坐公共汽车；大力节约资源，不浪费水电等。

聚拢草而成春色，聚滴水而成大海。从我做起，从小事做起，努力使我生活的每一天都有爱护环境的价值体现。

地球是脆弱的，不能因为人们的欲望而危害地球的环境。我们赖以生存的家园需要人们珍惜，更要人们共同去呵护。地球的安宁，世界的美妙，容不得人们去践踏，这是我们必须正视的问题。因为保护地球就是保护我们自己。

还好，为时不晚——保护环境，低耗高效，我们已经在行动——利用沼气热电联产技术实现能源回收利用；建设分布式光伏发电项目，实现清洁能源替代；推广水源热泵项目，使用可再生能源供热制冷……在中国环境保护产业协会组织的评选中，北京排水集团清河第二再生水厂和小红门再生水厂被评为全国首批十佳城镇污水处理低碳优秀示范案例。北京排水集团已明确降碳目标，到"十四五"末将实现碳减排量达到20%以上。

据报道，我国把生态优先、绿色发展的要求落实到产业升级之中，持续推动产业绿色低碳化和绿色低碳产业化，努力走出一条产业发展和降碳减污双赢的新路。党的十八大以来，我国产业结构进一步优化，节能环保等战略性新兴产业快速壮大并逐步成为支柱产业。2021年，高技术制造业增加值占规模以上工业增加值比重达15.1%。

环境问题已经成为全世界人类要共同面对的难题。让我们携起手来，共同努力，拯救自然，创造一个和谐而美好的世界！

【此作品荣获"第九届全国中学生科普科幻作文大赛"省赛一等奖】

◎点评与写作指导

作品以"环境保护"为标题，中心明确，直入主题。开篇为我们展现了一幅没有污染、绿色生态的大自然画面，表达了作者对壮美地球的赞美和渴望。接着话锋一转，不美观的白色塑料袋影响了作者夏夜欣赏美景的心情。然而在现实中，环境污染带来的后果又何止影响心情这么简单？作者以此揭示保护环境、践行低碳生活的必要性。之后，作者再结合时政和新闻说明我国已经开始保护环境，通过讲述身边的实例揭示出我们环境是可以被治理好的，尤其是党的十八大以来，我国已经在相关领域做出了成绩。本文层层深入，有说服力。在文章最后，作者发出号召，环境保护不是一朝一夕的事情，需要全人类的不懈努力。

在写作此类文章时应注意结构严谨，由浅入深，行文时可参考本文的结构脉络。同学们平时可以多积累"环境保护"主题的素材，近现代中外的事例都可以作为参考。坚持节约资源和保护环境是我国的基本国策，是近年征文常见的主题，因此同学们在写作时可以多引用相关的时政新闻，增强文章的时代性。

◎相关写作素材链接（课程思政融合案例）

"推动战略性新兴产业融合集群发展，构建新一代信息技术、人工智能、生物技术、新能源、新材料、高端装备、绿色环保等一批新的增长引擎"是党的二十大报告中特别强调的。在时代高速发展的今天，传统能源已经无法满足人类清洁环保的要求，新一轮科技革命和产业变革正在进行。

哪个国家的绿色低碳产业发达，哪个国家就具备强大的竞争力。我国在绿色低碳产业这场比赛中占得先机，在新能源汽车、光伏、锂电池等领域已经具有一定的国际竞争力。在此基础上我国依然面临巨大的挑战，美国等西方发达国家加快重构新能源产业链，意图抢占绿色低碳领域竞争的战略制高点。绿色产业竞争由于国际地缘政治冲突而具有不确定性。

新时代的青年应提升自身科研能力，在巩固好绿色低碳领域优势产业领先地位的同时，继续挖掘增长的新优势新动能，在国际竞争中保持住竞争优势。

冷静

王俊皓

在历史的长河中，人类文明如白驹过隙，不过短短一瞬。我们的文明是会一直传承下去，还是会如同恐龙这种物种一样灭绝呢？

现在是2087年，六年前太阳过度膨胀，大量的太阳辐射侵袭地面，将地表植物尽数毁灭，人类无法生存。所以从那时开始，人类建造了一个地下世界。

六年的地下时光，人们早已受够了这种暗无天日的日子。终于，一些人开始想尽办法重返地上，而重返地上的关键就是——冷却太阳。三年来，科学家们一直在想办法降低太阳的能量，做了无数次尝试，但皆以失败告终。

"第279次太阳辐射计划实验开始。"就在研究人员准备按下按钮的这一刻，从门外闯进来一个人，喘着粗气，边跑边喊道："停一下！停一下！"这个人看着年纪不大，20来岁的样子，蓬头垢面，身上原本的白衣变成了棕色，看起来已经有一两个月没有洗澡了。他就是研究小组公认的工作狂人——张梓晨。他长吁了一口气，接着说："我们执行反射太阳辐射计划已经两年了，地球生态确实有了明显的改善。但我担心，这个计划只能撑一时，因为太阳还在不断膨胀，人类还是难逃这一场浩劫，地球终将被吞噬。"

"这是我绘制的冰神典伊基地，整个空间站外壳采用耐高温碳化钛铪合金，但仍然无法抵挡太阳的高温。所以我们只能将空间站建立在距离太阳最近的水星上，再从基地向太阳发射冷却装置。我把这个冷却装置命名为——霜娥。霜娥运用了目前最先进的激光冷却和磁蒸发冷却技术，并配备太阳能板，可以最大限度地节约能源，来保证持续不断地冷却太阳。这种办法虽然耗时长，但这是能让人类重返地球的唯一办法。"

组长听后紧皱着眉头，思索了一会儿，说道："梓晨，你的这个方案我们会讨论一下可行性，我认为成功的概率很大，你做得很好。"科研组长拍了拍张梓晨的肩膀，带着"霜娥计划"走出了实验场地。"你在这里等候我们的结果，如果这个方案可行，你将作为设计师加入我的小组。"

"好的组长！"张梓晨紧张而又激动，在等候室里来回踱步。

不知过了多久，等候室的门开了，"张梓晨先生，恭喜您的方案获得联合国的认可，现在我就带您去您新的工作室，请跟我来。"张梓晨难以抑制脸上的欣喜之情，兴奋地冲出等候室的大门。

时光飞逝，五年的时间里，世界再次看到了中国速度。由李云华小组负责的"霜娥计划"已经准备完毕，水星的"典伊基地"也已经建成，张梓晨跟着陈组长作为"霜娥计划"实验小组的代表到达水星。

满天的星辰，静谧的宇宙，所有人深陷其中。"组长，原来宇宙这么美！"

"是啊，我曾经也有幸亲眼看过一次宇宙，没想到有生之年还能再度在宇宙中畅游啊，痛快！痛快！"

"陈组长，您之前来到过太空？"

"嗯，我年轻时也是帝夋空间站的一员。但由于太阳的突然膨胀，我们被紧急召回了。多亏了你的方案，我才能再次感受这壮丽幽静的宇宙。"

"陈组长不必客气，哈哈哈哈……"

一片欢声笑语之中，众人到达了"典伊基地"。三个星期后，到了"霜娥计划"真正实施的那一天，众人站在基地里注视着全息投影。倒计时开启，"10，9……3，2，1，发射！"透过基地的窗户玻璃，无数的"霜娥"从基地飞起，如同流星一般向太阳发射。这些星星排成一列，连接成线，环绕着太阳，如飘带一般。"开启激光冷却装置！""开启磁蒸发冷却装置！"……一系列的操作后，这条飘带开始发光——"成功了！我们成功了！"基地里的人们陷入喜悦之中，陈组长摘下眼镜擦了擦激动的泪水，说道："我们也是时候回家了。"

二十年过去了，人们早已不在地下城生活，重返地上，感受美好的阳光滋润万物。我们的地球恢复成了原来的模样，人类得以在地球上继续繁衍生息，代代相传。

【此作品荣获"第九届全国中学生科普科幻作文大赛"省赛二等奖】

◎点评与写作指导

本文是一篇科幻小说。标题"冷静"暗藏玄机，设置悬念，吸引读者阅读兴趣。读者带着悬念通读全文后就会恍然大悟，原来"冷静"二字直指主题——冷却太阳。近十年来，关于"太阳是否会无限制膨胀"问题的讨论不计其数。作者以这一问题的极端情况为原点展开想象，探讨当太阳无限膨胀，人类不得已搬到地下居住后，会尝试哪些拯救自己的试验。文章思路清晰，语言明快，多处用到直接对话的语言描写方法，不同风格的人物语言有助于塑造不同性格的人物形象，使科幻小说有了真实的画面感。

一般来说，人们对科幻小说语言的基本要求是准确、逼真、形象和富于科学内涵，即科幻作品的语言中同时具备科学逻辑性和叙事艺术性。同学们在尝试写作科幻小说时，尤其要注意不能只注重科幻，而丢失了"小说"，那样写出的作品极易成为一篇科普类说明文，从而缺失了叙事方面的可读性和艺术性。

◎相关写作素材链接（课程思政融合案例）

宇宙中没有什么是永恒的，从恒星的演变上来看，太阳也不例外。太阳也有其生命周期，目前我们的太阳处于恒星的主序星阶段。科学家们通过计算和分析后得出太阳的寿命大约还有50亿年，50亿年后太阳会发生什么现在不好判断。太阳是距离地球最近的一颗恒星，也是太阳系的中心天体，太阳自其诞生到现在已经有了50亿年。大约在50亿年前，一个被称为"原始太阳星云"的星际尘云由于万有引力作用发生了收缩，其体积越缩越小，核心的温度越来越高，密度越来越大。当其核心温度达到10000℃，表面温度为2000℃—3000℃时，就发出红光，形成原始太阳。

当太阳膨胀为一颗红巨星，其体积会迅速向外扩大，而预计太阳膨胀的范围会在100倍左右，我们的地球作为太阳系内距离太阳第三位的行星，会被太阳吞噬掉，之后太阳会变成一颗白矮星。在科幻片《流浪地球》中，人类制造了上万台行星发动机，打算推着地球去流浪，所以"搬家"也许是地球文明保全的最明智选择。

低碳生活的我们

宋晋辉

随着人类社会的不断进步，科技的不断发展，在2030碳达峰目标即将实现之时，第一台时光机问世了。小山作为首位体验者，正准备穿越到2062年，体验在碳中和实现后人们生活发生的改变。

从时光机中走出，小山一脸震惊地看着这座城市，这里和他原来生活的地方完全不一样——建筑高耸入云，最外层是一种全新的吸光材质。随着太阳光照射角度的变化，建筑旁边的能量条也在变化。马路上没有了呛人的尘土和不守交通规则的车辆，道路两边是一排排的绿树，人们也不会随手乱扔垃圾。小山非常震撼，无法想象这是怎么做到的。他狂喜地看着窗外的景色，感叹道："这座城市太漂亮、太神奇了！"

"环保嘛，所以一切都以环保降碳为主！"小水骄傲地说，"羽嘉，告诉小山，青山城有多了不起。"

机械兽羽嘉是用可降解、可循环利用的材料制成的智能伙伴，外形仿照鸿蒙四大瑞兽羽嘉制作的。它上知天文地理，下知珍禽异兽；既能帮助垃圾分类，也能分析物品的碳排放量，简直是一个万能的小伙伴。它摇头晃脑，眼冒金光，非常可爱、招人喜欢。它说话时发出让人喜爱的声音："青山城是我国于2045年建设的碳中和先行示范城市。青山城结合各领域最领先的科技和各国最先进的环保理念，摸索出符合我国生态文明建设理念的城市规划方向，实现人与自然和谐共生。青山城的所有经验也将分享给全世界各国的城市。"

车子行驶到高架桥上，小山能从半空中俯瞰楼群的样貌。林立的楼宇是中国传统园林和西方高楼大厦的结合体，许多楼房的屋顶上都有微型森林。看到这些，一直站在小水身上的鸟儿们都激动地"叽叽喳喳"叫起来，像是想要回到自己熟悉的地方。"它叫绿绿，我们每个人都要领养一只属于自己的小鸟，并负责把它们照顾好。"小水温柔地抚摸着绿绿的羽毛，让它安静下来。

聪明的小山没几分钟就掌握了智能手环和隐形眼镜的使用办法。他在手臂上快速点击智能手环，和隐形眼镜结合使用，打开了一枚看起来像一片小树叶的绿色图标。他将小图标慢慢放大，在冰箱外围就出现了一圈扫射光，将视野中的一切都扫描了个遍。顿时，目光所及的东西上都标了一个绿色的"g"。小山努力地理解着："这些是碳足迹吗？""恭喜你猜对了！"小水随手从旁边的柜子上拿起一个包装好的汉堡递给他，小山的隐形眼镜上就立刻自动显示了包装所产生的碳排放量。小山又在路上惬意地骑着自行车，透过眼镜看见的所有物品都显示了它制造和运输产生的碳排放量，而且数据还一直在变化。"很多地方都有智能感应器感应到的和人工采集的各种数据，它们被输送到中央指挥大脑，由大脑帮我们分析出物品的污染量和排放量，"小水骑到他身边，"而且每个人都有自己的数据库，里面有每个月所消耗的碳排放量，这样便于人们规范自己的生活方式。"

【此作品荣获"第九届全国中学生科普科幻作文大赛"省赛二等奖】

◎点评与写作指导

本文是一篇科幻小说。开篇就畅想未来时光机的问世，直接入题，设置悬念，有代入感，能够给读者留下深刻印象。文章将主人公置于即将穿越到未来已经实现"碳中和"的中国的科幻背景下，将"科幻"与"绿色低碳"这两个看似毫无关联的主题紧密联系起来，让我们不得不赞叹作者在构思方面的巧妙用心。接着，从对实现"碳中和"的未来社会的细致描写中，我们不难看出作者有扎实的科学知识作为科幻作品写作的基础，同时也能看出作者强大的想象力。文章思路清晰，叙述详略得当，紧扣主题。语言简练精准，通俗易懂，不失为一篇佳作。

科幻故事包括四个要素：环境、悬念、人物、事件。在小说中合适的位置设置悬念，一方面可以激发读者迫不及待读下去的兴趣，另一方面可以让读者有猜想结局的艺术享受。悬念的设置一般有三个环节：一是提出悬而未决的问题，设置谜面，把读者置于悬念之中；二是利用悬而有"念"的心理因素，层层铺垫，使读者产生急切求解的心理；三是拨开密布在读者心头的疑云，解决矛盾揭示谜底，让读者获得心理上的满足和艺术上的享受。

◎ **相关写作素材链接（课程思政融合案例）**

"碳中和"与"碳达峰"究竟是个啥？

2021年，碳中和、碳达峰被首次写入政府工作报告，成为大家讨论的"热词"。两个概念中的"碳"指的是二氧化碳。碳中和是指企业、团体或个人测算在一定时间内直接或间接产生的温室气体排放总量，然后通过植树造林、节能减排等形式，抵消自身产生的二氧化碳排放量，实现二氧化碳"零排放"。碳达峰是指在某一个时点，二氧化碳的排放不再增长，达到峰值之后逐步降低。目前，我国已承诺二氧化碳排放力争于2030年前达到峰值，努力争取2060年前实现碳中和。实现碳中和，需要经济社会全面转向绿色低碳。碳中和必须做好"加减法"——一手控制碳源，减少二氧化碳等温室气体排放，一手增加碳汇、发展碳捕集和封存技术等，实现排放量和吸收量的平衡。比如说充分利用太阳能、风能、水能等可再生能源，减少对石油、煤炭的依赖。

碳理想

邬 彦

说到汽油，想必大家都不陌生，它是我们生活的必需品和重要燃料。汽油的使用不仅可以驱动发动机，而且也方便了人们的出行。但是使用汽油会产生大量二氧化碳，而二氧化碳的劣势远远大于优势。工业革命之后，人们发明了燃油机，其他交通工具接踵而来，大大方便了人们的通行。但由于人们过度使用燃油机等种种会产生二氧化碳的机器，全球温度逐渐变暖，二氧化碳过度沉淀，地球就像一个巨大的温室，也不可避免地产生了温室效应。所以我国在2020年提出"碳中和"目标，预计2030年二氧化碳排放到达峰值，争取2060年实现全面碳中和。

我躺在床上看完这篇文章后，以为这些后果都没什么，是可有可无的，然后就悠闲地睡着了。第二天起来我开始头疼，这种感觉就像穿越了一样，我缓缓走下床，拉开窗帘，却发现外面什么也看不见，雾蒙蒙的一片，而我家住的楼层也就五层高，可是我注视向下看，却什么都看不见，只有雾霾。我恍然大悟，这不是我昨晚看的文章吗？我赶紧拿出手机一看，现在是2030年，我真的穿越了！起初我有点兴奋，可是一分钟后我就兴奋不起来了。我戴好口罩出门，却发现走在外面可见度为零，只能看见距离自己一米以内的人或物，外面人都戴着防毒面具，我感觉太夸张了。现在正值冬季，而温度却高得离谱，就像夏天一样。我突然意识到事情的严重性，现在的环境果真是人们过度排放二氧化碳所导致的。于是我急忙去往各种地方，发现污染都十分严重。然后不知不觉我又从床上醒来了，这次依然是在家里，只不过我拉开窗帘后的一切都是那么不可思议，外面晴空万里，一点点污染的痕迹也没有。于是我兴奋地走出家门，感觉空气是这么清新，和刚刚的雾霾世界产生了鲜明的对比。我拿出手机发现现在是2059年，而这时手机头条榜首就是"今日我国全面实现碳中和计划"。我十分兴奋，在大街上悠闲地转着，大口地呼吸着新鲜的空气。我一边走一边观察，发现街上都是新能源汽车。我还看到了"二氧化碳过滤系统"，这个专利的外形就像一个大盒子，感觉和空气净化器没有区别，可是我仔细观察之后发现区别大了，里面暗藏玄机，其实它连接着整个城市的地下系统，并且由于现在信息十分发达，我们实现了线上净化二氧化碳。我当时一惊，心想："现在科技都发展到这么高的地步了？就连二氧化碳净化都可以线上了？"于是好奇心驱使我看看原理，看完之后我大受震惊，真是太神奇了！

就在我感叹之时，我又醒了，我一看手机发现现在是2022年，原来一切都是梦境啊，我又想了一想，收回了之前说的"可有可无"，其实控制二氧化碳排放是非常重要的，大家一定要保护环境，争取早日实现"碳中和"目标。

【此作品荣获"第九届全国中学生科普科幻作文大赛"省赛二等奖】

◎点评与写作指导

本篇文章以"碳中和"为中心，开篇作者从"温室效应"和"碳排放"出发向我们阐述了一个事实：目前碳排放量已经造成一些环境问题，接着作者以三次梦境及醒来为脉络，串联起了整篇文章。作者的前两次梦境形成了强烈的对比，第一次梦境时间设置在了2030年，正值碳排放达到顶峰，此时环境污染严重；第二次梦境时间设置在了2059年，即将实现"碳中和"，因此这时环境美好，并且作者想象到了"二氧化碳过滤系统"这个装置，为我们展示了碳中和背景下的美好画面；第三次梦境时间设置在现在，作者幡然醒悟，碳排放量的控制并不是可有可无的，而是势在必行的。整篇文章结构流畅、衔接自然，逻辑主线清晰。

科幻作品中的细节描写非常重要，同学们可以通过描绘科技设备、环境、文化和社会制度等来增强作品的真实感和吸引力。而且写科幻作品还需要勇于创新，敢于突破常规，发挥自己的想象力和创造力，在构建独特的世界观的同时还要注意情节上的不断探索，不断完善。

◎ **相关写作素材链接（课程思政融合案例）**

2020年9月22日，中国政府在第七十五届联合国大会上提出："中国将提高国家自主贡献力度，采取更加有力的政策和措施，二氧化碳排放力争于2030年前达到峰值，努力争取2060年前实现碳中和。"

2021年3月5日，国务院政府工作报告指出，扎实做好碳达峰、碳中和各项工作，制定2030年前碳排放达峰行动方案，优化产业结构和能源结构。"碳中和"入选《咬文嚼字》发布的2021十大流行语。12月13日，"双碳"入选国家语言资源监测与研究中心发布的"2021年度中国媒体十大流行语"。2022年8月，"碳中和"一词被收入《现代汉语规范词典》第四版。

而全球变暖是人类的行为造成地球气候变化的后果。"碳"就是石油、煤炭、木材等由碳元素构成的自然资源。"碳"耗用得多，导致地球暖化的元凶"二氧化碳"也制造得多。随着人类的活动，全球变暖也在影响着人们的生活方式，带来越来越多的问题。2002年，南极洲一块面积为3250平方公里的冰架脱落，并且在35天内融化消失；并且根据美国宇航局的最新数据显示，格陵兰岛平均每年要融化掉221立方公里的冰原，是1996年融冰量的两倍。

零碳的城市

尹 佳

今年是完成碳中和任务后的第五年。此刻，我们正生活在一个竖直的城市中。这个长条状的城市高500米，宽200米，全长为200公里，城市中大约有600万人口。这座城市的围墙极其特殊，是由玻璃幕墙铺设而成的。这种材质不但透明、美观，而且结实、安全。而这层玻璃幕墙的外层隐藏着金属结构的保护体系，用来抵御自然灾害和军事行动带来的影响。

从海岸延伸至山脉，途中穿越沙漠、海洋、山丘……作为零碳城市，城市所用的能源都是绿色清洁能源，可百分百循环使用。最上方的楼层是绿色植被层，有大型公园，可供户外活动，还具有完备的通风系统，这一楼层的主要作用是帮助城市全年保持人类理想气候。城市内部则为生活居住地，包含公园、学校、医院、餐馆、酒店、办公楼等，医疗体系、教育体系、旅游体系都分别独立于每个城市，每个城市都有不同的独立模式和系统，但是不同城市的规模和配置都是一样的。其他商家和居民楼分别分布在城市的左右两边，用人行横道连接。同时，城市里全部配置人工智能设备，日常生活的各种需求可以在5分钟之内得到满足。

城市底部就是高速交通系统，穿越镜线两端只需要二十分钟。地铁内部两侧的墙壁与天花板相连围成一个圆形，这样的设计有助于提高地铁的运行速度。同时，我们的城市在教育方面也有很大的突破。为了缓解城市的交通压力，我们开启了在家上课的模式，运用VR手段让老师和同学的身影出现在身边。课后也可以和同学隔空玩耍，感觉十分真实，仿佛身临其境。同时，我们还可以单独开启一个用来玩耍的空间，在这个空间中无论做什么都不会被打扰。这样保证了现实世界与其他维度的联系，巧妙地解决了空间不足的问题。

城市中的娱乐活动也丰富多彩。游戏开发者们运用先进的科学技术，将意识保存在游戏中。意识在游戏中可以无限次数地复活，不会被删除，人从游戏中醒来后也不会忘记在游戏中的感受。

这就是全新的零碳城市。实现碳中和后，城市中没有了汽车尾气，没有了交通堵塞，全新的科学和技术为人们带来的是绿色的环境、新鲜的空气、高效的交通、健康的蔬菜和孩子们脸上灿烂的笑容。

【此作品荣获"第九届全国中学生科普科幻作文大赛"省赛二等奖】

◎点评与写作指导

本篇文章提出了一个新概念——零碳城市。作者开门见山，开篇就指出文章背景是在实现碳中和后的第五年。接着作者从零碳城市的外形、结构、教育方式、娱乐设施等方面分别阐述了零碳城市的新变化。整篇文章对于零碳城市的描绘生动、语言流畅、想象合理，读来让人仿佛置身其中。而且文章整体逻辑清晰、主题明确、语言精练。需要注意的是对于各部分的描写要注意详略得当，否则文章整体的可信度和流畅度都会大打折扣。

要想写好科幻类文章，同学们要注意在生活中寻找灵感，激发创作欲望；要立足现实，想象要合情合理，符合科学知识、人性、行为关系等；想象要围绕中心，要以改善人们的生活及社会进步为目标；要注意叙述有条理，描写所想象到的境界要具体清晰。

◎相关写作素材链接（课程思政融合案例）

实现碳达峰、碳中和，我们能做些什么？

随着我国经济社会高质量发展、社会转型升级加快、居民生活水平逐步提高，我国人民对碳达峰、碳中和的各项举措越来越支持。那么对于"双碳"目标，我们能做些什么呢？

在城市内可以综合利用太阳能光伏光热、风力发电等技术措施，实现城市高效清洁供能；在公共场所可以采用太阳能板照明，将太阳能转化为光伏电能，进一步节能减排，为实现"双碳"目标汇能。

在生活中，我们尽量采用步行或乘坐公共交通工具的方式出行，少开或不开私家车。外出吃饭时要适量点餐，尽量不使用一次性餐具。平时也应节约粮食，倡导"光盘行动"。购物时可以自带环保购物袋，少用或不用塑料袋，减少塑料污染。提倡无纸化办公，可采用在线会议、电子政务、共享办公等模式办公。

碳与草

尹家乐

绿荫的影子划过这一片土地的时候,天边的曙光刚好经过。自从实现碳中和后,原本灰白的天空刷上了一抹蓝色的天然油彩,河流中再也没有从工厂中源源不断排出的废水。

废气、废水都被转化成了一种新能源,它们被特殊手段净化后,形成了"佶"这种物质。"佶"的命名,正是因为它给百姓带来了欢乐、吉祥。人们用它烧水做饭,用它焚烧残渣废料,用它代替电来为发动机供能……它不仅用处繁多,而且不会产生任何污染环境的废料。这一切都是我和另外几个航天员的功劳。

几十年前,地球的环境被严重污染,人类面临着前所未有的危机。许多科学家都加入了"碳中和"的研究行列,日夜寻找破解的办法。政府也鼓励人们多植树造林,但情况依然不容乐观。即使有了大量的树木来保护环境,工厂依旧源源不断地产出各种产业废料,已经到达了失控的地步。政府只好为我们建造了一个飞船,配备了几个著名的专家,让我们去其他星球寻找解决环境问题的能源。

飞船如期出发了,我很清楚我们身上所承载的使命。我们一路上都很顺利,直到跨越银河系时,飞船突然发生了故障。所有人都屏住了呼吸,驾驶员试图看清楚是什么引发的故障,可显示屏早已黑屏了。没有人知道还有什么在等着我们,飞船像野兽一般发出低沉的怒吼,我们只觉得心里压着无数块大石头。

十几分钟,却仿佛过了一个世纪一般。终于,飞船奇迹般地安稳降落在一个陌生的星球上。所有人都觉得不可思议,在看不到方向的情况下,飞船却能安全降落，这几乎是不可能的。

这时，一群年轻的妇女走过来，礼貌地打招呼并热情地招待我们。这是哪里？这里怎么会有人类呢？经过一番询问才明白，原来她们的祖先因为无法忍受地球上对女性不公平的制度，一同秘密研究出了一个可以飞向太空的交通工具，几经波折，最终意外迁徙到了这个星球。星球上资源丰富，经过她们的努力，建立了一个富裕、人人平等的社会。可不久后，她们遇到了第一个难题——社会上没有男人，无法生育，导致人口越来越少，她们不得不想方设法解决这个问题。直到一个女子上山采药时，意外发现一种可以转化能源的药草，生命力极其顽强。她将药草采回家大量繁殖，不过一年，她就有了孩子。后来，这种药草被人们推广并大面积种植，用于各行各业。没过多久，这个社会就越发富强起来。她们后来才明白，之所以能够安全降落在这里，也归功于药草转化形成的具有强大缓冲力的气层。

最终，我们将这无名的神奇药草带回了地球，地球上也将这种药草普及起来，它为地球生活带来了巨大的进步，让人类最终实现了"碳中和"的伟大目标。这些药草最后被供奉在了神庙里，人们把它当作幸运的象征，它便是——"佶"。

【此作品荣获"第九届全国中学生科普科幻作文大赛"省赛二等奖】

◎ **点评与写作指导**

本篇文章采用倒叙的记叙顺序，开篇指出地球生活和美是因为"佶"的出现与推广，引起读者浓厚的兴趣，想要继续读下去一探究竟。接着作者娓娓道来"佶"的来源与作用、传播及结果等等，这些都随着文章的展开清晰地展现在读者眼前。本篇文章主题突出、结构合理、想象丰富，能够牢牢抓住中心主题展开写作。同时作者可以在情节衔接上多加构思，这样文章会更加出彩。

科幻小说要设计好主要的故事情节和大纲，不能生搬硬凑，即使是科幻题材，在幻想的同时，也必须事先设计好一个度，在创作小说的过程中不能逾越这个度。同时也有很多方式可以推动科幻小说的情节发展，例如通过人物性格推动故事发展，或者直接在幻想的基础上，利用幻想的构思来推动故事的发展，逐渐将更为庞大的故事架构展现在我们面前，当然也可以将二者结合。

◎相关写作素材链接（课程思政融合案例）

中国科学院院士、厦门大学教授戴民汉认为，中国实现碳中和需要解决三个重大问题。

一是对地球系统碳循环相关的科学认识存在缺失。二是对自然生态系统碳汇CCUS技术研究不充分，难以支撑碳中和实施路径的科学决策和优化管理。三是亟待研制我国自主的碳中和数值模拟系统，建立国家碳中和决策支撑系统。

针对上述问题，戴民汉提出了相应的思考和建议。

一是加强全球与区域尺度碳循环–社会经济系统–气候系统耦合互馈等重大基础科学理论研究，为国家碳中和战略提供核心科技支撑。

二是高度重视"低成本能源和技术"革命，大力发展负排放关键技术，突破碳中和关键技术瓶颈。我国原有的"高碳能源体系"亟待变革，需大力发展低成本的能源技术和工程；同时加大对海洋与陆地碳清除、CCUS等自然与人为负排放途径的研发投入，努力突破"减排、保碳、增汇和封存"负排放途径的关键技术瓶颈。

三是尽快启动碳中和大型数值模拟系统和管理决策系统的研制。集成碳循环基础理论、碳汇技术途径、社会经济要素、政策管理工具的国家碳中和一体化科学数据库；发展耦合自然生态与社会经济的碳中和数值模拟系统；建立国家碳中和路径优化与决策支持系统。

（节选自21世纪经济报道）

低碳环保

崔思彤

党的十八大以来，我国绿色低碳转型发展取得了巨大的历史性成就。这十年，特别是能源绿色低碳转型取得重要进展，节能减排成效得到了显著提升。"绿水青山就是金山银山"的理念人人皆知，环保适度、绿色低碳、文明健康的生活方式越来越被民众所倡导、推行。倡导绿色的生活方式，需要各个领域合作发力。

在我国积极倡导绿色低碳生活，需要在点点滴滴上节能减排，坚持可持续发展道路。减少过度消费，避免资源浪费，我们在日常生活中就能做到，比如绿色出行，尽量乘坐公交汽车，少开私家车，以此来减少二氧化碳的排放。因为如果大量排放二氧化碳，会加剧温室效应，从而造成全球变暖，还会在各个领域出现发展问题。减少纸张浪费、双面打印纸张，节能节电，节约粮食、践行"光盘行动"，减少能源浪费，积极利用新能源……这些行为都有助于节能减排。同时，积极种植绿色植物还能够释放大量的氧气，吸收二氧化碳和有毒气体，达到净化空气的效果。

在全世界各社区、学校积极号召群众宣传绿色低碳环保生活方式，让民众明白不能只孤立地学习领域专业知识，也要换位思考自身能为低碳环保奉献出什么价值，可以用板报、海报、班会、演讲等形式来宣传，积极关注国家政策，在社区、校园中积极宣传、回应、实践国家的低碳理念，共同向更好的社会、生活迈进。

在社会中积极倡导群众全球视野，全球民众都可以看到世界各地的绿色低碳环保是如何践行的，将有益的想法和实践运用到自身上努力践行。认识当今社会环境现状，积极维护世界环境和谐。一起保护地球，研发更多可再生能源，减少高耗能、高污染的企业，提高社会经济效益。

在各个国家设立绿色环境保护日。在当天倡导群众开展一些与绿色环保有关的活动，树立节约、环保、绿色、低碳的生活意识。美化生态，从生活中的小事做起，将低碳融入生活，要不断丰富时代内涵，让创新发展成为立身之本。

经过我们的努力，在今后的生活中，地球终会得到巨大的改变，世界将变得山明水秀，这就是我们低碳环保绿色生活的目的！

【此作品荣获"第九届全国中学生科普科幻作文大赛"省赛二等奖】

◎点评与写作指导

本篇文章是一篇立足于当下、关于如何做到绿色低碳发展的议论文。作者开篇论述了党的十八大以来我国绿色低碳转型发展取得的巨大成就，增加了文章的可信度。之后作者指出绿色低碳生活需要多方发力，接着从国家、社区和学校、社会公众三方面论述了实现绿色低碳生活的可行做法。整篇文章论点突出、论据充分、论证严密。同时也要注意论述的层次要清晰，注意语言之间的有效衔接，做到逻辑清晰，论述语言流畅自然、衔接紧密。

写好议论文需要注意以下几点：确定准确简练的论点、准备足够的论据、论证要有严密的逻辑性。同时，要掌握议论文的基础知识，如三要素、常见的论证方法等。议论文的基本结构可以分为段落内的结构和整篇的结构，其中段落内的结构包括主题句、扩展句和过渡句等。整篇的结构可以采用递进式结构、并列式结构或正反结构等。在写作时，要注意题目的鲜明性和开头的简洁性，中间段则是文章的重点，需要严谨的结构、清晰的条理、严密的论证和典型的论据。

◎相关写作素材链接（课程思政融合案例）

减碳小窍门——家电篇

冰箱：在冰箱中存放食物时，食物应以占冰箱容积的60%为宜。食品与冰箱之间应留有约1厘米以上的空隙。用冰箱里的可降解塑料容器盛水,在冷冻室制冰后放入上面的冷藏室,这样做能延长冰箱的停机时间、减少冰箱的开机时间。

空调:晚上不整夜开空调,省电近90%。开启空调的除湿模式时,即使室温稍高也能令人感觉凉爽,并且比制冷模式更省电。

洗衣机:洗衣机的强档比弱档省电,并且经常用强档可以延长洗衣机的寿命。一般来说,洗衣机脱水原则上在3分钟以内即可,再延长脱水时间意义不大。

电脑:短时间不用电脑时,最好启用电脑的睡眠模式,能耗可下降到50%以下。使用电脑时最好不让硬盘、软盘同时工作,适当降低显示器的亮度。使用笔记本计算机时要注意对电池完全放电,关闭屏幕保护程序。

合理选择关机方式:需要立即恢复时采用"待机",电池运用选"睡眠",长时间不用选"关机"。

178年后的世界

姜 好

午休的间隙，通过梦境，我来到了2200年，眼前的景象焕然一新。2200年的马路非常宽阔，车辆的行驶方式也发生了变化。到处都是悬浮在天上的汽车，路上的行人也在有秩序地行走着。尽管到处都是如此宁静，却还是有突发情况。

一个阳光明媚的清晨，我正要过马路时，突然，一个大箱子从天而降，差点儿砸到我。汽车主人赶紧把汽车降停在马路上，反复确认我没事后，对我说："小姐，我很抱歉，那箱子差点砸到您了，我补偿您一张'水星之旅'的车票作为赔礼吧！"说完，他就把门票塞到了我手里。看着手里的门票，我一头雾水，心想：到目前为止，水星上还没有人类的足迹。难道在178年后的社会，普通人也可以在地球与水星之间来去自如了？我可要抓住这个千载难逢的好机会！于是我便拨通了门票上的电话，报了名，满怀期待地准备开启我的水星之旅。

一切准备就绪，我坐上宇宙飞船向水星前进，很快就看到了一望无际的宇宙。接着，飞船停了，一个机器人从驾驶舱里走出来，手里拿着一个盒子，里面放着许多特制手机。机器人一边发放手机，一边用悦耳的声音为大家介绍着："大家可以在这里拍照，我们会停留5分钟供大家尽情玩耍。"说完便按下一个按钮，飞船两边的门打开了。向下望去，只见舱门外朵朵白云拥抱着蓝色的地球，悬浮在广阔无垠的宇宙中，十分震撼。我们争先恐后拿着特制手机拍照，想要记下这美丽的一刻。5分钟后，飞船的门关上了，我们又开启了旅程。好像就是一瞬间，就听广播里说道："各位旅客，距离水星还有十分钟，请旅客们做好下车准备。"我的心情异常激动,从前想都不敢想的事情,竟然在2200年"亲身"经历了!

转眼间,我们就到达了水星。水星上有一些餐厅,我走进去一看,一个人朝我走来。他头上戴着金箍,手中拿着金箍棒——原来他是齐天大圣!只见他热情地说:"欢迎光临!你要吃点什么?"顺便给了我一张菜单。我看着菜单上琳琅满目的各色小吃,不小心碰到了屏幕上的一张图片,那道菜就直接出现在我的桌子上了,我被这样的餐厅惊住了。吃完饭后,我依依不舍地乘着飞船回到了地球,结束了这奇幻的水星之旅。

梦醒了,我仍然很留恋那个充满神奇,充满科技的新世界,久久不能平静。

【此作品荣获"第九届全国中学生科普科幻作文大赛"省赛三等奖】

◎点评与写作指导

本文以"想象"为依托,设想了178年后的世界的样子。文章围绕"梦境"来展开故事,叙述了我在178年后所经历的事情,也讲述了我的"水星之旅"。本文结构清晰,条理分明。此外,文章详略得当,在讲述我的"火星之旅"时,作者用了较大篇幅,这就使文章主次分明,重点突出。作者把自己的想法通过文字表达出来,表现出其对未来充满憧憬的美好心情。

同学们在写科幻类作品时,要构建独特的世界观。科幻作品的核心是独特的世界观,要想构建一个有趣的科幻世界,需要在思考未来发展的基础上融入自己的创造力,可以考虑科技、社会制度、文化、语言等方面,让读者感受到这个世界的独特性。其次,文章要塑造鲜明的角色。科幻作品中的角色需要具有独特性和特殊性,可以考虑个性、性格、背景、能力等方面,让他们在这个世界中显得格外突出。

◎相关写作素材链接(课程思政融合案例)

衡量一个国家强大与否,经济实力、科技实力等因素固然重要,但如果只有财富与力量,民众却缺乏基本的素质和文化,这个国家只能成为野蛮的"纸老虎"。而民众的素质与文化,就是我们常说的文化软实力。

文学领域中的科幻文学就属于国家文化软实力中的一部分。新文化运动时期，鲁迅、梁启超、老舍等知识分子奔走呼号，倡导"导中国人群以前行，必自科学小说始"。其间老舍先生就创作了著名的《猫城记》，梁启超也创作了《新中国未来记》，一时间掀起了创作科幻作品的热潮。

改革开放后，科学技术得到充分发展，中国的科幻文学创作也迎来了自己的春天。科幻作品全新的发展机遇，归根结底是人们对共建美丽地球家园的美好愿景的投射。习近平总书记就曾在日内瓦万国宫演讲中提出："宇宙只有一个地球，人类共有一个家园。让和平的薪火代代相传，让发展的动力源源不断，让文明的光芒熠熠生辉，是各国人民的期待，也是我们这一代政治家应有的担当。"

立足冬奥，"碳"索未来

李浩源

"世界期待中国，中国做好了准备，我们即将兑现承诺，向世界呈现一届简约、安全、精彩的奥运盛会。"

——题记

2022年2月4日晚，北京冬奥会如约而至。万众瞩目的点燃奥运圣火环节，中国向全世界展现了一个与众不同的奥运火炬——飞扬。在全世界享受这份"与众不同"时，可否想过，火炬背后的故事呢？

2008年北京夏季奥运会的主火炬燃烧了一个小时，这一小时的燃烧，大约要消耗5000立方米燃气，排放了大量的二氧化碳。为了维持它的巨大的火焰，鸟巢甚至专门配备了一个燃气站，日夜不停地为它输送燃料。而"飞扬"火炬不同于此，它使用了氢能作为火炬燃料，燃烧的产物正是我们的生命源泉——水。而且火炬的材料也开创性地采用了"碳纤维"，它不仅耐火耐高温，还可以抵御10级大风和暴雨，既减少了环境污染又保持了火炬的性能。这一举措向全球展示了中国秉承绿色环保和人类命运共同体的理念以及实现这一目标的决心。

只有拥有绿色的环境，我们才能够使文明进步。那作为新时代青少年的我们要如何留住绿色的环境呢？

留住绿色，请节约于行。当今时代，人类科技发展日新月异，高铁、飞机、地铁、公交已然进入了我们的生活，但便利的同时也带来了环境的污染。自我反思，你有多久没骑过自行车了？有多久没有漫步于街头了？我们不妨试试重新拾起它们，为低碳、为环保、为自然多做一些贡献，在日常出行中节能。

留住绿色，请绿色消费。在商场购物时，你是否手持自家的帆布袋？在餐厅吃饭后你是否光盘行动？看似普通的塑料袋对环境的污染可不普通。一般情况下，一个塑料袋的降解需要百年之久，而百年后的地球还能承受住源源不断的塑料垃圾吗？餐后剩下的粮食看似不多，但累积起来，中国粮食的年浪费价值达2000亿元，相当于两亿人一年的口粮。千里之堤，溃于蚁穴，因此，我们要注重生活中每一个细节，绿色消费。

留住绿色，请垃圾分类。近几年来，北京加大对垃圾分类的重视，在各大商圈抽查垃圾分类的情况，检验是否合格。有的社区还设立了垃圾分类的积分制度，用于奖赏鼓励垃圾分类行为。所以我们更要学习垃圾分类知识，内化于心，外化于行，在生活中养成垃圾分类的习惯，自觉进行垃圾分类。

留住绿色，请循环利用。古有苏东坡治西湖，以湖中淤泥筑成长堤，沟南北之交通，便百姓之生活，苏东坡便是循环利用的典范。现今我国坚持人与自然和谐共生，呼吁循环利用。我们可以利用废弃的纸张做草稿纸，用可乐罐做花瓶之类的废物利用，发散我们的创新思维。

俗话说："生态兴则文明兴，生态衰则文明衰。"绿色的生态环境没有替代品，用之不觉，失之难存。因此，为了山清水秀，天蓝地绿的地球，为了人类美好的未来，让我们从过去汲取经验，在当下留住绿色，向美好的未来展望。

【此作品荣获"第九届全国中学生科普科幻作文大赛"省赛三等奖】

◎ **点评与写作指导**

本文是一篇以"环保"为主题的议论文，首先以冬奥会的火炬入手，与奥运会的火炬作比较，突出了冬奥会火炬环保的设计理念以及性能的强大；有了绿色的环境，才能体现文明的进步；然后反思当代青年该如何留住绿色的环境；最后作者运用排比式段落，从出行、消费、垃圾分类、循环利用四个方面具体讲述了应该如何留住绿色。文章结构精巧，富有特色，采用题记，引用原句，具有说服力。

同学们在创作议论文的过程中，如果要给出解决问题的建议，切勿空喊口号，使建议太过宽泛或无法实行，应该结合具体情况给出切实可行的建议，表达自己的真实感受与想法。

◎相关写作素材链接（课程思政融合案例）

王延明：矢志不渝的绿色筑梦人

1955年，23岁的王延明从河北老家来到克拉玛依，先后从事钻井、修井、采油等工作，感受最深的就是满目荒凉。面临着困苦的环境，面临着厂里的工人纷纷调离此地，王延明立志想要在白碱滩种上树，改善职工们的生活环境！1985年，他因病辞去了采油二厂厂长的职务，退居二线。退下来后，王延明一门心思搞起了绿化，他要实现心中夙愿。多年执着播绿，王延明先后获得诸多荣誉称号。

如今，王延明已是一位90岁的耄耋老人，植树播绿已经成了他生命中的一部分。虽然他已经不再植树，但这片他亲手种下的果园，依旧是他的牵挂，只要身体状况允许，王延明老人都会骑着电动车，到这片园子里转一转，就像看望他的孩子。除此之外，他又多了一份工作，就是给孩子们讲述他植树造林的故事，他说："虽然我干不动了，但我可以给年轻人讲讲以前的故事，让爱护环境、植树播绿的好传统一代代传承下去，让克拉玛依的绿色越来越多。"望着他亲手种下的参天大树，王延明话语中充满激情，依旧不忘自己的终生使命。

我的2060

樊香伊

阴雨绵绵的下午,我躺在柔软的床上,不知不觉进入了梦乡。不知睡了多久,当我再次睁开眼睛,揉了揉惺忪的睡眼,从床上坐起来时,明媚的阳光从窗口洒入室内。我坐在床边,无意间瞥到窗外,眼前的一切让我不敢相信——繁密的树木,磁悬浮轨道,林立的高楼,明媚的天气,以及雨后清新细腻的气息混合着阳光的温暖,充斥在我的鼻腔里,这感觉让我着迷。

我推开卧室的门,向楼下走去,却在拐角撞到了人。我抬头看,发现他并不能称之为"人",那是一个机器人。他的表情在反转很多次后,向我露出一个微笑,并说道:"你好,我是你的机器人管家YORO,欢迎随时向我提问。"我惊愕地看着眼前的一切,愣愣地发问:"现在是2022年吗?""2060年。"我惊讶得说不出话来。"这个时代……有没有发生什么变化?""当然,我带你去看看。"

一阵天旋地转,我和YORO来到了一座巨大的石碑前。"这是哪里?""碳中和里程碑。中国已经完全实现了碳中和,就是指国家、企业、产品、活动或个人在一定时间内直接或间接产生的二氧化碳或温室气体排放总量,通过植树造林、节能减排等形式,以抵消自身产生的二氧化碳或温室气体排放量,实现正负抵消,达到了相对'零排放'。""真的实现了?""是的。交通产业整体重构,所有的燃油汽车将全部退出,道路上都是新能源汽车。自动驾驶、智慧交通全面普及,城市道路不再拥挤,交通效率达到最优,全面使用氢能和生物质能,替代了过往的化石燃料,让人们的生活方便了不少,也节省了本就不多的化学资源。"

此外我还了解到，由于环保政策进一步完善，风能、太阳能成为主要的资源，其他各项节能资源的充分利用，让生活变得更加便捷健康。森林的覆盖率大幅提升，各种自然灾害的发生率大幅度下降，城市的夜晚再一次繁星点点，社会也变得更加和谐美好。

我望着晴朗的天空，不禁感叹道：这个时代真美好，空气变得清新、交通变得发达、道路不再拥堵，一切都在向美好大步迈进！真希望我的梦想成真！

【此作品荣获"第九届全国中学生科普科幻作文大赛"省赛三等奖】

◎ **点评与写作指导**

本篇文章以"碳中和"为中心，开篇作者从"梦境"写起，跟随机器人管家YORO一起走进了2060年。通过大量的对话描写，文章展现了作者在2060年的所见、所闻以及所感。在未来的中国，国家、企业、产品、活动或个人在一定时间内直接或间接产生的二氧化碳或温室气体排放总量，通过植树造林、节能减排等形式，已抵消自身产生的二氧化碳或温室气体排放量，实现正负抵消，达到了相对"零排放"，已经完全实现了碳中和。智慧交通的建设，森林覆盖率的上升，都可以让人民的生活更加和谐、舒适。整篇文章结构流畅、衔接自然，逻辑主线清晰。

科幻作品虽然不等于科学著作，却是科学普及的重要帮手。因此，同学们在创作科幻作品的过程中，要基于现实情境，更要大胆创新和突破，让想象力和创造力在文本间悄然绽放。用生动故事传播科学知识，一定能让科幻作品更好地成为孕育想象力的摇篮，鼓励更多人迈向科学探索之路。

◎ **相关写作素材链接（课程思政融合案例）**

石缝中开辟出希望之路

王家元在16岁时便外出闯荡，与兄弟二人做布匹生意发家后，在春风村附近开了采石场，在他38岁时高票当选春风村的村主任。春风村植被退化、岩石裸露，是典型的石漠化山村，人工治理难度相当大，但是在王家元的不懈努力下,他上任首先破解了"行路难"的问题,接着请来了农业专家进行分析、指导,全面铺开李子树的种植,并因地制宜发展花卉业与茶产业。短短几年时间,春风村遍山怪石嶙峋的面貌已不复存在,转为郁郁葱葱的桂花树林和千亩连片的李树园。王家元说:"我的梦想是,不仅要让农民过上小康富裕的生活,还要让农民过上有尊严的日子。"

绿色环保　低碳生活

王昕悦

"大漠孤烟直，长河落日圆"中我们感受到山河的壮阔，"明月松间照，清泉石上流"中我们感受到环境的清幽，这么美丽的环境需要我们去保护，绿色理念应成为社会共识，绿色生活应成为社会常态。让草木滋长，让鸟兽徜徉，让我们共同绘出山水宏图！

2022年5月12日的发布会上，国家发展改革委有关负责人介绍，党的十八大以来，我国绿色低碳转型发展取得了历史性巨大成就。这十年，我国能源绿色低碳转型取得重要进展：我国可再生能源装机规模突破10亿千瓦，水电、风电、太阳能发电、生物质发电装机均居世界第一，清洁能源消费占比从14.5%提升到25.5%，煤炭的清洁高效利用成效显著，煤电超低排放机组规模超过10亿千瓦，能效和排放水平全球领先；节能减排成效显著。"绿水青山就是金山银山"的理念深入人心。简约适度、绿色低碳、文明健康的生活方式正式成为更多群众的自觉选择。国家发展改革委提出："2020年提出'双碳'目标以来，已经完成了碳达峰、碳中和的顶层设计，碳达峰、碳中和工作扎实有序推进，实现良好开局。"

那么作为世界青年的我们应如何践行绿色生活呢？我认为最主要的是增强自己的环保意识，提高自己的环保素养。我们不乏先进的知识理论，但是环保意识和环保素养仍待提高。要做到这一点，首先我们要认识到环保的重要性，改掉以往落后的思想观念。其次我们应该低碳生活，绿色消费，让环保成为生活习惯，例如：离开房间时关上电器，拔下插头；尽可能用节能灯代替普通灯泡；尽量以步代车或骑自行车。最后我们应该宣传环保，让更多的人行动起来。我们自己做到环保还远远不够，青少年的力量和能力是无限的，只有团结动员全社会的人们，才能有力地解决环保问题。我认为守护青山绿水，就是铸就金山银山，我们应该坚信人不负青山，青山定不负人。

我们要的不是一个冰冷、物质、冷漠的世界，我们需要的是美好的自然，一个天蓝、水绿、花艳的家园和心灵的栖息地，和谐而安宁。生态建设仍然任重而道远，需代代接力，久久为功。人类只有真正地把自身融入自然发展的脉络，在追求经济开发的同时保持清醒的头脑，人类的文明才能走向成熟。让我们为全人类更绿色、更低碳、更美好的未来贡献青年智慧，发出青年声音，承担青年责任，凝聚青年力量！

【此作品荣获"第九届全国中学生科普科幻作文大赛"省赛三等奖】

◎点评与写作指导

该文是一篇有关气候变化和绿色发展的演讲稿，从我国能源绿色低碳转型取得的重要进展入手，提出作为世界青年的我们践行绿色生活的方法，呼吁大家守护青山绿水！文章紧紧围绕我们如何践行绿色生活这一主题目标展开，由提出目标的背景、目前取得的进展，到如何实现这一目标，由点到面，深入浅出，将实现"绿色低碳生活"目标的措施讲得清楚明白。文章语言生动、准确，结构清晰，构思巧妙，发人深省。

演讲稿的开头要先声夺人，在全篇中占据重要的地位。开头的方式主要有如下几种：1.开门见山：开头直奔主题，开宗明义地提出自己的观点。2.阐述现象：开头便将现实生活中的相关现象向观众介绍，引起观众的兴趣。3.提出问题：开头通过提问，引导听众思考一个问题，并由此制造一个悬念，使读者期待答案的公布。4.引用警句：引用内涵深刻、发人深省的警句，引出讲述内容。

◎相关写作素材链接（课程思政融合案例）

云南禄劝：光伏发电注入绿色发展

近年来，禄劝县以打造金沙江下游风、光、水储国家级多能互补能源示范基地为目标，充分利用丰富的风、光、水资源全力推进绿色低碳新能源产业发展。目前,该县水电总装机1107.33万千瓦,其中乌东德水电站装机1020万千瓦,年平均发电量389.1亿千瓦时。绿色低碳新能源在当地取得了良好的生态效益、经济效益和社会效益。

"双碳"改变生活

马鸣轩

经过我们的不懈奋斗，二氧化碳的排放终于得到一定控制，之后又达到相对"零排放"，实现了"碳中和"，接下来和我一起看看"碳中和"状态下，人们的生活环境、交通工具、生产方式吧！

我们的生活环境得到了明显提升。植被的覆盖面积越来越大，覆盖率达到了28%，人们出门就可以看到花草树木，这让人们可以更好地了解植物的种类、欣赏植物的魅力；环保的制度越来越严格，居民生活和企业生产都严格遵守相关制度，雾霾早已不复存在，人们的肺部以及呼吸道感染疾病的发病率大大降低；城市的生物多样性也多了起来，人与自然和谐相处。

人们出行的交通工具也有很大改变。燃油汽车逐渐消失，取而代之的是更高效环保的新能源汽车。人们出行时，只需要输入目的地，汽车就会自动开启无人驾驶模式，但如果想要体验驾驶的乐趣，也可以开启半自动驾驶模式，司机只需要控制方向盘或油门，汽车会自动设置路线、自动进行油门和刹车的配合。但更为重要的是，无人驾驶可以避免一些由驾驶员失误导致的交通事故，可以避免酒后驾驶、恶意驾驶等行为，提高了道路交通的安全性。

能源产业也发生了改变。我国不再依赖石油、煤炭等化石燃料的进口，国家的能源安全水平得到了提升。风能、太阳能、生物能成为主要的能量来源，化石能源仅占不到10%，因此我们的电价极其便宜，这可以极大降低工厂的成本和生产价格，用清洁的电满足自身需求。一些之前因耗能太高不具有经济效益的行业，也焕发了新的活力，其中电解铝占电力将近37%，而铝作为应用范围最广的金属之一，自从有了低价电，便可以大幅度使用，这让建筑、交通、电力等行业受益匪浅。比如城市的智慧农业，通过LED给植物照明和水培的方式，彻底摆脱了土地的限制，可以在高层建筑中大规模种植蔬菜和瓜果，让城市里的人们可以吃到更加新鲜的水果和蔬菜。

人们的就业机会变多，商业投资逐步转型。一方面，中国可再生能源行业就业人数超过1000万，另一方面，投资产业发生变革，落后的产能退出，污染严重的碳密集产业不复存在，低碳产业蓬勃发展，大量投资从化石燃料密集型资产转向可再生能源相关资产，技术创新投资比重提升。

"双碳"的实现，可以优化我们的生活环境，改变生产方式，使就业机会增多，促进投资转型，这让我们意识到必须推进"双碳"工作，持续壮大绿色低碳产业，为我国全面建成社会主义现代化强国提供强大动力。

【此作品荣获"第九届全国中学生科普科幻作文大赛"省赛三等奖】

◎ **点评与写作指导**

该作品以"双碳"为背景，畅想实现"碳中和"之后我们的生产生活方式，选材新颖、角度奇特，其中还涉及生活环境、交通工具、生产方式、能源供给、就业投资等领域，可见作者对于"低碳"的关注和日常积累的丰富，结尾处回归现实，提出存在的问题和以后的努力方向，最后提出号召。文章主题鲜明，层次分明，段落之间衔接恰当，结构清晰。

科普创作要找到作者理解的知识与读者兴趣的结合点。结合点可以是热点新闻事件、有趣的故事、历史脉络、民生现象、情感问题，也可以是生动的文笔、一些积极的情绪。

◎ **相关写作素材链接（课程思政融合案例）**

全球变暖是人类的行为造成地球气候变化的后果。"碳"就是石油、煤炭、木材等由碳元素构成的自然资源。"碳"耗用得多，导致地球暖化的元凶"二氧化碳"也制造得多。随着人类的活动，全球变暖也在影响着人们的生活方式，带来越来越多的问题。

"碳"即二氧化碳，"中和"即正负相抵。碳中和是指国家、企业、产品、活动或个人在一定时间内直接或间接产生的二氧化碳或温室气体排放总量，通过植树造林、节能减排等形式，以抵消自身产生的二氧化碳或温室气体排放量，实现正负抵消，达到相对"零排放"。

减少二氧化碳排放量的手段，一是碳封存，主要由土壤、森林和海洋等天然碳汇吸收储存空气中的二氧化碳，人类所能做的是植树造林；二是碳抵消，通过投资开发可再生能源和低碳清洁技术，减少一个行业的二氧化碳排放量来抵消另一个行业的排放量，抵消量的计算单位是二氧化碳当量吨数。一旦彻底消除二氧化碳排放，我们就能进入净零碳社会。

（摘选自百度百科）

3 "语文报杯·时代新人说"全国中学生征文大赛获奖作品选录

青年理想　不负韶华

王雪一

青年，是几乎每个人都会经历的人生阶段。青年是被寄予厚望的一代，更是与国家命运紧紧相连的一代。身为青年，应当有鸿鹄之志、远大理想。"大丈夫必有四方之志，乃仗剑去国，辞亲远游"是李白的青年展望，"长江后浪推前浪"彰显了新一代的磅礴力量。青年正如朝阳，冲破黑暗，为国家指引前进道路，青年也是星星，发出万丈光芒，划破黑暗，带来希望之光。

青年的理想，是坚定而不可动摇的，是稚嫩而不可忽视的。当13岁的李商隐写下《富平少侯》时，当年少的周恩来说"为中华之崛起而读书"时，当华罗庚在"七七"事变后从生活待遇优厚的英国回到抗日烽火到处燃烧的中国时，我便知道，青年理想即国之理想，作为新时代的青年，我们是充满朝气的，是有无限希望的，要尽自己所能，为祖国效力。

青年的理想，是远大而不可轻视的，是浩瀚而不可遗忘的。当"00后"边防战士陈祥榕为国捐躯时，当年轻的医生在新冠病毒席卷全国时写下"请战书"时，当新疆棉花遭歧视，众多青年立即出来反对时，我便知道，青年理想即国之理想，身为新时代的青年，我们是负有责任感的，是欣欣向荣的，要拥有为国奉献的精神。

李大钊曾说："青年之文明，奋斗之文明也。与境遇奋斗，与时代奋斗，与经验奋斗。故青年者，人生之王，人生之春，人生之华也。"新时代的中国青年，面对前所未有的时代前景与发展机遇，应当展现出前所未有的自信、自立、自强，有底气拥抱盛世，用实力创造未来。

青年应勇担责任，以理想为奋斗的目标。曾子曰："士不可以不弘毅，任重而道远。仁以为己任，不亦重乎？死而后已，不亦远乎？"古有为天下大道奋斗终身的君子，"知其不可为而为之"是其自强不息的意志，"死而后已"是其矢志不渝的坚决。如今，作为新时代青年的我们，肩负实现中华民族伟大复兴的最高理想，也应为了奋斗目标而不懈努力。人生路途中，我们应树立远大的理想，勇担民族与国家赋予的责任，不畏艰难险阻，砥砺前行。

【此作品荣获"语文报杯·时代新人说"全国中学生征文大赛省级一等奖】

◎**点评与写作指导**

该作品以"青年理想"为主题，作者以丰富的积累抒发了对"青年理想"的感悟及号召，以古代诗人李白、李商隐到年少的周恩来、毅然回国的华罗庚，再到如今的为国捐躯的边防战士陈祥榕等为例，从不同层面书写了"青年理想"是远大而坚定的，作为青年我们更应该勇担责任，以理想为奋斗目标。文章内容前后连贯，中心明确，选材真实、典型，有代表性。

创作"青春、理想、信仰"等这类主题作文时，除了可以引用一些名人名言，结合相关名人事例，我们也可以立足自身发生的一些小事，立足生活实际，细致观察，表达自己的理解，展现更加鲜活饱满的人物形象，真情实感更能打动人心。

◎**相关写作素材链接（课程思政融合案例）**

"清澈的爱，只为中国。"这是18岁的陈祥榕写下的战斗口号。班长孙涛问他："你一个'00后'的新兵，口号这么'大'？"

"班长，这跟年龄没关系，我就是这么想的，也会这么做的。"他坚定地说。

在面对外军越线搭设帐篷，悍然挑衅，并暴力攻击时，战士陈祥榕毫不畏惧，突入重围，奋力反击，他迎着对手冲上去，用身体和被砸坏的盾牌护住营长，英勇牺牲。"宁可前进一步死，绝不后退半步生"，19岁的"戍边英雄"陈祥榕把青春、鲜血乃至生命留在喀喇昆仑高原，筑起巍峨界碑。

信仰

陈　旭

　　大河泱泱，大潮滂滂，心怀国之大者，坚定信仰方能照亮前方。伟大领袖周恩来便是其中之一。周恩来始终信仰坚定，抱有崇高的理想，他出身于书香门第，家境优渥，本来可以选择安安稳稳过完一生，但他自小就有着"为中华之崛起而读书"的伟大抱负，后来更是毅然决然地选择加入中国共产党，为革命献身，可谓是鞠躬尽瘁，死而后已，这是他对于国家的真挚信仰。

　　微星闪闪，皓月朗朗，散落的微光者，坚定信仰方能汇成星河。2019年的新冠疫情，无数抗疫志愿者舍"小家"为"大家"，不顾个人安危，奔赴前线，每个志愿者看似力量薄弱，但俗话说："一滴水虽少，千千万万滴水就会聚集成大江大河。"就是因为有了他们的辛苦付出、砥砺前行，我们才打赢了这场众志成城的"战斗"。作为时代的建设人，我们也应立足平凡角色，有自己的追求，在点滴生活中贡献力量，有时候可能不经意的一句话或一个动作，对黑暗中的他人来说就是希望，纵使是微光者，也要守望初心，坚定信仰，心怀爱国真情，演绎不凡作品，力行无私奉献之事，弘扬时代英雄精神。

　　信仰是砥砺前行的底气，谱写着无数华夏儿女的华章，指引着中国青年努力的方向。让我们追逐信仰之光，共圆华夏之梦，以赤子初心奔赴星辰大海。恰逢盛世之幸运，看和平年代，你我熠熠生辉。回想过往，是什么在当初中国备受压迫、饱受侵略时鼓励着中国人民永不放弃？是什么引领着中国从站起来到富起来再到强起来？毫无疑问，是中国人民心中的那抹信仰，那满腔热忱的爱国之心。

信仰，让我们扬帆起航，寻找更美好的未来。有了信仰就有了前进的方向，有了信仰就有了永不退缩的精神，有了信仰就有了百折不挠的信念。正因为有了信仰，我们的生活才变得更加有意义；正因为有了信仰，我们才更能坚定自己的目标。

【此作品荣获"语文报杯·时代新人说"全国中学生征文大赛省级二等奖】

◎ **点评与写作指导**

该作品以"信仰"为主题，中心明确，从伟大领袖周恩来心怀"国之大者"到"散落的微光者"新冠抗疫志愿者们，从不同层面向我们表述了"信仰的力量"，全文语言流畅，行文舒展自如，结尾处恰到好处地点明中心，集中表达情感，既照应开头又总结全文，一气呵成。

在进行文章写作时，要注意语言简明。简明，就是简要、明白。也就是说，行文时，语言要尽可能不重复，不产生歧义。要想做到语言简明，要注意围绕中心主题来写，不旁生枝节；如果没有特殊的表达需要，也要避免词语的重复；更不要胡乱堆砌所谓"华丽的辞藻"。

◎ **相关写作素材链接（课程思政融合案例）**

周恩来的初心：为中华之崛起而读书

"为中华之崛起而读书"这一激励中华儿女的励志名言，是1911年14岁的周恩来在回答老师提问时说出的。1898年3月5日，周恩来出生在江苏淮安。1910年来到东北，先在铁岭上小学，后又转到沈阳东关模范小学。1911年的一天，正在上课的魏校长问同学们：你们为什么要读书？同学们纷纷回答：为父母报仇，为做大学问家，为知书明理，为让妈妈妹妹过上好日子，为光宗耀祖，为挣钱发财……，等到周恩来发言时，他说："为中华之崛起！"魏校长听到一惊，又问一次，周恩来又加重语气说："为中华之崛起而读书！"

争做新时代好青年

郑舒宇

"为天地立心,为生民立命,为往圣继绝学,为万世开太平。"我们应当思索,作为中国新时代的新青年,应立何志向,有何理想。青年者,人生之华也。我们正值青春年华,要想让自己的青春生活更加充实、有意义,我们既要志存高远、胸怀天下,也要脚踏实地、努力奋斗。

纵观历史长河,历览古今千载,有多少仁人志士在自己的工作岗位上默默耕耘、无私奉献?他们怀着对祖国的忠诚和热爱投身到建设祖国的事业中去,在平凡的岗位上做出不平凡的业绩,他们用自己的实际行动诠释着"爱我中华"这一永恒主题。这不正像我们的老师们在讲台上用汗水挥洒人生,用青春谱写无悔吗?不正像我们的警察叔叔们走街串巷用心血保卫和谐吗?不正像我们的医生天使们用辛劳护我们周全吗?"天下兴亡,匹夫有责"这是我们青年一代应具有的精神追求;"苟利国家生死以,岂因祸福避趋之"是我们青年一代应有的民族气节。如今,我们生活在和平年代里,更要珍惜来之不易的幸福生活,传承这种无私奉献的精神。

2019年新冠疫情来袭,每当电视上播起防疫新闻,我们总能看到一群群社区疫情防控人员和志愿者们忙碌的身影,他们是家乡的"守门员",用爱与担当筑起家乡的安全屏障。疫情防控,人人有责。作为新时代青年,身处家乡内外的我们,都要为"战疫"贡献自己的力量。我也曾参与到疫情防控志愿者的队伍之中,每次做社区志愿服务,虽然辛苦,偶尔也会遇到不理解工作的叔叔阿姨,但我始终耐心与他们沟通,力所能及地帮助他们。与此同时,我认识到了依法实施疫情防控和应急处理措施能很好地提高管理效率,有效保证社区居民生活安定有序。正是因为所有人的共同努力，疫情防控才能取得良好结果。

　　时代在发展过程中，必将形成新风尚、新潮流，而新事物需要我们去发现、去探索、去实践，这就需要青年们勇于探索、敢于创新。作为新时代青年中的一员，我们要勇于担当民族复兴大任，要励志勤学、刻苦磨炼，在实践中学真知、悟真谛，用理论指导实践，在成长成才中锤炼过硬本领，在攻坚克难中绽放青春光芒。

　　【此作品荣获"语文报杯·时代新人说"全国中学生征文大赛省级三等奖】

◎点评与写作指导

　　青年是国家的希望和未来，青年应当勇敢地担负起时代赋予的责任，本作品以"青年"为主题，开门见山，指出作为青年我们要志存高远，然后列举了一些为国奉献、默默耕耘的不同岗位的青年人，接下来联系到新冠疫情，自己也为疫情防控贡献了一份力量，最后提出号召，要在攻坚克难中绽放青春光芒。文章中心明确，有详有略，言之有序，以"青年人如何做"开头，以"青年人如何做"结尾，文章前后照应，首尾连贯，同时又使主题回环复沓，感染力极强。

　　写作的材料来源于生活。生活中的素材也有很多，我们不能想到什么写什么，要学会围绕中心进行选择，跟中心无关的，要果断删去；跟中心有关的也要分清主次，选取最有利于表现中心的材料作为重点展开，其他可以略写。

◎相关写作素材链接（课程思政融合案例）

坚持"回来"的人——黄文秀

　　2016年，黄文秀从北京师范大学硕士毕业后考取了选调生，回到家乡——广西百色，投身基层扶贫事业。"她本有很多选择，"昔日导师郝海燕说，"以她的能力，留京或出国都没问题。"但是她志不在此。出生于广西农村的黄文秀，在求学过程中，依靠党和国家的扶贫资助才得以完成学业。学成回报这片土地，帮助更多像自己一样的困难群众，是她的心愿。她曾对自己的老师说:"我是从贫困大山里走出来的孩子,得到过党和政府的资助和培养,希望将来能为祖国和家乡贡献自己的一份力量。"在一次次的选择中,黄文秀始终遵从自己的内心,自己的初心,回归家乡,建设家乡。她想要当那个"走出去"并"回来"的人。

青春少年，强国有我

李逸菲

夏日的清风微微拂过少年胸前的红领巾，在广阔无垠的天安门广场上，青少年们歌颂着一章章催人奋进的辉煌历史篇章，吟咏着一段段昂扬斗志的赞歌，呐喊着一句句铿锵有力的誓言，即"请党放心，强国有我"。

振奋人心的声音在我耳边不停地回荡着，我的内心无比激动，久久不能平静。我们或许没有哺育众生的能力，也没有承载万物的力量，但我们愿意化作白云，去点缀天空的美好；愿意化作阳光，去照亮宽阔的大地，我们共同的伟大使命便是中国。百舸争流，奋楫者先，千帆竞发，勇进者胜。我们定不辱使命，怀抱崇高理想和奋斗精神创造更好的祖国。

民族抗日英雄杨靖宇曾担任"南满抗日联军"司令，从1934年一直到1940年沙场献身为止。在艰苦奋战的六年中，他永远冲在最前面，在白山黑水、林海雪原里打击日寇。面对敌人的重兵围剿，杨靖宇率部顽强战斗，使敌人坐立不安，惶惶不可终日。敌人对他又怕又恨，不惜调集重兵围困，有人劝他投降，他斩钉截铁地说"不！我有我的信念"。最后，弹尽粮绝，杨靖宇在打完最后一颗子弹后壮烈牺牲。一百年前，中国共产党员们披荆斩棘，浴火重生。一百年后，新时代的我们留着同样的红色血液，理应秉承着同样的精神，奔向未来盛世。

抗疫战争期间，广东省援鄂医疗队中刘家怡的那句"穿上防护服，我就不是小孩子了"感动了无数人。许许多多与同她一样的"00后"站了出来，他们奔赴战疫前线，学着前辈的模样，与死神争分夺秒。他们挡在人民面前，扛起不断滚落而下的重石，向祖国证明"请祖国放心，我们长大了"。他们拿起接力棒，在危难面前，勇于上前、担当奉献，稚嫩的脸庞上闪耀着坚毅，使无数人为之赞叹"江山代有才人出，各领风骚数百年"。

列宁曾说过："我们是未来的党，而未来是属于青年的。"我们是祖国精心培育的花朵，是未来的栋梁，是肩负国家重任的前行者。无论是过去还是未来，实现中华民族伟大复兴的先锋力量始终是中国青年，作为新一代建设国家的力量，我们要肩负起时代赋予我们的责任。少年强则国强，我们要静心钻研、发愤图强。我坚信，在我们的不懈努力下，祖国的明天将会更加美好！

骄阳正好，风过林梢，五星红旗熠熠生辉，我的信仰万丈光芒。时代托举青年，青年定不辜负时代。

【此作品荣获"语文报杯·时代新人说"全国中学生征文大赛省级三等奖】

◎点评与写作指导

本文围绕"青年"与"国家"，抒发作者作为新时代青年对于国家的强烈的责任感。开篇点题，利用"青年"与"历史"的对比，营造出一种使命感和传承感。同时对应了下文中的历史人物事迹和当代人物事迹。文章结构设计巧妙，层次清晰。全文语言铿锵有力，掷地有声，读来令人热血沸腾，心潮澎湃。

前后呼应的结构安排能够使文章浑然一体并增加文章的感染力。前后呼应可分为以下三种：一、首尾呼应，在文章的结尾处提到开篇出现的事物；二、重复呼应，在每个论证的过程中反复出现作者观点；三、问答呼应，在文章前部分提出问题并在后部分给出答案。

◎相关写作素材链接（课程思政融合案例）

抗疫中的青年身影

在4.2万多名驰援湖北抗击疫情的斗争中的医护人员中，有1.2万多名是"90后"，其中相当一部分还是"95后"甚至"00后"。他们挺身而出、担当奉献，充分展现了新时代中国青年的精神风貌。

疫情防控期间，华中科技大学研究生支教团分队队长王一苇主动报名一线志愿者，在问及原因时，她说："我本身就是一名研究生支教团志愿者，在疫情面前更应当将'奉献、友爱、互助、进步'的志愿精神一以贯之；同时作为一名中共党员，更要在民族需要之时挺身而出，用实际行动践行入党誓词。"

（摘编自人民网）

人因理想而伟大

马鸣轩

青春因理想而充满着无限可能,然而提起理想,我们或许有些迷惘。我的青春理想是什么呢?曾经我以为考上大学就是实现了自己的青春理想,但我慢慢地发现并不是这样,理想不应该局限于某个阶段目标的达成,而是需要有更高的追求。人因理想而伟大。

力学之父钱伟长面对祖国无飞机大炮的困境,毅然决定弃文从理,全身心投入物理学研究,为祖国的发展作出了不可磨灭的贡献,他曾说:"祖国的需要就是我的专业。"他几十年如一日,不辞辛苦,不懈努力,执着追求。钱伟长的理想是为了祖国做出贡献,他不仅实现了理想,也成就了自己。

我恍然明白,青春理想是可以和中国梦紧紧联系在一起的,青年孜孜以求的美好理想与国家的沉浮兴衰紧密相关,青年既是追梦者,也是圆梦人。人因理想而伟大,我的理想是成为对祖国、对社会有用的人,为中国梦的实现做出自己的贡献。就像习近平总书记所说的那样"立志追求人无我有、人有我优、技高一筹的境界,学到真本领,用勤劳和智慧创造美好人生"。

如今,72岁的中国还很年轻,也正因为年轻,她可以包容更大的理想。这个时代赋予了我们勇敢奋进的机会,生逢其时,青年更应始终保持着奋斗的姿态,时刻谨记人因理想而伟大,始终坚持为理想而不懈努力奋斗。

时代在前行,我们同行,接下来的中国将由我们建设。我亦深知,中国梦的实现,不仅需要决策者的高瞻远瞩,更需要这960多万平方公里土地上每一个人的兢兢业业。作为新时代的答卷人，吾辈青年，当立鸿鹄之志，承时代之责，顺改革方向，做青春之奋斗。

当今之世，舍我其谁！正值青春的我们，肩负建设美好中国的使命，当不忘初心，砥砺前行，用实际行动去印证一百多年前梁启超先生的一句话："少年智则国智，少年富则国富，少年强则国强，少年独立则国独立，少年自由则国自由，少年进步则国进步。"愿中华青年都能以理想为帆，乘风破浪，不负韶华时光。向自己，也向世人证明，人因理想而伟大。

【此作品荣获"语文报杯·时代新人说"全国中学生征文大赛省级三等奖】

◎点评与写作指导

本文以"理想"为主题，提出了作者自己的观点——"人因理想而伟大"。在举例论证之后，提出了自己的理想。由抽象到具体，不仅更能说服读者，而且升华了文章主题。文章后半部分提出当代青年应树立远大理想，总结概括全文。

对一篇文章来说，最重要的是其主题。如果将主题比作一条龙，那对主题的升华便是点睛之笔。升华主题一般有四种方法：一是以小见大，通过某一事物延伸到普遍事物；二是由表及里，通过事物的表象探索本质；三是由此及彼，通过别的事物引发自己的共鸣；四是由个体到群体，由个人联想到国家、民族。

◎相关写作素材链接（课程思政融合案例）

钱伟长

1912年，钱伟长出生于江苏无锡一个书香世家，尽管家境贫寒，但钱伟长从小勤奋好学。1930年他以语文和历史满分的成绩考入清华大学历史系。"九一八"事变爆发后，目睹国家危难、日寇入侵，他立志为国防建设作贡献，决心弃文从理，毅然转入物理系学习。

虽身在异国他乡，但钱伟长牢记周培源先生的教诲："儿不嫌母丑，子不弃家贫。"他时刻准备用所学报效祖国。在得知国内抗战胜利的消息后，1946年，他谢绝冯·卡门的挽留，放弃国外优厚的工作生活条件，冲破阻力只身回国，到母校清华大学担任一名普通教授。然而由于薪水很低，往返3个学校的教学还是让他的五口之家入不敷出，只能借贷度日。他曾回忆说："我是中国人，我要回去。虽然回国后，第一个月的工资只够买一个暖水瓶，但我从来没有后悔过，更从来没有对国家丧失过信心。"

钱伟长学贯中西，博古通今，从文科到理科，从力学到应用数学，从物理到教育再到社会活动，他一生学过十几个专业，科研生涯涉足几十个行业，在多个领域均取得了常人无法企及的卓越贡献，是一位罕见的百科全书式的通才跨界者。

我的未来理想

张勋涛

每个人都有自己的理想，或许是成为一名科学家，或许是成为一名作家，或许是成为一名遨游太空的宇航员。而我的理想是成为一个平凡而又伟大的警察，这颗理想的种子，随着我年龄的增长，不断生根发芽。

要是问我为什么有这样的理想，那可能是生活中一件件平凡的小事影响了我。在我们的生活中，是他们默默守护在我们身旁，给予我们安全感。在我们遇到危险时，是他们为我们挺身而出；在我们需要帮助时，是他们为我们伸出援手；当我们遇到麻烦时，是他们为我们开辟一条安全的道路。就是这些看似平凡的小事，让警察这个形象深入我的心中。警察整夜整日地守护，保护了一个又一个的我们；警察的辛苦付出，给予了无数家庭的幸福；警察的勇敢无畏，将坏人绳之以法，让城市变得安定有序。

只要我坚定自己的理想，在多年以后，我也会和他们一样，用自己的力量，守护城市和国家，为那些需要帮助的人贡献自己的一份力量，传递自己的正能量。我要像一束光，照亮黑暗，让坏人无处遁逃；我要像一面坚如磐石的盾牌，守护着每个人，用自己的身体挡住前方的危险，帮助每一个需要帮助的人。我要将自己的全部献给祖国和人民。

为了这个理想，我一定要努力奋斗，学会更多的知识，从小事做起，多去帮助周围的人。与此同时，我也要学习警察身上的忠诚、敬业、勇敢、奉献的精神，使其成为自己的行动指南。周恩来曾说过："理想是需要的，是我们前进的方向，现实有了理想的指导才有前途；反过来也必须从现实的努力奋斗中才能实现理想。"

警察不图名利，默默无闻，用心遵从这世间的正义保护每一个人。这种无私且高尚的品德值得我们每一个人学习。做人民背后最坚实的护盾，这是我的理想，也是我生活努力的方向和动力。

【此作品荣获"语文报杯·时代新人说"全国中学生征文大赛省级三等奖】

◎点评与写作指导

  该作品详细阐述了作者成为警察的理想。文章结构简洁合理，通过与其他职业的对比，提出自己的理想是成为一名"平凡"的警察，引出读者的好奇，巧妙引出下文阐述理想产生的原因。语言准确生动，情感丰富而真实，让人读起来津津有味。结尾处集中表达情感，既照应开头又总结全文。文章首尾连贯，一气呵成。

  递进式结构的特点是文章内容环环相扣层次分明，首先提出问题，在此问题的基础上逐步分析并引出作者的看法，最后深化主题。在每个部分的结尾或开头使用承上启下的句子能够使层次连接更加流畅，让读者能更好理解文章主旨。

◎相关写作素材链接（课程思政融合案例）

热血丹心　生死无悔

  你之所以看不见黑暗，是因为有人把黑暗挡在你看不见的地方，替你负重前行。根据公安部统计，缉毒警员的平均寿命只有41岁。他们用生命支撑起全国人民一个又一个看似"平凡"的一天。

  2021年11月26日，云南出入境边防检查总站西双版纳边境管理支队执法调查队副队长蔡晓东与战友实施抓捕毒贩的过程中，遭遇毒贩开枪拒捕，冲在最前面的他在中枪后护住战友，强忍疼痛继续向前追击，终因伤势过重倒在地上，在送医途中壮烈牺牲。他也是某个人的儿子，也是某个人的丈夫，也是某个人的父亲。但他为了千千万万个你和我，将生命定格在38岁。2022年5月8日，蔡晓东9岁的女儿拿着生日蛋糕，跟随妈妈穿梭密林，来到爸爸牺牲的地方。

  "爸爸，我来切蛋糕，这也是我第一次给您切蛋糕。"女儿说。蛋糕上面写着：英雄爸爸生日快乐。

（摘编自新华社）

4 全国中学生创新作文大赛获奖作品选录

爷爷的茉莉花茶

姜佳琳

我坐在小院的秋千上,手中捧着一杯茉莉花茶,秋风吹动着叶子发出"沙沙"声。我不禁想起了一些美好的时光,也想起了一位已故的亲人。怀旧的情绪在心底深处越来越浓……

爷爷最喜喝茶,尤其是浓茶。从我记事起,家里的客厅桌子上总摆着一套茶具。小时候我最喜欢陪爷爷喝茶,所以爷爷将浓茶换成了清香的茉莉花。每次我都开心地坐到茶桌前,等待着爷爷沏茶。爷爷从茶壶中缓缓倒出茶水,倒在了几个小杯子里,并在其中几杯放入了几颗冰糖。爷爷将其中一杯递给了我,一入口茶叶的清香和冰糖的甜腻便瞬间在口中蔓延,我的眼睛也不自觉地弯了起来,心情自然是无比开心。

过了一两年,我上了幼儿园,但爷爷还是会拉着我让我陪他喝茶。时间长了,我也开始会沏茶了。我拿起热水壶,爷爷在一旁看着我怕我被烫到。那时我还不算大的手按照爷爷先前的步骤笨拙地做着,最后放入了几块冰糖,喝下去一口,和爷爷沏的味道一样。

时间就这么一点点地流逝,转眼间我上了小学,只有周五的时候才能回爷爷家和爷爷一起喝茶。尽管和爷爷见面的次数变少了,但每到周五还是会嚷着喊着去见爷爷。直到那天,我像往常一样兴高采烈地跑回爷爷家,爷爷也照常将茶水沏好。我喝了一口,茶水的味道还是那样甜香可口。"大孙女,爷爷生病了需要做个手术,过几天就不能陪你玩了,你在姥姥家多住几天。""爷爷生什么病了?"我着急地问了爷爷,可爷爷只含含糊糊地说是个小病,不打紧……那天爷爷和我一起坐了好长时间,奶奶也没有像往常一样催促我去睡觉,我坐在爷爷身旁渐渐睡了过去。第二天早上爷爷照常起床，仿佛什么事情都没有发生过一样。

回过神来，我喝了一小口手中的茉莉花茶，这次没有加冰糖，散在口中的只有花茶的清香，回味起来竟有一点点的苦涩……

不久后爷爷的肝癌手术还是失败了，我并不知道发生了什么，只知道以后爷爷再也不能陪着我喝茶了。我以为爷爷只是出去玩了，所以毫不在意，每天还是那样没心没肺地闹着。可渐渐地，我懂事了，知道爷爷已经去世了，我再也不能和爷爷一起喝茶了，顿时心里涌出一股酸涩的感情，比没有放冰糖的浓茶还要涩。

我静静地望着手中这一杯茉莉花茶，手中的茉莉花茶已经凉了，而秋风仍然没有停歇。我坐在秋千上，秋千是小时候爷爷亲手给我做的。秋千随着秋风慢慢摇晃，小时和爷爷点点滴滴的回忆一点点浮上心头。这是我第一次怀旧，怀念爷爷，怀念那份甜腻的茉莉花茶。

【此作品荣获"全国中学生创新作文大赛"省级一等奖】

◎点评与写作指导

本文是一篇回忆性的抒情文，作者用细腻的笔触带着我们一起重温了爱茶的爷爷以及和爷爷一起品茶的美好时光。爷爷爱茶，尤爱浓茶，喜的是茶的香、味、韵。然而当我出现在茶台上，我的茶里独加了冰糖，甜甜的滋味让我爱上了茶，也让我感受到爷爷深深的爱。时间就这样一点一点地过去，我在爷爷的陪伴和茶香的浸染下无忧无虑地长大。而爷爷却得了重病，离开了人世。后知后觉的我再想起以前的与爷爷、与茶香相伴的时光更觉宝贵，也更加怀念爷爷。

如果作者想要更好地引发读者的情感体验，可以多增加一些细节描写，比如：爷爷患病后的表现、我得知爷爷已经离开后的表现等等，语言、神态、动作、心理等直接的描写会更好地拉近与读者之间的关系，也更好地表情达意。另外，作者与爷爷的情感羁绊还有茶，除了怀旧之外，爷爷虽然去世了，但是爷爷对我的爱，陪伴我的时光，还有茶韵都应该深深烙印在我的心里，茶文化也可以深挖，从而提高整个文章的精神层次。

◎**相关写作素材链接（课程思政融合案例）**

中国茶文化博大精深，茶是中华民族的举国之饮，中国茶文化糅合佛、儒、道诸派思想，独成一体，是中华文化中的重要组成部分。传统制茶技艺及其相关习俗是中华儿女在长期生产生活实践中的劳动创造及智慧结晶，在漫长的历史长河里，中国人与茶为友、共品茶道，通过制茶、泡茶、品茶，培养了含蓄内敛、平和包容的社会心态。

党的十八大以来，在"绿水青山就是金山银山"理念指引下，多地因地制宜发展茶产业，昔日荒山变"茶海"，茶产业成为民生产业、支柱产业，在决战脱贫攻坚、全面建成小康社会中发挥了重要作用。近年来，随着全链条绿色生态属性日益增强，茶产业加速融入大健康、餐饮、文旅等赛道，催生茶保健品、茶餐、新茶饮、茶庄园等新产品、新业态，为乡村全面振兴提供产业基础。

老家的春节

佟玥瑶

春节的脚步越来越近了，年味儿渐渐浓起来了，大街小巷洋溢着过年的气氛。红红火火的商场堆满了各种各样的年货，川流不息的街头涌动着购买年货的男女老幼，临街的店铺里播放着祝福新年的歌曲……

我驻足天桥，耳边是熙熙攘攘，眼前是高楼林立。爸爸工作忙，已经有两年没有回老家过年了。我喜欢在那里的那几天，因为只有在那里，我才能放下沉重的学习任务，放松自己的心情，淘洗着一年中最欢乐的日子。忽然间，心底有种莫名的心绪，涌动着，渐浓渐近，缥缈又清晰，那是我的老家——山城。

山城的路，蜿蜒绵长。印象中，一两公里的路上，常常看不到一辆车，或者偶尔擦肩而过一两辆车的时候，我就到家了。

山城的村子，依山临溪。人不多，几十户人家，同一个姓氏，都是同族。各家的房子依山而建，就地取材，台阶、院落顺势自然而成，不豪华但古朴、静谧。阳光暖暖，时光慢慢，周围的空气仿佛都在微笑着，笑着督促我拾掇起闲散的心情，伸出慵懒的双手，躺在院子的椅子上，闭目、凝心，什么都不想，没有嘈杂的车水马龙，没有催促学习的喋喋不休，有的是虫鸣鸟语，有的是风轻云淡，是"采菊东篱下，悠然见南山"的悠闲，是"云淡风轻近午天，傍花随柳过前川"的惬意。

老家的人，和善温暖。我们只有在除夕的时候，才回到这里。记忆中，到村口的时候，接近傍晚，各家各户的灯都亮起来了，整个村子弥漫着热气腾腾的饭香，与爸妈打招呼的阿公阿婆们的热情，还有与我约定好再见面的小朋友们的呼喊。记忆中最清晰的，还是姥姥热炕头上崭新的蒲团，暖炉里喷香的烤红薯，除夕的年夜饭。

老家年夜饭的菜肴，都是自家产的。桌上的肉是二舅舅家里圈养一年的大白猪，大舅舅家散养一年的大公鸡，小婶婶家整天山上跑的小山羊；各种菌子是姥爷夏天时采摘下来的，经过暖阳晾晒的，各种青菜是院里大棚新拔下来的……赶了一天路的我，在寒暄之后，大快朵颐、大饱口福。大人们呢，推杯换盏，絮叨家常。

听大人们说，以前，过年可以吃到平时吃不到的好东西。因此，人们总盼着天天都过年。如今，我们哪天吃得都像过年一样，现在就希望忙碌了一年，一家人能够相聚在一起，吃个团圆饭，喝杯团圆酒，谈谈工作的事情，聊聊生活的烦恼，体会着家的温馨，亲情的温暖。整年在大城市生活的我们，每每和家人一起吃老家的年夜饭，一年的辛苦就都忘却了，这味道，是温暖、是和谐、是团圆，更是幸福。

在老家过年充满着喧嚣与热闹。平时上学我都是几经挣扎也很难起床，可是回到老家被鞭炮声吵醒，变成起得最早的人了。我看着人们手中一串串鞭炮点燃，火花四溅，声音响彻云霄，仿佛要把每一个祝福送到千家万户，一阵阵爆竹声接连不断，噼里啪啦地，热闹非凡。放完鞭炮便回到屋子里吃饺子，然后到亲戚家去拜年。因为我们一家是村里的远客，中午的时候，部分长辈和小朋友们都要到姥姥家来吃饭，这是待客之道。直到我们离开，每家每户都要去吃上一顿饭，这是传统，更是传承。

钟声悠然地传来，伴着朦胧的夜色，伴着清凉的夜风，什么都可以想，什么都可以置之度外，我轻轻地吸了一口气，似乎有悠远的、淡淡的花香，沁人心脾，这是一年中最美好的时光。

【此作品荣获"全国中学生创新作文大赛"省级一等奖】

◎点评与写作指导

作品从特殊的节日——春节入手，为我们介绍了他的老家。作者从自己的所见走进回忆，语言优美，情感真挚，从山城的位置到山城的人们，山城过年的菜肴、习俗无不让人回味。山城的好日子得益于国家的发展和支持，老百姓们都过上了以前过年才会有的日子，而对于在大城市生活的人来说，能够回老家过年是一年中的最幸福、团圆的念想。山城春节的传统习俗更是热闹，鞭炮齐鸣，挨家挨户都在庆祝，这样的场面让人神往，更让人感慨党和国家的繁荣发展带给人民生活的变化。

　　本篇文章以小见大，"我"的老家山城的生活变化以及传统民风民俗的展示，反映的是乡村振兴的成果以及传统民俗的传承发展。这部分内容也可以在文章的最后进行升华，作者作为当代的青少年，应该主动传承，勇于担当，这样可以让文章的主题更加鲜明。

◎相关写作素材链接（课程思政融合案例）

　　　　黄文秀：扶贫路上谱写新时代的青春之歌

　　有些人从山里走了，就不再回来；你从城里回来，却再没有离开。来的时候惴惴，怕自己不够勇敢；走的时候匆匆，留下最美的韶华。百色的大山，你是最美的朝霞；脱贫的战场，你是醒目的黄花。

——《感动中国》颁奖词

　　乡村振兴，是一个呼唤人才同时造就人才的舞台。广袤田野中孕育着无限的机遇与可能，为青年人提供了广阔的施展空间。2016年黄文秀顺利获得硕士学位从北京师范大学毕业，毕业后她放弃了当地高薪待遇的工作，想要回到家乡为脱贫攻坚、为改变家乡落后的面貌贡献自己的一份力量。2018年，黄文秀担任广西百色乐业县百坭村的驻村第一书记。当许多农村大学生选择从大山中走出来到大城市生活时，黄文秀却成了一个"逆行者"，选择为振兴乡村而奋斗。她说："很多人从农村走出去就不想再回来了，但总是要有人回来的，我就是要回来的人。"

珍藏的回忆

徐天睿

什么是怀旧？有人说怀旧是现实这面墙上丛生的杂草，不经意间，就爬满了现在的这座庭院。我也如此认为，怀旧是突然涌上心头，久久不能忘怀。

我人生中的第一次怀旧是对过往生活的一次留恋，是对记忆深处那场画面的追溯与享受，是对人生万千的捡拾，它来自我一个人的万籁俱寂。

记得那是中秋节，是一个月色夹杂着桂香，阖家团圆、万物可亲的节日。可我却在异乡漂泊，当我站在十字路口时，身边川流不息，熙熙攘攘，热闹非凡，像是一场盛大的祝福。远处万家灯火璀璨，我心里却静到极处，所有的喧嚣都成为背景，最纯粹的情绪就会凸显，生命中最重要的东西就会显现出来，在绚烂之极归于平淡，这便是怀旧的萌芽。

被夜色裹挟无处隐藏的我，试着躲避孤独的情绪，便想通过歌曲来排解。没想到随机播放的便是《惜琼花》，脑海里瞬间浮现出了"床前明月光，疑是地上霜。举头望明月，低头思故乡。"的画面。它彻底将我的思绪拉到过去。蓦然回首，依稀可见稚气未脱的我跟着奶奶读着这首诗。儿童时期的我初次读只觉朗朗上口，却不曾领悟到其中蕴含着的巨大无奈与深切思乡之情，那是儿童的专属理解，他们看见花开会笑，看见叶落会哭，而成年的我们看见花开，还会"感时花溅泪"。

我感慨地望着由无数神话故事编撰出来的真实星球，那里有嫦娥与玉兔，是美轮美奂的仙境，我看到的是诗仙千年前望着的那轮明月。这时，耳机里应景地传来一声"谁扬一株花，四海无同类"，那是李白故乡里的琼花，是他的心之所向，志之所往。我想那时的他是看见了，一缕缕银色月光梦幻地洒在薄薄的窗户纸上，空无一物的地上好似泛起了一层霜，霜的形状是家里敞开的门。他禁不住抬起头来，眼里有星光闪烁，看窗外空中的信物，又低头反复确认那霜的形状，他想：一定是故乡托月光告诉我，它很是想我。就这样，游子对家乡的思念在一瞬间定格成永恒，一念成诗。

穿越千年光阴，就在刹那，我与李白同频共振，不约而同将洁白的月光看成故乡。故乡里有让你魂牵梦萦的人，有了这些人，村落有了袅袅炊烟，就有了故事的开始，就有了一切温暖的原因。城市因记忆而存在，故乡因亲人而存在。我也看见了月亮变成了大树的形状，树下爷爷躺在摇椅上悠闲地听着京剧，身边是胖乎乎的小猫，眯着眼睛懒洋洋地。摇椅身后是戴着花镜的奶奶，她正弯着身子缝衣服，唠叨着要让我穿上试试。我快速逃离现场去撸猫，留下具有时代特色的花裙子在风中凌乱。画面中微风袭来，枝丫疯长，却怎么也挡不住烈日骄阳。

李白的诗，让离家求学的我，乍想起来有点悲伤，细细品味别有感动。那么他当时有没有想过后来人会和他同心同感呢？我无比庆幸在我觉得这座城市如此之大，却没有一盏灯是为我留的时候，有一个"同是天涯沦落人"与我感同身受，这是小小的慰藉，是中国诗词的魅力所在。不同年龄的人读同一首诗的感受是截然不同的，他们经历了世事无常，却依旧向阳而生，继续用全部的热情拥抱世界。

想到这，我不再躲避怀旧的心理，绿灯也合乎我的心情亮了起来。我怀着对回忆的珍藏之情，大步昂扬地走在未来时光的花道上。

【此作品荣获"全国中学生创新作文大赛"省级一等奖】

◎点评与写作指导

本文立意深远，从开始的怀旧到结尾的展望未来，我们能看到作者思想的进阶。作者细腻的心思在文字中尽情地挥洒，读完文章，读者的眼前浮现了一个在外求学的游子形象，一方面是想念着自己的家乡、亲人，是"独在异乡为异客，每逢佳节倍思亲"；另一方面是胸怀抱负，渴望闯出自己的一番天地，是"长风破浪会有时，直挂云帆济沧海"。作者在中秋团圆之夜，身处异乡的孤独我们可以感同身受，当他穿越千年，与李白相见成知己，共同将情感寄托给明月的时候，"海上生明月，天涯共此时"。所有的孤独、思念、努力都不会白费，在人生的十字路口，绿灯会照亮我们的前方，勇敢先行，美好的未来在等着你。

整篇文章张力很强，能够引发读者的共鸣。开头稍显拖沓，过多地解释了怀旧的意思，如果改为环境描写渲染怀旧氛围会更好地吸引读者的阅读兴趣。

◎相关写作素材链接（课程思政融合案例）

习近平总书记对青年寄语"立志做有理想、敢担当、能吃苦、肯奋斗的新时代好青年。"青年强，则国家强。青年是祖国的未来、民族的希望。当代青年要以奋斗的姿态，积极投身于祖国的建设事业，为实现中华民族伟大复兴贡献青春力量。

桂海潮是中国空间站的首位载荷专家，他在读高中时，在校园广播中听到神舟五号载人飞船成功发射的消息，"中国进入太空第一人"杨利伟和载人航天的梦想，从此扎根在他心中。从山村到太空，桂海潮付出了常人无法想象的艰苦努力。他夜以继日地读书，不放过任何能够学习的时间。同时，为了实现航天梦，他还日复一日坚持运动，锻炼了强健的体魄。厚积薄发，2023年5月份，桂海潮作为神舟十六号乘组航天员，执行神舟十六号载人飞行任务，主要负责空间科学实验载荷的在轨操作。从大山走向太空的桂海潮，再次诠释了奋斗带来的可能性。

姥姥的饺子

王一鸣

过去的美好时光总是令人怀念的，落日余晖，夕阳落下，夜幕升起，像青黛色的油纸，渐渐铺展开来，回忆犹如夜空中的片片残星拼凑起来，而童年时姥姥包的饺子一定是那片夜空中最闪最亮的星。

临近春节，我怀着激动的心情回到了老家，这次回来并没有和姥姥说。村里挂满了红灯笼，爆竹声声，每家每户都贴满了窗花和"福"字。阳光高照，到了门口，我敲了敲陈旧的木门，姥姥打开门惊喜地看着我，着急地拉我进门。院子里老树叶子掉光了，在墙边堆着一垛还没完全枯萎的树叶，寒气逼人，冻得姥姥那布满皱纹的脸通红，姥姥只是笑着，好似是她的热情抵消了这阵阵寒气。

进入院子，映入眼帘的是农村常见的，由砖墙砌成的房子，经过长年风吹雨打，墙壁上已布满结块的尘土。土房子里，平常独自饮食起居的姥姥，从橱柜里拿出为数不多的餐具摆在桌子上，从冰箱拿出不舍得吃的冻肉。那骨瘦嶙峋布满苍老皱纹的手上凸起了血管，拿起已经卷刃的刀。我从熟悉的柜子中拿出面粉，和成面团，把面团一个一个揉成面皮，姥姥配合我一勺一勺地把肉馅放在面片上，尽可能把面皮填满。从前我和姥姥一块包饺子，经常观察姥姥包饺子，一边看一边模仿着动作学，尽管长时间没包过饺子，却一上手就很快地包出丰满的饺子。姥姥说，给自己家人包饺子，越是爱他，饺子就要包得越大。

姥姥和居住的老房子仿佛是同岁的老人，互相依靠，房子保护姥姥的安全，姥姥呵护着老房子。院子里落满了雪花，我在院里尽兴地玩耍，玩得累了回家总是能吃到最大个儿的饺子。饺子上桌，与姥姥一起吃，像是从前那样，姥姥挑了一个最大个的饺子放进我的碗里，饺子入口的那一刹，绝对我是平凡生活中最美好的一瞬间。

时间飞逝，所有事物更新迭代，院里的老树长出了新叶，再次回到老房子，正是丰收的季节，老房子上的土已被微风吹起，姥姥忙着农活，微风连带着姥姥的银发一起吹动，姥姥看到我，脸上的皱纹被笑脸带起，只增不减，与记忆中一样，姥姥平和温柔地问我："想吃饺子吗？"我也满怀期待地回应姥姥："想！"

老房子里飘来饺子的香味，姥姥温暖的笑容，与脸上的沟壑交揉在一起，模糊在热气腾腾的饺子中。

回想着在姥姥身边的时光，那时的自己才真的无忧无虑，不知道梦想有时也会遥不可及，不知道人生原来会经历那么多的坎坷和磨炼，其实长大后才发现，我们真正追求的快乐和自在不就是童年曾经拥有的那样吗？

我身在这繁华大都市里，数着满街的高楼大厦，心里牵挂的却全是故乡，故乡的一山一水，一草一木。回想着故乡的山山水水，站在姥姥家的老旧的木门前，回想到大城市里的灯火霓虹，我却渐渐忽略了故乡的美、纯、真。在面对生活的"十字路口"时，姥姥那勤劳奋斗的精神激励着我，日升而作，早早忙碌于田间地头。姥姥对生活的热爱激励着我，在生活上努力，在学习上努力，为自己的梦想而努力。

摩天大楼高耸入云，我穿梭在街道上，城市的流光溢彩呈现眼前。我静下心来，细细回忆着故乡的山川流水，草树绿茵，只在我的脑中一闪而过，发现自己对周围的景色漠不关心。

窗外景色浮现，太阳渐渐升起，阳光的温暖和光照慢慢流入她那布满沟壑皱纹的手上，阳光倒映着姥姥的影子，里面饱含勤奋努力，她那对生活的勤奋也慢慢随着阳光流入我的心里，流到我的星空里，慢慢变成饺子的形状，落到我的记忆深处，守护着我人生中最重要人。

【此作品荣获"全国中学生创新作文大赛"省级一等奖】

◎ **点评与写作指导**

本文作者从小处入手，层层深入。初读文章，读者以为饺子是作者内心深处怀念的事物，再读得知，饺子是姥姥亲手包的，"我"怀念的是姥姥，"我"在包饺子的时候，姥姥告诉"我"，越爱这个人，给她包的饺子就越大，作者从小到大一定吃的都是最大的饺子，里面饱含着姥姥的爱。而作者也是一个心思细腻，懂感恩的好孩子，挂念姥姥，回家看望姥姥，跟姥姥"索取"饺子吃，其实都是为了让姥姥也感受到，作者对姥姥从未忘怀，永远想着姥姥的好。祖孙之间的双向奔赴没有被时间和距离打败，也让作者回归了本心，和姥姥在家乡相伴的日子是那样的美好，姥姥的勤劳朴实一直影响着"我"。

◎相关写作素材链接（课程思政融合案例）

百善孝为先，孝是中华传统美德，孝道是一种人类最朴素的情感：爱。从社会层面来看，老龄化社会既提倡孝老敬老，又呼唤老有所用。老龄化、"独一代"，流动时代、"指尖"社会……当这些元素叠加，我们看到的，不仅有"空巢老人""异地养老"的辛酸与烦恼，还有现代节奏下两代人相处模式的变化与挑战。或许，我们无力改变"分离两地"的状态，也无需重拾"几代同堂"的方式，但至少，可以抽点时间，回家看看，陪父母聊聊天，让父母感受子女的存在，获得精神上的慰藉。同时，我们也要看到老年人也可以发挥余热，也可以展现自身的风采，让人钦佩与崇拜，比如，清华老年合唱团，就是这样的存在。

旧相册

孟 想

怀旧是一种情绪，带着一丝丝的伤感，但也有一丝丝的回甘。怀旧不只是对以前生活的留恋，而是不断积累人生的阅历，不断审视自己的初心。

"儿子，快过来！"

"妈，怎么了？"

"来，你看看这是什么。"

"这不就是几本相册吗！"

"这些相册记录着你的童年。"

新年大扫除的时候，我妈从我房间里翻出来几本相册。这些相册的大小、封面各不相同，但无一例外的，上面都落满了灰尘。我随手拿了一本，擦掉灰尘，随便翻到一页看了起来，顿时一股回忆涌上了心头。

相册第一张照片是我小学的第一次春游，那是我第一次离开父母的陪伴，来到一个陌生的集体。刚开始，我比较腼腆怕生，不太会与别人交流。但是，随着时间的推移，我慢慢地融入了这个班集体，成为这里的一分子。

记得有一次，学校组织我们去参观历史博物馆，当我看到展览的文物时，仿佛看到了那遥远的历史长河中，文物的主人们正使用着它们。讲解员为我们讲述了许多古老的故事和神话，为我们描绘了一个神秘莫测的世界，这些故事蕴含着深深的感情，仿佛告诉人们自己的心情。虽然当时听得一知半解，但是每个故事都让我沉醉其中。

"看啊，这个不是你去鼓浪屿时的照片儿吗？"我瞬间从回忆中惊醒，顺着妈妈手指的方向看过去，那张照片上的一个五六岁的孩子不就是我吗？但是看着照片中那陌生的地点，我却始终想不起我是在哪儿拍的这张照片。这时我妈妈说道："你忘了在你小时候我们去过厦门的鼓浪屿，这就是在鼓浪屿拍的。"

这时我的回忆如丝线般蔓入我的脑海，小时候父母的确带我去过鼓浪屿。因为鼓浪屿是一座岛屿，所以我们坐着轮船前往，我记着，鼓浪屿上面没有汽车的轰鸣，没有工厂排出的污染物，只有扑面而来的清新的海风和一颗颗高大的椰子树，耳边传来阵阵的海浪声，船上还能喂海鸥。据说鼓浪屿的名字由来是因岛西南侧有一块儿礁石叫鼓浪石，所以这座岛就被命名为鼓浪屿。

我不停地翻看着相册里的照片，回想起那段时光，对于这种怀旧的感觉，只有自己才能体会。现在我已长大，走在通往未来的道路上，但每当看到一张老照片，童年时所经历的那些快乐又会涌入我的心田，带给我一丝怀旧，好像又把我带回到那些美好的时光。

青涩的童年，给了我一种无比怀念、醇香温暖的感觉，当记忆中的场景一一浮现时，我总会忍不住潸然泪下，怀抱着记忆，把最真实的感情表达出来。

也许，怀旧，更多的是一种态度，一种心情，我们要珍惜眼前的一切，珍惜身边的人，但也不能忘记往昔岁月，一段曲折，你方唱罢，一段美好，我心永流。

【此作品荣获"全国中学生创新作文大赛"省级二等奖】

◎点评与写作指导

本篇记叙文立足于"旧相册"，通过一张张旧相片引发了作者的怀旧，勾起了作者的回忆，主题鲜明，语言流畅。作者通过第一次春游、参观博物馆与游览鼓浪屿的三张照片自然地引出了童年的美好回忆，既有少年面对新环境的腼腆局促，又有很有趣的故事，三段回忆安排得详略有当，结构合理，过渡自然，表现出作者纯朴真挚的情感，不浮夸、不空洞。本篇文章语言文白结合，记叙部分语言朴实直白，抒情部分整句与散句相结合，使语句灵活自然，错落有致。

命题记叙文的主题、内容是有限制的，但立意与思考是开放的。文章采用分叙时要结构清晰，详略得当，有条不紊地交代清楚每一件事的中心思想。

◎相关写作素材链接（课程思政融合案例）

怀旧历史老照片　　致敬劳动新榜样

照片是引发人们怀旧心情的一个媒介，很多老照片不仅承载了人们怀念过去的情感，更起到了记录历史的重要作用。随着中华人民共和国的成立，人民从被奴役、被压迫的地位变成了国家政权的领导阶级，在中国共产党的领导下，真正实现了人民当家作主，广大劳动人民成为最尊敬的人。1950年5月1日，是中华人民共和国成立后的第一个劳动节，意义非凡，在北京举办了20余万人的盛大游行活动。从老照片中可以看出，群众穿着新衣，打着各色的旗幡，举着巨型标语，带着满心欢喜向天安门聚集。自此，我国每年都会评选劳动模范。

职业不分高低贵贱，劳动最光荣。全国劳动模范李素丽是北京市公交公司的一名普通售票员，将近20年的平凡工作中，她的足迹里没有惊心动魄的故事，也没有色彩斑斓的传奇，有的只是默默奉献与勤勉敬业的事迹，她的这种奉献真情、为民服务的情怀值得当代每一位青年学习。

我的爷爷奶奶

尹家乐

来路漫漫，春花夏蝉，秋叶冬雪，我将记忆埋在年轮当中，却从不翻阅。唯独有件事，即使春花融在冬雪里，夏蝉消失在秋叶中，一天又复一天，我始终不敢忘记。

你总以为机会无限，所以不知道珍惜眼前人。我很爱我的爷爷奶奶，他们在我年幼时陪伴在我身边，教我牙牙学语，哄我安然入睡。我总在想，等我以后长大了一定好好孝顺他们。但是随着年纪增长，我总是因为跟他们想法不一样而任性，明明内心很爱他们，却说着狠心和气人的话语，表达的情感总是"事与心违"。

记忆就像是一台老相机，它可能终有一天会损坏、会废弃，可是它照出的照片却是永久清晰的事物，记录那一瞬的生活，留下永恒的回忆。那天就像是拿起了照片一般，我第一次怀旧。有一天我翻阅QQ空间的日志，小时候总是在那里倾诉我的心绪，看到了那段话："如果可以，我愿意用自己的健康和寿命，换爷爷奶奶的健健康康、长命百岁、天天开心。"这不是当时随便说的话语，而是我认认真真思考过的。

如果可以，我希望我的爷爷奶奶可以一直陪在我身边。思绪回到小时候，爸爸妈妈工作繁忙，我从小就和爷爷奶奶一起生活，我们有着深厚的感情。他们包容我，疼爱我。我的朋友经常向我倾诉，她们的爷爷奶奶有重男轻女的封建思想，不喜欢她们，但是我的爷爷奶奶从来没有因为我是女孩而不疼爱我，甚至他们还经常叫我"宝儿"，每天悉心地照顾我，为了让我茁壮成长，每天都做不同的美食，这些行为都倾注了他们的爱。

曾经，你们用温厚的大手牵起我的小手，第一次带我走进学校；曾经,你们带着我穿过大街小巷,一起吆喝卖货。你们把所有的爱都给了我,还记得你们的笑容,很美、很甜、很慈祥。以前你们把你们的全世界都给了我,现在我也想把我的全世界送给你们!所以,那天的我第一次怀旧,我时时刻刻记得天气寒冷,你们用身上的大衣盖着我,每次你们都用卖菜的钱第一时间给我买零食,奶奶从来不让我干累活,自己却在忙忙碌碌,不知道休息。

花儿谢了几度,草儿绿了几回,圈圈年轮镌刻了风的记忆。泛黄的照片,也抹不断那段美好的时光。不知从什么时候开始,我们总在怀旧,怀念美好的岁月,美好的时光。那天我第一次怀旧,想起过往的时光,想起和爷爷奶奶一起的美好岁月,现在的我就想待在他们身边,认真地照顾他们,我从来不感到疲倦,因为他们在小时候给我留下了美好的回忆,而我也要给他们留下好的回忆!

【此作品荣获"全国中学生创新作文大赛"省级二等奖】

◎ 点评与写作指导

本篇文章的主题是"怀旧亲情",情真意切,符合题意。作者由QQ空间的日记内容引出怀旧的内容贴合生活,爷爷奶奶只是两个卖菜的普通老人,却将全部的爱都给了孙女,这是生活中常见的现象,但在作者的笔下真挚感人,易引发读者的共鸣。大多数记叙文习惯于含蓄表达情感,但在本文中作者表达情感是直接的炙热的,能够看出作者与爷爷奶奶深厚的情谊。本篇文章语言文白结合,恰当得体,在回忆爷爷奶奶对自己的爱护时的语言朴素自然,不造作,开头结尾语言优美,能够引起读者阅读兴趣,增加文采。

同学们在写作记叙文时可以适当运用一些写作技巧增加文采,可以采用悬念的手法,引起读者的阅读兴趣;可以采用排比叙事段的横式结构,逐层烘托情感;也可以运用排比句式,在层层递进中使要表达的感情升华。

◎相关写作素材链接（课程思政融合案例）

带母上学、忠孝两全——刘秀祥

刘秀祥是贵州省大山中一名普通的孩子，却用自己瘦弱的臂膀与坚毅的精神背起了自己的母亲与理想前行。刘秀祥4岁时父亲去世，母亲生病不能自理，他开始一边照顾母亲一边上学，2008年考上大学后，面对渴望已久的学业追求与需要照料的母亲的选择，刘秀祥开始了他带着母亲上学的路程。此事件经过报道后，无数人为他的故事感动，想要资助他上完大学，减轻他的压力，但刘秀祥却一一谢绝了。他曾说："一个人不应该活得可怜，而要活得可敬、可佩。"

现在，刘秀祥已经成为家乡的一名乡村教师。他用自己的经历去教育孩子们奋发向上。截至2022年10月，刘秀祥工作室累计牵线对接资助学生4000多人，资助资金超过1000万元。

怀念母校

李逸菲

打开落满尘土的抽屉，拂去灰尘，拾起那回忆的碎片，五味杂陈，不禁陷入怀旧的漩涡中。青春是一首婉转的歌谣，我们随着节奏尽情舞动，充分享受着每分每秒的快乐。

朝阳从海平面上一点一点缓慢升起，而那耀眼的阳光似乎有些不耐烦，先行一步，穿过玻璃洒在课桌上，伴随着传来的阵阵读书声，和着窗外的鸟鸣声，共同绘成和谐而动听的交响乐。我们埋头尽情遨游于书海，抬起头，放肆地绘就了属于我们的画作。回过头，散发出"恰同学少年，风华正茂"的激情。一切都那么充实与美好，就连空气中也弥漫着斗志昂扬、热血拼搏的激情。在光的照耀下，我们享受着最美好的年华，挥洒着畅快的汗水。

漫步校园，不禁发出对世间沧桑的感叹。或许对我而言，"怀旧"已无法完整表达我的怀念，但九年的春秋也只能用这种方式去表达。顺着光一路望去，是那经典的红色跑道和绿茵茵的草地，而那由白漆喷成的线显得格外与众不同。曾记否，以前大课间的景象像一阵风，把我吹回从前。有人奋不顾身地往前奔跑，有人偷偷地休息，有人快速向前，有人匀速后退……打一场酣畅淋漓的球，是一份简单的快乐；趁着体育课躺在松软的草地上，沐浴着午后的温暖的阳光，是一份简单的快乐；课间10分钟的嬉戏打闹，更是一份简单的快乐。千千万万的快乐包裹着我们。

光的另一侧是一条林荫小道，温暖的阳光穿透浓密的树梢，点落在行人的头顶上，星星点点般铺在地上，堪比星辰，胜过大海。我相信任何一件事物都带着一段属于自己的平凡与过往，并不是要贴上标签，珍藏于博物馆才值得人们去瞻仰、去缅怀。正如每个人在母校的岁月各有各的不同，同样也各有各的怀念。温暖与感动往往珍藏于平凡事物的背后，经历岁月的洗礼，等待一个人去解除封印。

时光太匆匆，人生太清瘦，而母校，太让人怀念。我经常会想，为什么时光会过得这么快呀？快到九年时间好似弹指一挥间，余音久久不能消散，于心底永驻。怀旧让我学会了铭记，也让我学会了珍惜。

【此作品荣获"全国中学生创新作文大赛"省级二等奖】

◎点评与写作指导

本篇文章怀念了作者的母校，整篇文章洋洋洒洒，富有文采。文章中的环境描写较为突出，运用比喻，将透过树叶的点点阳光比喻成星辰大海，思路开阔。校园建筑特写镜头别开生面，情趣盎然，使人感到身临其境。文章对往日校园景色、趣事的气氛渲染得充分而恰到好处，自然地流露出作者对母校的怀旧情感。全文叙事场景集中，结构简洁合理，却能引人无限遐想，叙述节奏不枝不蔓，融描写、记叙、抒情于一体。文章语言流畅优美，具有一定的哲理性，读后让人久久回味。

散文是记叙、描写人物、事物、事件的文章，表达较为散逸灵活，需要具有一定的生动性、简洁性，在此基础上可以运用一些优美隽永的文字对文章语言进行润色，但切忌堆砌辞藻，无病呻吟。

◎相关写作素材链接（课程思政融合案例）

再一次漫步校园，这里的一切让人不禁想起初遇的那一天，晴川历历，芳草萋萋，碧波隐隐，鸟鸣啾啾。我带着那颗激动的心，好奇地东张西望，宽大的校服遮住了瘦弱的身子，遮不住火热的灵魂。向往着即将认识的新朋友，向往着大学校园生活，我的心里不觉遍洒阳光。清爽的短发，温婉的马尾，洁白的球鞋，清香的帽衫……这里遍布青春的味道。青春是一片龟背竹的叶子，墨绿墨绿的叶片那么富有生机，那一根根卷曲的浅绿叶片也充满神秘，不知何时就舒展开来，继而墨绿起来。

再一次漫步校园，一切都如初遇的那一天，晴空历历，芳草萋萋，碧波隐隐，鸟鸣啾啾。我带着平静的心，留恋地东张西望，这里依旧是遍布青春的味道。一批又一批的龟背竹交叉着、重叠着、摆动着，那绿色也跟着流动。这些绿流入了大学校园又变成新的颜色，这些绿流入社会又变成新的味道。我不得不随着这些绿流走，仅带走我的记忆和无限的怀念。这校园的一草一木都属于过我们，这校园的一草一木如今不属于我们，属于我们的只有那无尽的怀念。

醒悟

金泽阳

我的人生虽才经历过含苞待放花朵般稚嫩的青涩时光，但已经开始怀旧。怀念旧人，回想以前经历的点点滴滴；怀念旧事，感怀青春年华里发生的那些有趣之事。

那一年的春节，进入漫长的寒假，我每天都在打游戏，美其名曰放松自己。游戏带来的感官刺激让人感到兴奋，那个假期我沉迷于此，会因为一个流畅的操作而得意扬扬，也会因为几个大招没有连接上而懊恼，甚至特意去练习操作。但事实上还有课业负担更重的高中等着我。日复一日地畅游在游戏的海洋里，我感到迷茫。母亲一句话警醒了我，"不能丢了白天的太阳，又丢了夜晚的星星。"我陷入沉思，天道酬勤的意思是越努力，越幸福。若我不把努力用在学习上，那么时光会第一个辜负我。时间是公平的，一天只有二十四小时，虚度光阴只会一事无成，珍惜每分每秒才会有收获。

这使我不禁回忆起了初三冲刺的那段时光。回首曾经的风雨兼程，我无怨无悔，回味曾经拼搏的日夜，我醒悟，不能放纵自己，应该更努力。想到我们曾唱着至今依然刻骨铭心的歌曲，我们拥有对命运挑战的勇气，我们拥有对未来人生的追求，我又感到热血沸腾，在新的一年即将来临时，我终于立志要放飞心中的理想，创造出属于自己的一片新天地。

我的第一次怀旧使我重新审视了自己的学习态度，古人言"吾日三省吾身"，可见反省自身是坚定理想的有效途径，不是每一次努力都有收获，但是每一次收获都需要努力。重要的不是站的位置，而是追寻的方向。宝贵的时间应该用在追逐梦想上，而不是放空自己，沉迷游戏，最终成为自己讨厌的样子。

怀旧，是对过往生活的一种留恋，是对记忆的一种追溯与享受，是对人生落花的捡拾。我总奔走于城市中，忙着补课，忙着学习，何时想过怀旧可以使我的生活有所改观？这回忆，如一条小船，在我成长的时候拯救被繁忙淹没的我。

此后，我常会翻阅起内心的相册，暂时摆脱烦恼的束缚，穿越日月星辰，在美好的怀旧时光里收获快乐。

【此作品荣获"全国中学生创新作文大赛"省级二等奖】

◎点评与写作指导

本篇文章记叙了作者放假放松后的怀旧心情。与大多数作品不同的是，人们写怀旧的情感往往是带着淡淡的伤感的，或感慨往昔美好，或回忆曾经趣事，而本篇文章则是通过回忆初中的学习奋斗经历，表达出了一种昂扬向上、珍惜时间、努力学习的奋进情感。作者写作视野开阔，并没有局限于回忆曾经，而是将眼光放到未来生活上，发出要刻苦学习的感慨，在文章的最后作者直抒胸臆，认为怀旧给他带来了快乐。整篇文章构思巧妙，结构清晰，首尾形成呼应，入情入理，别具一格。

在写作的过程中，学生可以将自己真实的生活情境展现给别人，将自己的关系、情绪、生活、情感转换成一种习作的艺术形式展现出来。以我手写我心，融入自己的"此时、此事、此情、此感"，不论是什么原材料、什么形式、什么技巧都不如最原本的真情流露。

◎相关写作素材链接（课程思政融合案例）

"我再也不要当好孩子了，当好孩子太累了。"我用尽自己最后一丝力气喊出了心底徘徊已久的话。我快速用被子蒙住自己的头，将自己与外界隔绝。顶嘴、唱反调、发脾气等等，面对越来越不可理喻的自己，母亲仅剩下无尽的沉默和悲哀的神情。

我知道她又要和父亲告状，控诉我的行为；她还会和朋友亲戚抱怨，说我无药可救，她打算彻底放弃。她不理解我内心的痛苦，由曾经的名列前茅到如今直线下降，升入初三以来更是以自己不能接受的速度下滑。我曾经是一只雄鹰盘旋高空，抟扶摇而上。九万里的高空是我的目标，其他人都在我身后钦羡、仰慕。现在，我突然看不懂那些习题了，辨不清那些选项，我终于理解那些同学找到各种理由为自己开脱的原因了——大家都想好，但是努力也达不到目标了，只能接着叛逆的由头渐渐沉沦。

　　怀念曾经的自己，怀念曾经的成绩。但现在不是止步于前的时候，我不能停留在怀念上，我得奋起。苍鹰折翅又如何，还有不屈的苍鹰之志。

青春的烟花秀

陈　旭

我走出中考考场，独属于夏天的酷热阳光正在照射着我，我伸出手臂，透过指尖的缝隙去凝望着刺眼的光芒，世界在一瞬间变成金色的天地。恍惚间，我仿佛看见了曾经那个充满稚气和青春气息的自己，但无论阳光怎样璀璨和耀眼，那令人怀念的初中生活终究成为一段回忆了。

有人说，青春就像一阵吹过的风，拂过脸颊之后，一去不复返。也有人说，青春就像是一杯水，喝过之后就没有了。但我觉得，青春就像是一场盛大的烟花秀，短暂却又无比的绚烂，让人难以忘怀。青春就像是璀璨且流动的银河，美则美矣，却永远在前进，永不停歇。初中的生活固然短暂，但我们都在那场青春的烟花秀里留下了隐约的倩影，在那流动的银河中激起了白色的浪花。

走入了新学校，一切都是新的开始。教室中依旧坐满了同学，却又不再是昔日那些熟悉的面孔。我有时看见班里嬉闹的同学，也会想起我和朋友们昔日的时光，虽然单调，但只因和他们一起便觉得开心有趣。突然间就生出高中生活不及初中生活半点美好的想法。人人都说要往前看，而我此刻却开始了怀旧。

怀旧是对过往生活的留恋，是一种追溯，是一种对人生落花的捡拾。我有时会想，人为什么会怀旧？这个问题可能每个人都会有不一样的答案。

或许我怀念的不是初中，我怀念的是那种令人念念不忘、难舍难分的友情，我怀念的是无话不说、知我喜好的朋友。因为有他们，我可以不用担心孤独，不用担心尴尬，我们有聊不完的话题，就算只是一件小事，也可以让我们开心许久。

可能这就叫触景生情吧！一幕幕往昔从我眼前闪过，历历在目。在这短暂的青春里，总有一些记忆让我们难以忘却，曾经一起哭过笑过的朋友，曾经在失落时的安慰，在伤心时的温暖，都在我记忆的深处无法忘记。天下无不散的筵席，但我拥有着那永恒的友谊。

或许，随着年纪的增长，我会变得越来越多愁善感。随着经历的增多，我怀旧的事情也会越来越多。但青春只有一次，那青涩的少年间的友谊永远让我感到怀念，那惬意的初中生活让我体会到生活的美妙。时间永不停止地向前奔跑，怀旧，就是在人生失意时舒缓情绪的一剂良药，让我们体味到人生不只有眼前的忙碌与烦恼，我们也曾经历过美好。

【此作品荣获"全国中学生创新作文大赛"省级二等奖】

◎点评与写作指导

本篇文章记叙了作者怀念初中纯真友情和美好学习生活的情感。全文萦绕着哀伤忧愁的感情基调，通过描绘与初中相似的高中生活场景来引出自己的怀旧之情，通过描写高中教室中的热闹场面，引发自己怀念初中生活的孤寂情感，运用了以动衬静的手法，贴合主题。详略得当、虚实相生是本文的两大特色，内容丰富、生动。本文还运用了大量的比喻修辞，通过形象生动的喻体说明作者理解的青春内涵。本篇文章在怀念旧时光的同时提出了人为什么会怀旧这个问题，进行了深入探讨，体现出了哲学性。

鲁迅先生的《一件小事》，杨绛先生的《老王》，梁实秋先生的《我的一位国文老师》等许多名家都怀念过身边的人。他们或通过外貌、语言、动作、神态展现人物个性，或通过叙事体现人物精神。这些他们笔下回味的人虽早已随时代一起离我们远去，却又仿佛依然活在我们身边。可见，细节才能铸就经典，我们在写作的过程当中应当增添细节，使文章人物更丰满，内容更具体。

◎相关写作素材链接（课程思政融合案例）

他是我的同学，他也是我的同桌。一米八的挺拔身材，身着白帽衫，外面的校服拉锁从来没"上过岗"就直接退休了。篮球就像他身上的挂件一样，时隐时现。他一头乱糟糟的黑发，配上一双闪闪发光的眼睛，总是充满了笑意和调皮的神情。在班上，他是个"活宝"。他总能在严肃的学习气氛中注入一丝欢乐。我算是班上的学霸，每天都在努力学习，可他总喜欢捉弄我，偷偷把我的眼镜藏起来，或者在我专心致志写作业时吓人一跳。他最擅长的就是模仿老师说话，只要他一张嘴，整个教室都会爆发出笑声。这时看着我一脸的困惑和焦急，他总是忍不住笑出声来。

在情绪上，他倒是给了我很大的支持。他总是耐心地倾听我的烦恼和心事，给予我鼓励和安慰。有时候，我会因为一些小事情而情绪低落，但他的几句话就能让我重新振作起来。现在想想，也不算什么至理名言，但是从他嘴里说出来总是那么让人感到轻松愉快。

纪念日

梁晶涵

> 我一直以来都是个怀旧的人，我迷恋的东西太多太多，不敢回眸，怕风中飞扬的烟尘会迷乱此刻如止水的心，不敢捡拾那些不曾走远的温馨碎片。那些绚烂到极致的美丽已随繁花落尽，消失在被风吹过的流年中。
>
> ——题记

这几天，忽然看到许多朋友发表心情：纪念日。猛然觉悟，已经是第二个纪念日了，已经过两年了。岁月如梭，一去不返。三年时光，弹指之间，忽然而已。我们在校园，度过了人生中最美的青春，最闪耀的光阴。怀着纯真烂漫，对未来的无限期待，校园的岔路口总能偶遇天真的笑靥。我们一起学习，共同成长，真挚的情感点缀着动人的歌。

校园里的一草一木还有那一栋栋熟悉而陌生的教学楼，仿佛已经变成我们不认识的样子了；那昔日我们嬉戏、升旗的操场，现在是那样寂静；那拍毕业照时作为背景的教学楼，现在看来是那么高大。走到二楼，来到我最后一学年的教室，我们办的最后一期黑板报已被那陌生的字画所替代，已被那湿漉漉的抹布擦净。我们并没有在这儿留下什么，而这里留给我们的却是那酸甜苦辣多变的回忆。我站在操场正中央，眼睛闭着转了一圈，中学的人和事像一幅长长的画卷在我脑海里浮现。哦，对了，还有那棵我们最爱的银杏树，它与母校共存，是学校历史的见证。我们能在这所学校相识，一同走过三年的时光，真的是一种缘分。

又是雪花纷飞的季节，好想时间停留在梦里这一刻，月亮总能勾起我对往事的回忆。三年前，四十多个同学在二班的教室相遇并熟识。三年中，有人离开，有人加入，但同学们还保留着当初的活泼和朝气。若不是那天黑板上赫然出现了"距离中考还有100天"的几个大字，又有谁愿意相信，不久之后二班的同学们都将要各自离开，去往不同的方向，踏上新的人生旅途，但事实就是这样。"人有悲欢离合，月有阴晴圆缺"，这一点我们无法改变，能做的只有珍惜剩下的时间，不在离别时黯然神伤。

这三年的时光见证了我们三年来的每一刻，偷偷地将垃圾塞进同学的书包，时光它看见了，但它不说；考试悄悄地对答案，它也看见了，还是不说；在同桌的抽屉里搞破坏，它还是看见了，依旧不说。因为这是我们的秘密，时光虽然见证了我们的三年，虽然守住了许许多多的秘密，但它还是守不住钟面上的秒针、分针、时针。回忆，终究离开。回忆时光无痕，是不灭的永恒，永恒于心间！虽然我知道，我与回忆时光是后会无期的。

这三年的时间改变了我很多，从年幼的孩子到少年，从抱怨时光漫长到感叹日月如梭，她就像一位慈祥的母亲呵护着我，同时也教导着我。这三年它使我们不仅有满满的回忆，也教会了我们很多道理。怀旧，寻一份坦然。时光，慈悲为怀，博爱无边。念情悠悠，爱长长，静静流淌在岁月的小河里，与清水合欢，与睡莲长眠。

【此作品荣获"全国中学生创新作文大赛"省级二等奖】

◎点评与写作指导

本文围绕"第一次怀旧"，从怀念校园、童年、年少时光三个方面展开回忆。是一篇意味深长、情感充沛的抒情散文。文章独出心裁，优雅含蓄的题记直接切入主题，吸引读者阅读，细腻生动地写出了作者对校园生活的留恋惋惜。结尾段含蓄深刻，以颇含深意的诗歌方式，照应题目，发人深省，言有尽而意无穷。整篇文章结构紧密，语言优美情深，令人叹为观止。

遇到悲伤欢喜的事情而触发情感，见到盛景而兴起，这是人们都有的情况。如何将情感流露出来，就需要将人人都有的感情果核播种到爱的土壤里，加以细心栽培，一定会长出细嫩的芽展开卷曲的叶子，开出貌美的花朵，最后结出沉甸甸的果实。现在的学生比较繁忙，但是一定不要忘记，作文永远离不开生活这片土壤，生活的充实程度决定文字的力量。

◎相关写作素材链接（课程思政融合案例）

　　这一年，当我们在气喘吁吁的呼吸声中等待上课时，才发现，树尖开始有嫩绿的芽儿星星点点地浮出树梢。我们奋笔疾书，我们聚精会神，我们慢慢变得不吵不闹，学会在痛苦中快乐着成长。这三年，我们的身影在阳光下静静地跟随着时光越过盛世芳华，为了初三的结尾盛开洁白的花。那玻璃窗外的身影，透着诗集的优美、歌章的动人、水一般的柔情，在岁月中留下那如花的微笑。

怀念祖母

侯鑫宇

那年夏天,自家院子里,摆个桌子,放着一杯水,我躺在躺椅上,听着蝉鸣,我睡着了。

啊!我从床上坐起来,什么时候?谁把我搬到床上的?我明明在院子里的躺椅上啊。透过窗户看着周围,这院子里好像有点不一样。"快来吃饭!别在床上待着了,下床吃饭!"我祖母对我叫道,我应了一声,就下床吃饭了。饭桌上有我祖母最爱吃的红烧肉、炖带鱼、白菜豆腐汤,还摆着五碗饭,一家人坐在桌子旁聊着这几天的打算。我也只是嘴里嚼着饭,听着大人的话,心却早就飘到院子里了。吃完饭,我帮着收拾桌子,洗了碗,接着去院子里的躺椅上又睡着了。

不知何时,我好像听见打120的声音,从躺椅上惊坐起来,看着周围天已经黑了。祖母突发心脏病,家里人也没时间关注我。没多久,救护车来了,把祖母送去医院了,家里就只剩我一人。躺椅上,我望着夜空,看着那几颗星星想着这一天,明明白天还好好的,一家人坐在桌子边上吃着午饭,为什么晚上心脏病就发作呢?在躺椅上,我又睡着了。

周围好乱,声音好杂,为什么还有哭声?我睁眼看了看周围,祖母去世了,一切都那么突然。家里人好像没有看到我,我站起来,看着遗像,眼泪止不住地往下掉,时间过得好快。小时候,在院子里,那棵树下,祖母给我削着苹果,问我以后想做些什么,我也没想过就没说话。后来,我上小学了,祖母也就不再跟我多说什么闲话了。但看着遗像,所有的记忆就好像走马灯一样在我面前闪过。

我从躺椅上醒过来,眼泪却还在流,看着周围,家里人在干自己的事，原来刚刚那一切全是梦。"吃饭了！"我妈对我喊道。我走到饭桌旁，四个人坐在桌子旁，桌上还是红烧肉、炖带鱼、白菜豆腐汤。我妈在饭桌上说："下午我们给你祖母扫墓去，你也去。"我立刻答应。在路上，我的眼泪止不住地流。

在车上，我哭着哭着就又睡着了。再次从躺椅上醒来，祖母从我身边走过，我抬头看着她，她的侧脸是微笑着的，笑得是那么慈祥，眼里还泛着一丝充满生命力的光。过了一会，祖母手边的活都做完了，她坐在我身边，手里拿着苹果一圈一圈地削皮。这时，祖母又问我这几天的打算。我想了一会，答道："先过好这几天，珍惜当下。"祖母也只是冲着我笑着，她那眼神是那么纯洁。苹果削完，我吃了就跑到祖母背后给她揉揉肩膀，捶捶背。祖母也开始给我讲她小时候的故事，但一提到祖母小时候的那个院子，她还会哽咽一下，可能那个院子给她留下了些记忆吧。就这样，我和祖母在院子里又一起度过了一个下午。

祖母每年夏天都会叫我们去她那个院子里过夏天，给我们做好吃的饭菜，我可以在院子里的躺椅上躺一整个夏天。如今，每年夏天我们依旧都会来，院子里的躺椅也还在，可躺椅上的人已经开始忙生活了。躺椅边的人也早就不在了，我每年盼着能早点来的夏天，也已经变了。我有多少次在夏天向着夜空望去，想找回自己那时在院子里仰望星空的感觉，可我也再不可能回到那个夏天。

【此作品荣获"全国中学生创新作文大赛"省级二等奖】

◎点评与写作指导

本文分别描写了祖母去世、扫墓路上、回忆过往三部分内容，是一篇典型的记叙文。文章开头以画面导入的方式，沉浸式切入主题；通过环境描写，衬托出了温馨寂静的氛围，奠定了全文的感情基调。祖母去世，看似突兀，实则是在读者的意料之外，情理之中，使文章情节一波三折，跌宕起伏。通过人物的动作、语言、神态描写，突出了祖母慈祥、温柔、纯洁、富有生气的人物形象；并通过场面描写，描绘了一幅温情动人的祖孙夏季乘凉图，更突出了"我"对祖母的怀念之情。结尾段今昔对比，写出时光一去不复返,照应了开头,突出了"我"对祖母及童年的怀念之情。整篇文章结构表面略显纷乱,实则更是作者文笔精妙的体现,紧扣主题,思维活跃,笔风灵动。

作文像做事一样,做事情之前需要先进行筹划,作文之前需要先进行组织。很多大作家写作技术纯熟,能在意念中解决自己的"腹稿"。学生们为了防止"暨乎篇成,半折心始"必须在剪裁和排次上下功夫。而这些又建立在细心观察生活的基础上。

◎相关写作素材链接(课程思政融合案例)

再也没有"老讲究"

"老讲究"是个口头语,它既可以指一些很难追根溯源的老习惯,又可以指一些深谙此道且难以被别人改变的人。我家就有一位"老讲究"——我的姥姥。

清晨的阳光透过方块窗玻璃,老蓝色的窗框有棱有角,院子里公鸡、母鸡、鸭子、大鹅不知叫唤什么,打扰了我的好梦,不耐烦地蜷缩起身体连脑袋一起卷进厚重的棉被,那浆洗的被面发出沙沙的摩擦声,透过被角听到姥姥进屋了,大铝盆撂在炕沿上,听声音就很厚重。

她从不惯着我,今天也一样。掀起被窝不顾我睁不睁眼,也不管鸡蛋刚从大锅里捞起还滚烫,蛋壳上还略微泛着油光,混着淡淡粽叶香,直接朝我脸上糊过来,一边拿鸡蛋滚脸蛋脑袋胳膊腿,一边振振有词:"滚滚霉运去,滚滚好运来;滚滚疾病去,滚滚健康来;滚滚小人去,滚滚贵人来。"我被烫得嗞哇乱叫,想装睡也不成了。套上衣裤蹦下炕去,又被她薅住了,"拿艾叶水洗洗脸,搓搓耳朵,抹抹头发!"对于姥姥的这些"老讲究"我总觉得很神秘,不想听却又不敢不照做。

她从不铺张,今天不一样。我"梳洗"完毕,要站在炕沿边上看着她把铝盆里的鸡蛋都抓到炕上滚起来。鸡蛋数量众多,叽里咕噜地滚到炕梢滚到炕头,那场面相当壮观。

她不算勤快,每年这时却忙碌。提前三天买好江黄米泡上,必须是三天:多一天太烂,少一天又不爱熟。粽叶必得当年新采的苇子叶,用她的话说"旧叶没那个味儿",啥味,我也不知道,捆粽子用线也是绝对不正宗,得用麻叶子。当我问她包三种馅有什么讲究,她抿嘴一乐:"那可没有讲究了,就是咱家人的口味不一样。"哦,对,炕上的鸡蛋和大盆里的粽子家人们都得分点也是她的老讲究。

我看着今年家人买回的肉粽子,旧粽叶,花棉绳,咬上一口,油腻腻的,我突然知道她说的那个"味儿"了。当年宽厚的粽叶包住了我儿时的快乐,麻叶子系住了我们每个人爱她念她的心。

"五月五,是端阳;插艾叶,挂香囊;五彩线,手腕绑;吃粽子,蘸白糖。"这样的老讲究终是飘散在东北辽西南的村庄里,随之飘散的还有那位捍卫老讲究的老人。

一场校园足球赛

胡懿豪

人的一生中会经历许多事，包括开心的、悲伤的或者难忘的，这些事犹如浩瀚银河中的一颗小行星，只是众多蚂蚁中的一员，是茫茫人海中的一粒尘埃。唯有那一件事令我记忆犹新，每当我想起这件事，我的心便久久不能平静。

我至今仍然记得那场校园足球比赛。下课铃声响起，我们急匆匆地冲到了操场的正中央，准备上体育课。这时，体育老师对我们说，这届的校园足球比赛会在一周后正式开始，同学们可以在这段时间加紧训练，争取拿到冠军，为班级增光添彩。我听到这里十分激动，因为我的足球技术是班级中最好的，我相信我可以带领大家赢得这场足球比赛。

随后我们马上开始了训练，在炙热的阳光下，我们首先练习了带球、传球、控球、射门等基本技能，这些项目看似简单，实际上却十分有难度。就在这时，有一位同学提出，"踢足球并不是一个人在场上的个人表演，而是要靠大家的团结和默契地配合才能赢得比赛。"大家一致认为他说得很有道理，于是立即开始练习如何配合。在我方球员持球的时候，另一位球员向前跑位，但我认为，一位球员凭借高超的球技和球商也可以带领队伍赢得比赛，此时的我觉得自己就是这个小球员。于是我一直专注于练习球技。短短的两个小时过去了，同学们一个个汗流浃背，但是却没有一个人说累，大家都觉得这两个小时收获颇丰，并觉得自己的球技得到了很大的提升。随着我们日复一日地训练，一周的时间过去了，令人期待已久的校园足球比赛也要正式拉开帷幕了。比赛马上就要开始了，同学们脸上洋溢的笑容已被严肃和认真取代。

随着裁判员一声令下，比赛开始了！我方前锋自信地发出了第一球，但是在带球过程中被对方的后卫抢断了下来，我们并没有慌张，而是更加努力地去抢球。我抢到了那至关重要的一球，并迅速带球突破，冲破了对方的防守防线。我看准时机，做出射门的假动作骗过对方门将后，突然抬脚起射，球在空中划出一道完美的弧线，直冲对方球门的死角，球进了！全场沸腾了，比分来到了一比零。对方发起了猛烈的进攻，他们似乎抓住了我们的弱点，用巧妙的配合打破了我方的防线，连进两球处于领先。就这样，我们以一比二落后结束了上半场比赛。

　　在中场休息时，我回忆起了对方的进攻，发现他们每个球员之间都有着密切的联系，就像连成了一条线，怎么也剪不断。我想到了在比赛前那名同学说的话，踢足球是一项团体运动，体现的是团队的默契和团结。

　　下半场的比赛随之到来，我们决定换一种进攻方式，以团控为主，模仿对方。每当我拿到球时，都不会一味地突破，而是冷静下来，将球传给队友，我瞅准机会抢到了球，并做出假动作，将球传给队友，他带球突破，摆脱了数名防守球员，在关键时刻将球再转移给我，我大力射门，球进了，我们扳平了比分！我们就这样用这种节奏又进了一球，最终赢得了比赛的胜利。

　　每当我回想起这场比赛，我都会想起足球这项运动所展现的并不是一个人的球技的精湛程度，而是团队之间的协调和默契配合。

【此作品荣获"全国中学生创新作文大赛"省级二等奖】

◎点评与写作指导

　　本文写了作者第一次带领队员们训练并赢得足球比赛的事，是一篇流畅的记叙文。文章开头引出下文的足球比赛，生动形象地写出了这件往事令读者无法忘怀。通过连贯的动词，突出了团队的配合之妙，随后笔锋一转，写到对手抓住弱点奋起反击，使情节更加曲折，抓人眼球。结尾段短小精悍，总结全文，篇末点题，突出文章"团结"的中心。整篇文章按照事情发展顺序展开，结构紧密，语句恰当，中心突出，意味深长。

　　记叙文写作语言要有个性化、感染力和表现力，要在语言上下功夫，要追求更加简洁、凝练、含蓄、生动的语言。

◎**相关写作素材链接（课程思政融合案例）**

　　如狼似虎的对方球员突破了重重防线，来到了球门前。只见他一抬脚狠狠地踢向了足球。我们的守门员将手半举在空中，五指微微张开，做好了准备扑球的姿势，两只炯炯有神的大眼死死地盯住球，像是一头猛虎发现了一只绵羊。球飞了过来，正好落到了朱承涛的怀里，他赶紧把球抱在怀里。真是万幸啊！我们守住了。随后他把球远远地扔到了我方球员的脚下，这时上半场正好也结束了。

（摘自苏科外童心妙语）

相册

侯子木

新年霜雪落满街，邂逅了人间，亲吻了大地，时间又前进了一步，来来往往的车辆，寥若晨星的广场，道路像一条分割线，热闹与荒凉。

慵懒的午后，在进行新年清理时，翻出来了一些上了年纪的老伙计，阳光下空中的浮尘在空中摇曳着，我看到了那堆伙计中的那本银色相册。翻开相册，一对祖孙的身影映入眼眶，是幼时的我和奶奶，笑得最开心的就是奶奶。背后的烟花是多么的好看！回忆上了发条，一点一点往前转动。我好像回到了小时候的院子，那也是一个明媚的午后，奶奶抱着我坐在院门口，那时她的脸上还没有时间留下的沟壑、岁月留下的霜，她嘴里哼着摇篮曲哄我入睡。爷爷奶奶的爱温暖了我的整个童年，我在爷爷奶奶的关心呵护下茁壮成长。我的奶奶在很多事情上总是很严肃很规矩，虽说无风无雨，但我小时候总想着无拘无束，是个叛逆的小孩。想着想着，那首小时候的摇篮曲在这个午后，伴着我沉沉睡去。

每一年的春节，奶奶总是变着花样地"变"出我喜欢吃的东西，如酥脆的糖葫芦、香甜的驴打滚和绵软的年糕。在我长大后，奶奶腿脚不利索了，但是有一天她突然给我带回来了糖葫芦和年糕，那场景就像回到了小时候一样。我愣住了，跟她说不要走太远的路，想着想着，我自己也开始怀旧了。小时候的四合院承载着太多童年的回忆。每年即将过年时，家家户户开始准备年货，我和小伙伴们提着灯笼大街小巷地跑着。等到炊烟袅袅，大人开始呼喊时，我们一起相约在夜晚的广场放烟花，那是属于我们小孩子的相约，等到出去时就变成了好几个大人的聚会闲谈。我想到那时的美好，情不自禁地笑了一下，抬起头又看向了儿时的广场：以前的村落变成了办公高楼，旁边马路上车来车往，广场已经没人打理了，变得杂草丛生，相约的伙伴也有事不能前来。我又看了眼这个小时候觉得很大的广场，现在几步就能走完，转身离开时，我想，我们的童年结束了。

合上相册，我感觉这些照片记录了岁月中我们最好的模样，它们记录了父亲第一次做父亲，奶奶第一次当奶奶的场景；记录了过年时的热热闹闹；记录了我的童年和家人的无数快乐瞬间。所以，这些照片不仅仅是照片，也是父亲的青春、奶奶的知命年华和一家人幸福的往事。一遍一遍看着一段段熟悉的回忆，也是对过去的怀念。看了之后，我想长大又不想长大，我们还是原来的自己，不过我们都要继续长大。老人常说，一眨眼就毕业，一眨眼就成年。一眨眼，我们都长大了，渐渐远去的是过去的自己、是童年、是成长、是蜕变，我们要珍惜现在并勇敢追求更美好的未来。

怀旧是回忆过去的点滴美好，是对曾经岁月如梦般的回忆，谁也无法确切地说清，年少的我亦分不清，有时，我试图抓住脑海里那一缕岁月的丝线，但有时却无法抓住，只是对某一个场景略有所感，但终究是有不同，那时的美好只有回忆里的我才记得。天边晨星渐起，月亮高高悬挂，我梦醒时看去，又想到，穿过岁月，年幼的我问奶奶："天上好多闪闪的是什么？"看着现在夜空中不多的星星，怀旧只是怀旧。

【此作品荣获"全国中学生创新作文大赛"省级二等奖】

◎点评与写作指导

文章回忆了过年时与祖母共度的美好时光，是一篇典型的倒叙式记叙文。文章开头烘托出了寂静的氛围，为文章奠定感情基调，描写了祖母哄"我"睡觉时的感人场面，突出祖母的慈祥，以及作者童年的欢乐。祖母变样为"我"置办新年礼物，衬托出了一幅温馨的祖孙欢乐图，而本段末又跳跃到现在，使读者感同身受，更便于表达情感。通过环境描写刻画了催人泪下、感人肺腑的观星图画。结尾段言有尽而意无穷，以环境描写结尾，照应开头，更突出了"我"对祖母和童年生活的怀念。整篇文章语句深奥，细思却不难懂，紧扣主题。

在记叙文写作中，倒叙可以吸引读者的阅读兴趣，使文章结构富有变化，避免平铺直叙。但在写作过程中要注意过渡句的使用，做到衔接自然。

◎ **相关写作素材链接（课程思政融合案例）**

北京四合院代表了古代北京城上至皇族贵戚、下至平民百姓所居住的所有建筑形式。其单体建筑体量、建筑形制以至如何居住都有着严格的规定。它已不仅仅是建筑实体的存在，还是丰富的文化载体。四合院建筑的装修、雕饰、彩绘上则处处体现着民俗民风，映照出人们对幸福、吉祥、美好生活的向往和追求。在四合院的装饰、彩绘、雕刻乃至于院落种植的花草树木中，各种图案、吉词祥语，以及附在檐柱上的抱柱楹联等，无不体现人们的美好愿望。

（摘自《风水师罗桂元：北京四合院暗藏的秘密》）

母爱

马鸣轩

怀旧，是一种对年少生活的留恋。每每坐在教室，一帧帧画面、一段段回忆就涌上我的心头，似乎每一个细节都动人心弦。上课时，我们如饥似渴地获取知识，一起学习，共同进步；下课了，我们一起打闹、嬉戏，享受着自由的快乐。

怀旧，是一种对青春记忆的追溯与享受。校园中的每一个角落，甚至一草一木，都足以把我的思绪带回到过去，那里有我们独一无二的故事与回忆。漫步校园，总能想到我们在一起的种种瞬间，或许幼稚可笑，或许意味深长。我想着想着就笑了，笑着笑着又哭了。离别的伤痛，旁人难解。俗话说"触景生情"，说的应该就是这一点吧。

怀旧，是一种对人生落花的捡拾。小学六年来，我们在老师和同学们的陪伴下成长，六年的情谊令我难以忘怀。我们在往日时光的花道上散步，将那些刻骨铭心却稍纵即逝的往事拾起、珍藏。此刻，我们毕业了，夏日温柔的风轻轻拂过脸庞，把我们的眼泪吹干，也把我们所有人都吹散了，或许这一别就是我们最后一次见面。

怀旧，是一种对至亲的不舍与思念。"母亲"，一个被赋予神圣含义的词，是我们最亲近的人。但有时我却觉得母亲就是一个平凡的劳动者，是一个从不说累、永远旋转着的陀螺。从当上母亲的那一刻起，她当真从未停下，她带着母性的喜悦和天性的担忧一直忙碌。打我记事起，尤其是当我上学后，与她相处的时间只有晚上的短短时间，早上我一醒来，她早已外出工作。

我从不知这位"神秘的"母亲去了哪里，直到那一天。那天晚上我同母亲跑步时，她随口说了一句"今晚没有什么星星，月亮也看不见，怕是要下雨咯。"当晚就下起了雷雨，重重的雷声把我从睡梦中惊醒，耳边还有机器的嘈杂声，身旁已经没了温度。我瞥了眼钟，估摸着有三四点，心里直犯嘀咕：莫不是收衣服去了？我下了床，发现外面的地板湿湿的，衣服已经挂好在屋内，却看见室内灯火通明。我走出门，看见母亲正满头大汗地在机器旁捣鼓着什么，并未察觉我的到来。机器声把母亲和父亲的对话淹没，烟雾缭绕把他们的身影虚化，只见不停劳作的身形。从他们额头流下的汗珠又仿佛把朦胧擦得清晰了些，滴在地上，滴进白发，也滴入我的心头。

我不忍再看，只好躲藏，只是不知道到底是藏进了被窝，还是躲进了爱里。这样的忙碌哪怕在节假日也从不会停，春节也不例外，只是会比平时早回来一些，中午拎着菜回来也没闲着，煮饭做菜样样没少做。她的背似乎从未干过，总是任由辛勤把它浸湿。

她同千万个劳动者一样，日复一日，年复一年地做着无比平凡而渗出伟大的事。可她又与其他普通的劳动者不同，因为她从未忘记一件事——爱家庭。母亲在时光的长河中，陪我游过了年少，游过了青春，她却游向了衰老。这便是她平凡却伟大的故事。时间如同白驹过隙一般，飞速逝去，又如同每日要吃的米饭一般，虽天天吃，可那股味道却总是不同。我慢慢变高，母亲却慢慢变矮。每到我过生日时，母亲都会因为我的生日而忙碌，但我那时并不懂母亲的艰辛与劳累，只图自己开心，忘了出生时，最辛苦的是我的母亲，忘了每一次过生日时，母亲那缕青丝总会添上几根白发，慈祥的脸上总会多几道皱纹。

而我，也从小时候对生日的热切期盼变为长大之后的不想过生日。我不想为了生日让本就劳累的母亲更加操劳；我不想为了生日而使时光匆匆流去；我不想看见母亲头顶的白发；我不想看见母亲脸上的皱纹。每当我看见母亲脸上的皱纹，心中不免难过。我的母亲，她曾惊讶于我突如其来的暴躁，曾欣慰于我姗姗来迟的体贴，她可能并不十分了解我，却总在努力地接近我的心灵。她和所有的母亲都一样，却又与所有的母亲不同。她也曾貌美如花，也在少女时期憧憬着未来，最后，她把青春都交给了我，交给了这个家,却从没想过回报。

  我的青丝,你的白发。母亲把芳华赋予时光,只为呵护我茁壮成长;你把美丽束之高阁,只为给我一个更宽裕的生活。第一个温暖的怀抱,第一颗交付给我的心,都来自你,慈爱的母亲。我们来到世界后,第一个爱我的是你,对我百般牵挂着的是你,无微不至地照顾我的是你,无怨无悔默默付出的还是你。

【此作品荣获"全国中学生创新作文大赛"省级二等奖】

◎点评与写作指导

  本篇是记叙文,题目点明中心。用对校园的怀念来补充怀旧这个主题,详略得当,略写对校园的怀念,详写对母亲的怀念。重点突出,写出母亲为家庭操劳的同时,我迎来了青春年华,写出了一种唯美意境,突出对母亲的怀念与爱意。结尾语言优美,含义深刻,情感真挚细腻,能引发读者共鸣,使文章有感染力。

  记叙文写作中要注意内容上的详略安排,围绕主题可以记叙一件事或几件事。如果记叙不止一件事,要注意有详有略,突出重点,表达真情实感。

◎相关写作素材链接(课程思政融合案例)

  "您这样一位习惯了繁华都市的大家闺秀,最后竟会永远留在这么一个偏远的小山村……1957年,我要从重庆的大学分配到这儿,是您陪着我,脸贴着地图,手指顺着密密麻麻的细线,找了很久,才找到地图上这么一个小点点。当时您叹了一口气说:'孩子,你到那儿,是要吃苦的呀……'

  没想到的是,为了我,为了帮我带小孩,把您也拖到了安江。最后,受累吃苦的,是妈妈您哪!您哪里走得惯乡间的田埂!我总记得,每次都要小孙孙牵着您的手,您才敢走过屋前屋后的田间小道……"

(——摘自袁隆平院士写给母亲的信)

落灰的相册

全 亮

　　晨光透过玻璃照进屋内，我站在柜子前，手拿湿抹布认真擦拭着柜子里的物件。我是个勤快的人，可能是身体利索点，脑子便懒惰起来了，干起活来什么都不用想，也少有对着什么物件陷入怀旧中。直到我无意中翻出一本在柜子角落里落了灰的相册，我才真正地怀念起童年旧事。

　　翻开相册，我的灵魂便由着眼睛跑了出来，陷入了昔日的记忆。里面的照片仿佛在舞动一般，每一张都在我的脑海里随着当时的情景闪过，发出耀眼的金色光芒。我想起了旅游的温暖阳光，我乘着车看向车窗外，一路上风景变得飞快，山林、草地、湖泊、田野……一切都充满了生机，我仿佛能闻到花草与泥土的气息——原来是灵魂飞翔出来，再次欣赏这一美景。我与朋友在草地上尽情奔跑，随着风穿过林野与溪水，看到农民质朴的笑脸上泛着纯洁的光的眼睛，泥土的芬芳、花草的清香、田地的麦香……也许空气的无味便是为了突出这些自然的香气。我再次向前奔去，耳朵里听到了风吹过草地的沙沙声，鸟儿在树枝上也争相歌唱，收获颇丰的人们也笑得十分爽朗。我还沉浸在这些声音中无法自拔，灵魂便随着一声刺耳的"吃饭了！"返回身体，我不由自主地坐到了饭桌前，但一幕幕的回忆还争相浮现在脑海中。这些回忆仿佛再次让我去了相同的地方，我带着现在的眼光与记忆放眼过去，属实是碰撞出了新的火花。妈妈看出我心不在焉，便提议让我出门转转呼吸新鲜空气。确实如此，沉湎于虚幻的梦想而忘记现实的生活是毫无益处的。

　　我穿好衣服出了门，发现我看到熟悉的东西便开始涌上回忆，我想起儿时嬉闹的心连雨水都难以浇灭。我们几个孩子在细雨下追跑，在房檐下敲打滴落的雨滴，偶尔玩起兴致了，便迎着大雨疯跑一圈再回来，雨声中总是夹杂着嬉闹声。雨后，空气满是泥土的芳香，萌蘖的小草随风摇摆着，空气是暖和舒适的，风是凉爽让人清醒的，昨晚回家的伙伴今早又出门相聚，嬉闹声还不断传来。再回来看，即使是好天气，现在伙伴们还是有各种忙不完的事情，想到这，我不免有些无奈。

继续向前走，回头看到了经常一起玩耍的房檐，一起蹦跳的台阶……我一边走一边回头，一路回望，但路却向前走着，怀旧便是将遗忘的回忆与现实交织，触发情感。所以背后的过去，是我今天向前走的动力，不光是身体的步伐向前，灵魂的脚步也要大步向前。怀旧可以调剂自己的心情，给自己带来温暖的慰藉，也可以让我们感受到生活的美好与无限的期待，现在看到的景色、闻到的气味、听到的声音，也会成为以后怀旧时出现的一幕幕，浮世景色千百年依旧，人生在世，回忆浮世，闲暇之中怀旧，便可以更好地为未来打算。未来又将有什么发生，又有什么会成为以后的怀旧对象？"欲买桂花同载酒，终不似，少年游。"

怀旧让我们倍感温暖，我们通过怀旧记起的不管是坎坷还是痛苦、美好还是开心，怀旧都是温暖我们疲惫心灵的好方法。我继续向前走着，夕阳西下，回忆的一切让我彻底明白，怀旧能让我们发现更多怀念、更多回望、更多勇气。从那天起我便知晓，怀旧将我的过去和未来拥抱在一起，这才是我的第一次怀旧。

【此作品荣获"全国中学生创新作文大赛"省级三等奖】

◎点评与写作指导

这是一篇打动人心的记叙文，题目点明中心，通过一本落灰的相册，巧妙生动地引出主题"怀旧"。第二段写的是相册中的照片，引发了"我"的回忆，想起了自然与童年的欢快气息。本文内容生动丰富，语言新颖清爽。结尾点明中心，升华主题，写出怀旧能够温暖我们疲惫的心灵，让我们有更多的勇气，去拥抱过去和未来，写出了过去的回忆，未来的生活的重要，也要珍惜当下，这才是怀旧的意义。文章前后照应，语言积极乐观，感染力极强。

写作时，要注意把印象最深刻的内容作为记叙的重点，把自己看到的、听到的、亲身经历的主要部分描述出来，采用点面结合的方法，既要写好群体活动，又要包含个体代表；既要描写整个场面，又要突出典型事件或人物。

◎**相关写作素材链接（课程思政融合案例）**

满是高过马头的野花，五彩缤纷，像织不完的锦缎那么绵延，像天边的霞光那么耀眼，像高空的彩虹那么绚烂。

再往里走，天山显得越来越美，沿着白皑皑群峰的雪线以下，是蜿蜒无尽的翠绿的原始森林，密密的塔松像撑开的巨伞，重重叠叠的枝丫，漏下斑斑点点细碎的日影，骑马穿行林中，只听见马蹄溅起漫流在岩石上的水声，使密林显得更加幽静。

（摘自《七月的天山》）

追忆初中生活

芮心欣

真正意义上的"怀旧"是什么？记得那是初三下学期开学的一个周五中午，如同每一个普通的周五一样，校园里回荡着广播的声音。但是那天，走在校园里的我，脑海中浮现出许许多多过往的初中生活片段，这也许就是我印象中的第一次怀旧吧！

提到初中生活，人们的记忆里总会浮现出操场、教学楼、体育馆，以及无数的学习生活碎片。但是那天，我脑海里浮现的是初一刚报到时的场景。那时，我站在教室门口，好奇地打量着四周。虽然我已经在这所学校度过了六年的小学时光，但换了一个教学楼后，我还是感到些许的不适应。进入班级之后，面对新老师和新同学，大家对彼此都感到非常陌生，整个班显得格外安静。然而到了午休时间，班主任并没有像我想象中那样盯着我们上自习，而是坐在教室前面拉着大家聊天，大家逐渐敞开心扉，畅所欲言，一下子拉近了距离。那一刻的氛围真的很美好。

初一下学期，我们换了一位新的数学老师，一开始大家对她有些畏惧，因为她总是让我们先做完题再去吃饭，她每天都叫我们去办公室改错，并且几乎每节课都会拖堂……不过随着时间的推移，我们也逐渐明白了老师的良苦用心。在老师的帮助下，慢慢地，我们的数学成绩都有了很大的提高，大家还亲切地称呼她为"平姐"。突然有一天，班主任告诉我们数学老师住院了，可能以后再也无法给我们上课了。听到这个消息，大家都感到非常难过，在之后的很长一段时间里，大家都没再见过平姐。

突然有一天，我听见有人在操场上喊："平姐回来了！"我们赶忙跑到校门口，却没见到她的身影，保安叔叔跟我们说她回办公室了。这时上课铃响了，我们也只好先回去上课。下了课，我们马上下楼跑到了她的办公室门口，从门外听到了她的声音，但我们担心会打扰到办公室的其他老师，所以没人敢进。这时，平姐看到了我们，便挥手让我们赶紧进去。那天她跟我们几个讲："老师教不了你们了，因为脑袋里长了瘤……"当时大家的眼眶都湿了，老师拍了拍我的后背，嘱咐我们要好好学习，并在数学书上为我们写下许多祝福的话，我注意到她拿着笔的手一直在抖。后来，平姐就再也没有来过学校。

那天放学后，我独自一人去了操场、朝露亭、体育馆……眼前浮现出许许多多的画面，有同学之间打打闹闹的场景；有每天枯燥地围着操场跑圈的场景；有全班一起晨读的场景；有下课铃打响后大家一起去食堂抢饭的场景……告别了初一时的懵懂和初二时的成长，我们站在了初三的分岔点，我知道我们马上就要离开学校了，那一刻我很怀念过去的时光。

那天，我第一次感觉时间如白驹过隙，稍纵即逝，在我们打打闹闹互相熟悉时，初中生活就从指缝间悄悄溜走了。在这里，我们畅想未来，有聊得来的同学，有天天下课一起去操场的好友，大家团结友善，每天跟他们待在一起，我好像从来不会觉得烦躁。我曾无数次希望时间永远定格于此，可惜盛夏的风哗啦啦地吹动着书页，也吹走了我们那平淡却泛着光的年少时光。

那天，我第一次体验到怀旧的感觉。我想，谁也无法剥夺我对初中生活的怀念，只要我继续怀旧，我就又能拥有最美好的回忆和最温馨的思念。是的，我第一次怀旧是因为有了再次回忆初中生活的机会，我第一次感受到了怀旧的快乐。我会永远怀念那年夏天！

【此作品荣获"全国中学生创新作文大赛"省级三等奖】

◎点评与写作指导

　　作者追忆了自己的初中生活，表现了浓厚的师生情和同窗情。开篇作者以感情化语言描述第一次"怀旧"的场景，并点明了写作的主题——追忆初中生活。接下来，作者先写了同学们与班主任温馨相处的场面，接着描写了"我"对数学老师的情感由害怕转变为喜欢，而后又转变为离别时的依依不舍,最后又想到了"我"与同学之间相处时的点点滴滴。结尾再次表达了对初中生活的怀念,首尾呼应,事件场景贴近生活,易引起读者共鸣。

记叙文写作中,写事可以只写一件事,也可以写几件事。在这篇文章当中,作者以时间为线索,将几件事贯穿在一起,按照时间先后追忆了自己的初中生活,脉络清晰,情节相关联,虽然不同的场景下的写作侧重点不同,但最后都传达了作者对初中生活的怀念之情。

◎相关写作素材链接(课程思政融合案例)

岁月不居,时节如流。往昔的格子仿佛爬满了藤蔓,有的地方密密麻麻、模糊难辨,有的地方稀疏明朗、清晰可见。往昔的记忆像是用泥土掩埋的宝藏,如果不去寻它、认它,便永远不知道它的价值,回忆往昔的过程能够让我们从中获得温暖、感动和力量。

曾经痛苦、疲乏的日子,在怀旧的画面里已酿成芬芳。每当夜幕悄然降临,白昼的喧闹销声匿迹,宁静的夜晚袭来了无尽的回忆。在那些星星点点的回忆中,我们曾经许下的关于青春的愿望,那些执着的坚持和不懈的努力,都将化为一闪一闪的星星,照亮前行的道路。

画架

樊香伊

那是个温暖的冬日,天气很好。我懒洋洋地靠在窗边,享受着午后阳光独有的惬意和温馨。我手中握着一杯热茶坐在阳台上,享受着阳光洒在身上温暖的感觉。无意间的一瞥,我看到了阳台角落的一堆杂物,七零八落地堆在那里。在最不起眼的角落里,我看到了熟悉的物品 —— 一个破旧的画架。它静静地躺在那里。我从最角落里把它翻了出来。破损的画架因为常年不用而积攒了一层灰,我轻轻用手擦去灰尘,摩挲着木质的边框,思绪也跟着它回到了那时候。

六岁的时候。我对绘画产生了浓厚的兴趣,妈妈便为我请了一位老师。那是个和蔼可亲的老人,依稀记得她有一头花白的卷发,常戴着一副金丝边框眼镜。每次学习绘画的地点都是在她家中。还记得她家住在一个老旧的小区,绿树成荫,趴在她家阳台还可以看到对面楼上生机勃勃的爬山虎和楼下成群结队玩耍的孩童。和我奶奶家一样,她的小屋温馨且充满生活气息。几件老旧的家具、破旧的电视、经常打开的收音机,还有阳台上的几盆被照料得很好的植物,都为屋子增添了一抹岁月的痕迹。

很多这样静谧的午后,我和老师并排坐在阳台上,支好画架,拿起铅笔,开始绘画练习。我喜欢绘画带给我的感觉,用一段时间来细腻地描绘、勾勒,画出美好的事物。在我画得不得当的地方,老师也会指出,并告诉我应该怎么去画。我喜欢这段时间,因为我可以享受绘画带来的快乐,享受午后温暖的阳光洒在身上的感觉,看着阳光从窗口洒落进来,照在我的画上,照在老师白色的发丝上。

这样的时光持续了一年多。在这一段时光里,我刻苦学习绘画,当我的技术稳步提升时，我迎来了考级。但是突然画技不知道为什么开始止步不前。为此我变得心烦气躁，甚至想过放弃绘画。那次去老师家画画时，她看出了我的心不在焉，于是把我带到阳台上。依然是阳光充足的午后，我看到她养的植物开花了。黄色的一小朵，小小的花瓣微微伸展，露出花蕊。"它终于开花了。"老师看着初绽的花朵笑了，"你也会有这一天的。"我愣了一下。在那之后，我更加努力地练习，最终在考级中取得了成功。

不久之后，老师搬走了。我为此难过了好久。但每次在失去信心和希望的时候都会想到老师的鼓励和对我的期望。

回过神来，当我再次拿起画架，我却无从下手。因为学习，我已经很久没有画画了。看到它时，我还是会想起老师在身边陪我画画的那段时光，想起老师温暖的笑容，和她阳台上的小花。恍然间想到，关于她和小屋的事已经过去十年之久了。但是角落里老旧的画架又勾起我的回忆。我很感激她的教导，我想念她了。

【此作品荣获"全国中学生创新作文大赛"省级三等奖】

◎点评与写作指导

本文以"画架"为线索，追忆了"我"幼时学画的事。"破旧的画架"是回忆的触发点，随后详细讲述了"我"在这位年迈的老师家学画画的经历和感受，尤其是"我"在学习绘画遇到瓶颈的时候，老师用初绽的小黄花鼓励"我"继续坚持。最终"我"画得越来越好。文章思路清晰，行文流畅，作者对人物语言和动作的描写细致入微。文章结尾再次提到那个老旧的画架，表达了作者对老师的怀念和感激。

写"画架"实则写人。师生之间，或者说一位老者和一位孩童之间的深厚情感充溢其间，加上优美细腻的语言、自然的抒情，堪称写人记事之佳作。记叙文写作当中，线索可以是客观事物，可以是某个时间，可以是某个事件的发展，也可以是某个人物的性格特点或心理变化等。巧用线索可以串联故事情节，避免文章松散甚至跑题。

◎相关写作素材链接（课程思政融合案例）

老师的三尺讲台，却是学生成长必不可少的一方世界，漫长的成长过程，离不开老师们的谆谆教诲和温情陪伴。师生心与心的对话，为彼此搭建了爱的桥梁，老师作为引路人，手举着闪耀的明灯，为茁壮成长的我们指着人生前进的方向。四季的辗转见证着您用付出和责任给予我们的温暖和帮助。

老师有着春蚕到死丝方尽的付出与奉献，老师同样也有着化作春泥更护花的坚守与耕耘。她们秉持着赤诚之心，怀揣着教育情怀，默默地为教育事业做出贡献。国将兴，必贵师而重傅。正如习近平总书记所强调："今天的学生就是未来实现中华民族伟大复兴中国梦的主力军，广大教师就是打造这支中华民族'梦之队'的筑梦人。"让我们在成长的道路上，从身边做起，从点滴做起，多去给予老师感恩和问候，多去给予老师理解和尊重。

怀念姥爷

王俊皓

人总是怀旧的,尤其在失去的时候。

在我的记忆里,姥爷总是戴着一顶帽子,留着一成不变的寸头,总是面带微笑,而且很爱运动。姥爷的厨艺十分精湛,我记忆里的美味有很多都是出自他那神奇的双手。不知道这是上天赐予的厨艺天赋,还是姥爷自己专心研究后的成果。

小时候我最喜欢的事情就是和姥爷出去赶集,一方面集上很热闹,另一方面姥爷会给我买很多好吃的。每次赶集,我姥爷都会买一条大草鱼回家给我炖着吃。进了厨房,姥爷换上围裙开始了自己的厨艺展示,厨房一瞬间就变成了舞台,姥爷疯狂展示自己无懈可击的厨艺。先是炖鱼,接着又是包包子又是炒菜,花样很多,香味扑鼻,唤醒了我们一家人的味蕾。那时候,等菜上齐了我就开始狼吞虎咽地吃起来,直到吃不动了为止。吃鱼时,姥爷总是把鱼肚子那一块夹给我,而自己却吃鱼头和鱼尾,当看到我吃得开心时,他会露出满意的笑容。在饭后,姥爷通常还会带我一起出去遛弯。

幼儿园时,每次放学都很早,父母都还没有下班,只能姥爷来接我。有时,姥爷会给我买最爱吃的鸡腿,所以我每天都盼着姥爷骑着车来接我。当时我十分贪玩,写作业总是拖拖拉拉,一会儿吃苹果,一会儿喂鱼,一会儿上厕所。妈妈看到后很生气,拿起花椒棍儿就要打我的屁股,当时我害怕极了,看到姥爷在客厅看电视,我就拼命跑过去躲到他的背后,那时姥爷的保护让我感受到了十足的安全感。

然而,在我上初一的时候,姥爷的身体状况越来越不乐观。因为学校离姥爷家比较远，所以看望他没有那么频繁了。姥爷住过几次医院，我也去看过他，当看到姥爷身上全是插的医疗器械时，我心里很不是滋味。可能是害怕失去至亲，所以哭了出来。过了些日子，姥爷的身体逐渐好转了起来，并且来我们家住了一段时间。对比生病之前，他明显消瘦了许多。往日他那炯炯有神的眼睛好像是蒙了一层薄雾，身上的皮肤干皱得像脱了水的葡萄。但是他还是爱运动、爱聊天。

最后一次见姥爷是在他去世的前几周，临近期末，我很少有时间去看他了。那是在医院的病房里，我了解到姥爷的病情在持续恶化。当时，姥爷说话的声音已经很微小了，我知道这意味着什么。那天我们陪姥爷待了很久，我们告诉他要坚持下去，不知道他听没听到，临走前我看到了他嘴唇微微地颤抖，但最终没有说话。

那天是周五的晚上，姥爷去世了。前来奔丧的人有很多。有亲戚，也有和我姥爷一起打鼓的团队好友。他们有的打鼓，有的吹唢呐，还有的打镲，都在以他们的方式为姥爷做最后的道别。我看着对面的黑白照片，脸上竟没有任何表情，当时不知道在想什么，过了好一会儿才哭了出来。感觉心里空落落的。想起我和姥爷的那些往事，我哭得越发猛烈。

不知何时，那个带我遛弯，为我做饭的身影已经变得若有若无，天空也恢复了平静。但有时我也会触景生情。我相信，每一缕炊烟蕴藏的绵绵温情，永远都不会散去。或许这就是怀旧吧。

【此作品荣获"全国中学生创新作文大赛"省级三等奖】

◎点评与写作指导

本文以"怀念姥爷"为主题，讲述了"我"与姥爷之间的温情故事，文笔细腻，触动人心。文章开篇提到"人总是怀旧的，尤其在失去的时候。"吸引读者想要了解作者即将讲述的故事，并将读者自然地引入情景。文中依次提到若干典型事件，如"姥爷为我做美食""姥爷接送我上下学""被妈妈责罚时躲在姥爷身后""姥爷病重""姥爷去世"等。这些事件非常具有代表性，同时也贴近日常生活，能够引起读者强烈共鸣。结尾段使用议论抒情，升华情感。

在记叙文写作中，事件材料的选择非常重要，材料宜有代表性并贴近主题，忌千篇一律甚至脱离生活实际。事件描述过程中应当关注细节，在叙事过程中自然地抒情。

◎相关写作素材链接（课程思政融合案例）

有人说，家是清晨厨房的热粥，家是黄昏湖边的搀扶，家是一件雨衣，风里是它，雨里也是它。也有人说，家是倦鸟归来的巢，是避风遮雨的港湾，是柴米油盐酱醋茶。

家，是割舍不了的亲情血脉，是牵肠挂肚。在家里，渴了有水喝，饿了有饭吃，冷了有衣穿。在家里，桌上摆着我们喜欢的菜，对面坐着我们爱的人。家是不管如何，我们每个人都会满心欢喜地期盼着要回去的地方。

家，是一个特别温暖的字。宝盖头遮住了外面的寒风冷雨，一横三撇是家中之人的期盼，向外的两笔是在外的人对家的眺望。一个弯钩把全家人紧紧地系在一起。

（摘自《人民日报》）

5 全国中学生环境保护优秀作文征集活动获奖作品选录

绿色生活实现双碳目标

马一凡

随着全球气候变化的加剧，碳达峰和碳中和成为世界各国共同面临的重要挑战，而绿色生活方式则是实现碳达峰和碳中和目标的重要途径。

那究竟什么是碳达峰和碳中和呢？碳达峰和碳中和的概念是指在特定时间点，经济社会的总碳排放达到峰值后开始逐渐下降，最终实现零碳排放或负碳排放。然而这需要各个领域、各个行业的持续努力，包括能源、工业、交通等。为实现碳达峰和碳中和目标，我们需要更广泛地推广绿色生活方式，改变能源结构，推广低碳技术，发展可再生能源，加快绿色交通的发展与建设。

绿色生活方式是指以节约能源、减少污染、降低碳排放为原则，在日常生活中采取环保措施，同时积极推广可持续发展理念。绿色的生活方式不仅可以促进经济的可持续发展，推动环保产业的发展，创造更多的就业机会；同时，绿色生活方式还可以提高人们的生活品质，改善环境质量，让人们享受更加健康、舒适的生活。

绿色生活方式的改变从来不是国家的，而是我们每一个人的。首先，我们应该减少能源消耗。在家庭生活中，我们可以选择使用更为节能的电器设备，如LED灯，能耗低的电视机、洗衣机等；出门在外时，我们可以选择乘坐公共交通、步行或骑自行车来代替开车，这不仅可以降低能源消耗，还有助于强身健体。另外，我们还可以选择购买使用清洁能源的产品，如太阳能热水器等，来降低对传统能源的依赖。其次，我们应该促进循环经济。选择可再生资源和绿色材料，使用可回收和可降解的物品，不随意浪费食物，不买或者少买一些不必要的物品，减少垃圾产生，使生活方式更加环保。最后，我们每一个人都应该增强环保意识。通过广泛教育和大力宣传，让人们了解环境保护与生活质量的联系，了解其重要性，从而增强环保意识。

绿色生活方式与碳达峰、碳中和的实现是相辅相成的。政府和企业需要积极推进可持续发展和低碳经济，为公众提供更多便利和选择。我们每个人也应该从改变自身做起，从身边一点一滴做起，用行动来支持环境保护，改变高耗能、浪费资源的生活方式。为全球气候变化做出贡献，共同实现碳达峰和碳中和目标。

【此作品荣获"全国中学生环境保护优秀作文征集活动"省级一等奖】

◎**点评与写作指导**

该作品以"绿色生活实现双碳目标"为题，题目虽简单朴实，但是却概括了全文的中心要义。文章开篇点明主题，实现碳达峰和碳中和的目标，绿色生活方式是重要途径。紧接着作者简要介绍了碳达峰和碳中和的概念，第三段则分别从"减少能源消耗、促进循环经济、增强环保意识"三个方面介绍如何实现绿色生活方式。末段再次点明主题，实现首尾呼应。文章中的各个概念关系清楚，逻辑严密清晰且衔接自然。

在议论文写作中，合理界定和解说概念，解决"是什么"的问题，是逻辑思维的起点和议论文写作的起点。对概念真正吃透、把握，有助于我们在议论文写作中准确立意。大多数议论文采取"是什么、为什么、怎么样"的结构模式，因此"是什么"一般位于文章的首段，如果概念不清晰、空谈理论、在表层打转，整篇文章就会显得较为空洞浅显、毫无深意。

◎**相关写作素材链接（课程思政融合案例）**

循环经济，完整地表达是资源循环型经济。以资源节约和循环利用为特征、与环境和谐的经济发展模式。强调把经济活动组织成一个"资源—产品—再生资源"的反馈式流程。其特征是低开采、高利用、低排放。所有的物质和能源能在这个不断进行的经济循环中得到合理和持久地利用，以把经济活动对自然环境的影响降低到尽可能小的程度。循环经济观要求走出传统工业经济"拼命生产、拼命消费"的误区，提倡物质的适度消费，在消费的同时就考虑到废弃物的资源化，建立循环生产和消费的观念。同时，循环经济观要求通过税收和行政等手段，限制以不可再生资源为原料的一次性产品的生产与消费，如宾馆的一次性用品、餐馆的一次性餐具和豪华包装等。

（摘自百度百科）

保护生态环境，建设美丽中国

宋小川

自改革开放以来，我国工业技术明显提高，综合国力显著增强，但是环境问题也随之而来。2015年，创新、协调、绿色、开放、共享发展理念首次提出。坚持人与自然和谐共生，坚持人与自然共同发展已经刻不容缓。《老子》中这样写道："人法地，地法天，天法道，道法自然。"人与自然的关系是人类社会最基本的关系。因此，保护生态环境也是保护人类自身。

绿色生活，让环境更优美。环境对人类的生存和发展具有极其重要的意义。环境为我们提供了必要的资源和条件，地球是我们人类赖以生存的唯一家园，水是生命之源，空气是人得以生存的重要条件，而这些都与环境息息相关。例如，当空气中的污染物严重超标时，人体会出现呼吸道疾病以及其他的生理机能障碍。据统计，目前我国患有肺癌的人数远超十年前。城市居民死亡原因排序中，恶性肿瘤排列第一，其中肺癌居首位。除了空气污染，水污染对人们健康的影响也是非常大的，因为人体中70%都是水，如果长期喝到的都是有污染的水，轻则中毒，严重的则会诱发癌症致死。环境破坏不仅影响我们的身体健康，也会影响着我们的情绪和认知，想象一下，每天出门见到的是满地的垃圾、漫天的沙尘暴，久而久之，人的心态就会发生很大的变化，更容易引发情绪认知障碍。只有全社会、全世界都行动起来，自觉把环保意识、节能意识、生态意识落实到具体行动中，我们的环境才能更加优美，生活才能更加健康美好。

绿色生产，让发展更持久。《孟子》中说道："不违农时，谷不可胜食也；数罟不入洿池，鱼鳖不可胜食也；斧斤以时入山林，材木不可胜用也。"意思是我们要遵循自然规律，才能更好地实现发展。过去，为了增加经济体量，实现迅速发展，我国采取的发展方式一般都是粗放型，对生态环境造成了不可逆的破坏。而今，我国倡导新发展理念，积极调整能源结构和经济结构，引导企业转型升级，真正做到在保护中开发，在开发中保护，让生态与发展相得益彰。我国的经济发展稳步上升，因此，保护生态环境就是保护生产力，改善生态环境就是发展生产力。

生态环境保护不是国家的事情，而是关系到我们每一个人的事情。我们要真正将生态保护意识牢固树立在心中，真正将环境保护的行动落实到每一件小事中，坚持绿色生活与绿色生产，才能真正遥望星空、看见青山、闻见花香。

【此作品荣获"全国中学生环境保护优秀作文征集活动"省级一等奖】

◎点评与写作指导

该篇文章以"保护生态环境，建设美丽中国"为题，文章首段开门见山讲到自改革开放以来，环境问题日益突出，无论是老子的道法自然理念，还是如今的新发展理念，都在告诉我们一个道理：保护生态环境刻不容缓。作者接着从绿色生活的角度切入，分别从环境破坏不仅危害身体健康，更会影响心理健康两个方面介绍其危害，倡导人们保护环境，保护自己。第三段则从绿色生产的角度切入，引用《孟子》的话，说明生态与发展的关系。末段再次点题，首尾呼应。文章语言流畅，能够使用大量古诗文进行佐证，不失为一篇优秀的文章。

在写作中引用古文或诗词要少而精，切忌堆砌，给人一种卖弄文采之嫌，反而造成读者的反感。在引用过程中，要紧贴文章内容，不可随意套用。引用后，可适当增加自己的理解，使文章的过渡与衔接更加自然。

◎相关写作素材链接（课程思政融合案例）

大自然是人类赖以生存发展的基本条件。如何实现人与自然和谐共生，是人类文明发展的基本问题，是各国在追求现代化进程中的一道必答题。从在国际上率先提出和实施生态保护红线制度，到提出建立以国家公园为主体的自然保护地体系；从塞罕坝林场建设者、浙江"千村示范、万村整治"工程先后荣获联合国环保最高荣誉"地球卫士奖"，到"中国山水工程"入选联合国首批十大"世界生态恢复旗舰项目"……在习近平生态文明思想指引下，我们坚持节约优先、保护优先、自然恢复为主的方针，坚定不移走生产发展、生活富裕、生态良好的文明发展道路，既为实现中华民族永续发展开辟了广阔前景，也为全球生态文明建设贡献了中国智慧、中国经验。

习近平总书记在党的二十大报告中强调要"尊重自然、顺应自然、保护自然"。生态环境保护是一个复杂的系统性工程，也是一个需要长期付出艰苦努力的过程。咬定青山不放松，撸起袖子加油干，推动绿色发展，促进人与自然和谐共生，美丽中国必将不断铺展崭新画卷，中国的绿色发展必将造福世界。

美丽中国　双碳有我

张勋涛

双碳背后折射的是气候变化，自工业革命以来，工业化、城镇化带来了以二氧化碳为主的温室气体，人类活动的不断扩张，导致地球表面植物覆被大量减少。碳达峰、碳中和的概念就是为了解决全球碳循环失衡的问题而提出的。

可能很多人认为碳达峰和碳中和离我们很远，与自己关系不大，其实不然。想一想，现在各地极端气候是否出现得越来越频繁？极端气候的危害和影响越来越大？由于全球变暖，冰川和冻土逐渐消融，海平面上升速度加快，严重的已经威胁到人类的居住环境。我们并不是自然界的主人，人类在此繁衍生息，面对自然界，应常怀感恩之心。俗话说得好，"水能载舟，亦能覆舟"，持续的碳排放只会让人类的生活环境愈发恶劣，为了人类持续发展，我们要坚持践行碳中和理念，实行低碳生活，让中华大地的天更蓝、山更绿、水更清、环境更优美。

低碳生活、创造绿色家园需要我们立刻行动起来。最直观、最有效的方式便是植树造林，植物是生活的基调，不但能够增添绿色，还能达到低碳的效果。据统计，一亩树林比无林地区多蓄水20吨左右。因此，植树造林比一般的方式更有效，对治理沙化耕地、控制水土流失、防风固沙、增加土壤蓄水潜力等问题效果更加显著且持久，从而大大改善生态环境，减少洪涝灾害等。

全球变暖是不争的事实，各国将在减排减碳目标上进行激烈的争锋。节能减排、低碳生活成为当下的流行语。专家表示这是一种生活态度，每个人都应积极提倡并去实践，注重节电、节油、节气，从点滴做起。面对全球变暖的问题，美丽水城威尼斯可能会消失，硕大的冰山在蓄势待发，对于这些随时威胁我们生存的问题，我们不能再保持沉默，我们不能再漠不关心。地球是我们的家园，我们要用自己的行动去保护地球，省用一点自然资源，共同维护自然环境，共同留住大自然的美好风光，留住和煦的阳光，留住星光璀璨的夜晚，留住银白的月光。

为了拯救这个人类赖以生存的星球，也为了拯救我们自己，行动起来，一起保护环境！

【此作品荣获"全国中学生环境保护优秀作文征集活动"省级一等奖】

◎点评与写作指导

该篇文章首段简要介绍了工业革命导致全球碳循环失衡问题日益突出的背景。作者认为碳达峰与碳中和同每个人息息相关，只有每个人从自身做起、从点滴做起，才能真正拯救人们赖以生存的星球，拯救自己。全文语言虽朴实无华，但发人深省，作者不仅概述了气候变暖的危害，也提出应对全球气候变暖，可以通过植树造林、节约能源等方式实现碳中和的目标。

议论文写作中，最重要的是素材的选取与运用。选择素材时应围绕主题，选择真实、典型、新颖的材料，在运用过程中也要本着"量体裁衣"的原则，根据文章自身内容、篇幅长短进行运用，而不是整篇照搬照抄。

◎相关写作素材链接（课程思政融合案例）

热带雨林国家公园是国宝，是水库、粮库、钱库，更是碳库。

为什么要保护热带雨林？如果追问一名科学家，他可以轻易给出答案——这里是生物多样性最丰富的生态系统之一，几乎孕育出地球上超过一半的动植物物种，无数生命故事与自然奥秘正等待着人类去探索。对于大多数普通人而言，"热带雨林"这四个字却似乎遥不可及。即便是在坐拥我国唯一热带雨林国家公园的海南岛，当人们给这片我国分布最集中、保存最完好、连片面积最大、类型最多样的热带雨林贴上"生态绿心""物种基因库"等一众标签时，不少人对其所蕴藏的生态价值依旧不甚了了。"事实上,保护热带雨林与你我的日常生活息息相关。"海南省林业科学研究院院长陈毅青表示,热带雨林不仅为人类提供了木材、药材等大量物质产品,也如同大自然的"调度师"般,起到涵养水源、调节气候、维护生态平衡的作用。

(摘自《海南日报》)

筑生态文明 绘山水宏图

周新洋

"地球所提供的资源，足以满足每个人的需要，但不足以填满每个人的欲望。"随着时代的发展，科技越来越进步，文明越来越发达，但环境质量却在时代进步中衰落。

回顾人类社会的历史，一些文明之所以会衰落，主要是因为人们破坏了生态环境。鉴于此，我们必须全面推进生态文明建设。我国把保护环境作为基本国策，从上海开始推行垃圾分类，正所谓"道虽远，不行不至；事虽小，不为不成"。更何况环保这件大事，我们更要从小事做起，行动起来！

这些年我国为环境保护付出了许多努力。早些年，在北京东北部，那是一片寸草不生的沙漠，每当有大风刮来，北京人民都要忍受漫天沙尘，这种天气每年高达五六十天。1962年，来自全国十八个省、区、市的369位平均年龄不足24岁的年轻人，怀揣着植树造林挡风沙的信念来到了塞罕坝。但是在当时那个土壤贫瘠的地方别说造林了，连生存都成了大问题，大家吃饭只能架几口大锅，幕天席地就餐，吃的全是粗粮和野菜，盐水泡黄豆都算是美味。刮风的时候更是能连人带马一起吹跑。冬天气候极其寒冷，经常是零下四十多摄氏度，滴水成冰毫不夸张。而这些艰苦还能忍受，让人最绝望的是辛苦一年种的树苗成活率才不到5%。但他们仍没放弃，他们渐渐意识到外面买的树苗太娇弱，咱们就自己研究。终于在不断实践和创新中，他们培育出了存活率更高的树苗。就这样，经过了三代植树人六十年的奋斗，成功植树超过百万亩，成功为京津冀筑起了一道抵挡风沙的屏障，为北京固沙、为天津保护水资源、为河北涵养资源起到了重要作用。这一世界壮举，不仅为环保做出了极大的贡献，也为当地经济发展带来了巨大的动力，给当地带来了6亿多元的收入，塞罕坝林场就此成为脱贫攻坚的典型案例！

习近平总书记说："绿水青山就是金山银山，拥有天蓝、地绿、水净的美好家园，是每个中国人的梦想。"而塞罕坝人，正是用实际行动诠释了这一理念，铸就了牢记使命、艰苦创业、绿色发展的塞罕坝精神。塞罕坝精神，也是新时代的愚公移山精神和大禹治水精神，一代接着一代干，只为了把我们伟大的祖国建设得更加美丽。

建设生态文明，功在当代，利在千秋。人与自然从来不是征服与被征服的关系，唯有和自然相互依存、和谐共处，才能实现长久的发展。共建美丽家园，共创美丽中国，我们青年一代在行动！

【此作品荣获"全国中学生环境保护优秀作文征集活动"省级一等奖】

◎点评与写作指导

该篇文章以"筑生态文明，绘山水宏图"为题，题目形式工整对仗，内容高度提炼全文内容，是较为典型的议论文题目。文章讲述了一代又一代的塞罕坝人植树造林、共御风沙的事例来佐证建设生态文明，功在当代，利在千秋。这篇议论文观点明确，开篇亮明自己的看法，正文部分运用举例论证、道理论证等论证方法有力地论证了自己的观点，论述条理清晰，是一篇成功的习作。

题目是文章的眼睛，文章题目的优劣会直接影响到读者的第一印象。议论文的题目可以直接以文章的论点为题目，但需要注意的是不能似是而非，因为论点是作者对现实生活中的某一现象或者问题表明自己的看法与主张，在文中是一个意思非常明确的判断句。因此，以论点为题要点明观点、亮出态度。

◎相关写作素材链接（课程思政融合案例）

塞罕坝的蜕变

塞罕坝曾是水草丰沛、森林茂密、禽兽繁集的天然名苑，后来由于过度围垦、砍伐树木，变成了树木稀疏的茫茫荒原。在历经三代人的努力后，终于换来了今天的绿水青山。而今，塞罕坝成为世界上最大的人工林场，从前的不可能终于变成了奇迹，而这奇迹并不是上天赐予的，而是一代又一代塞罕坝人努力奉献而来的。如今的塞罕坝林场的林地面积由建场前的24万亩增加到112万亩，森林覆盖率由12%提高到80%。塞罕坝林场用占河北省国有林面积13%的林地，培育出了占河北国有林蓄积量35%的森林资源。森林面积的增加又保护了动植物资源，维护了生态平衡。如今塞罕坝林场内生物多样性增加，林场内分布有陆生、水生动物293种，植物659种，大型真菌79种，昆虫660种。塞罕坝人在坚持绿色发展理念的前提下，充分利用生态资源，适度开发旅游景区，真正实现了生态建设和产业发展的双赢。

保护环境亦是社会重责

刘思航

"环境保护"简称为"环保",是指人类为解决现实或潜在的环境问题,协调人类与环境的关系,保障经济、社会持续发展而采取的各种行动的总称。我了解到,发达国家最先提出"环境保护"这一概念。发达国家经济高速发展,环境问题在这个进程中逐渐凸显。我们回顾历史,英国作家狄更斯在《艰难时世》中描写了英国工业革命后人们恶劣的生活环境。正因如此,在工人运动的推动下,英国和欧美各国都开始通过立法解决环境问题。这是不是人类历史上第一次重视环保问题并不重要,重要的是,它客观反映了保护环境亦是社会重责。

我们在面对环境问题时,不能站在功利的角度,而应着眼于全人类的共同利益。发展是全人类共同追求的目标,我们需要的不是无条件、无节制地过度开发,而是尊重自然,与自然和谐共处。如果人类对自然保持傲慢、无视和自大的态度,那么终会给自己带来毁灭性的结局。

高一年级的地理教材讲到环境有其自身的承载力。可以说,自然虽具备自我修复能力与容纳分解能力,但这一切都是有限的。所以,发展应适度。然而,在经济全球化的今天,发展中国家不得不大规模发展。如果将保护生态环境让步于发展,一部分发展中国家就会逐渐失去生存权。1992年,里约峰会提出"共同但有区别的责任"的主张,即由发达国家承担更多减排责任,发展中国家则将经济发展和减贫放在首要位置,但也需要采取适当的环保措施。

要让一群人团结在一起,需要的不只是一个好的领袖,还需要一个足够强大的敌人。当人类所构成的集体不再相互为敌,而是相互帮助、共同发展、共同面对环保问题时，环保也就不再成问题了。面对环境保护，我们或许都想以理想主义的方式解决，想要以最小的牺牲完成艰难之事。但现实往往是残酷的，正因如此，我们才要为之奋斗。环保是社会重责，每个社会体系都应重视。

【此作品荣获"全国中学生环境保护优秀作文征集活动"省级二等奖】

◎点评与写作指导

本文开篇直接入题，从介绍何为"环境保护"入手，以英国作家狄更斯的作品《艰难时世》中的例子作为事实论据，引出本文的中心论点"保护环境亦是社会重责"，引起读者阅读兴趣。接着，作者从"面对环保问题要着眼于全人类共同利益""环境承载力是有限的""发展中国家的发展与环境保护"等几个方面分析人类应如何面对并解决好环境保护问题。在论证过程中，作者多次运用举例论证和道理论证的方法，使论证更有说服力。最后得出结论：环保是社会重责，每个社会体系都应重视，从而进一步强调中心论点。

议论文可分为立论文和驳论文，它的三要素为论点、论据和论证过程。常见的论证方法有举例论证、比喻论证、道理论证和对比论证等。在进行议论文写作时，可以采用"观点+阐述+材料+论证"的思路，在论证过程中结合多种论据和论证方法，增强议论文的说理性。

◎相关写作素材链接（课程思政融合案例）

地球是全人类乃至所有地球生物物种的共同家园，是已知的唯一有生命存在的星球。地球生态环境是全体生命赖以生存的基础，保护生态环境就是保护生命。环保是社会重责，人类与其他生物生活在同一环境中，共同组成了这个大家庭。保护环境可以从方方面面入手。比如，节水角度我们可以做的是：（1）洗手、洗澡、洗碗后记得关紧水龙头；（2）养成二次利用水资源的习惯：用养鱼水、洗菜水、淘米水浇花，更能促进花木生长；（3）保护水源地，不要把垃圾扔进河里，造成水资源污染。再如，节电角度我们可以做的是：（1）家用电器使用完毕要及时拔掉电源，不要将插头长时间插在插座上；（2）合理使用电灯，养成随手关灯的好习惯；（3）使用节能的家用电器。保护环境，从小事做起，从你我做起。

守护我们的绿水青山

李　睿

我们何其有幸生于美丽的地球，观日月星辰之姿，赏山川湖海之美，领略大自然的无限美景。但是，随着经济高速发展，城市化进程不断加速，越来越多的高楼大厦拔地而起。工业化产生的浓烟湮灭了天空的蔚蓝，河流不再清澈，夜空从此失去了星辰。秋雨似幕，细雨霏霏，高山流水，流云清风，终究只存在于过往和想象之中。人们开始奢望干净清新的空气，想念以前的绿水青山。

于是，在这样的背景下，一个极具影响力的环保目标横空出世。2020年9月，中国在第75届联合国大会上郑重提出"双碳"目标，即中国的二氧化碳排放力争于2030年前达到峰值，努力争取2060年前实现碳中和。这一目标的提出，使我们对绿水青山多了一份期盼。同时，我们也下定决心，必须坚持绿色的生产生活方式。

涓涓细流可汇成浩瀚江海。统计数据显示，每人少浪费1斤粮食，全国每年可减排二氧化碳61.2万吨；每人少买一件不必要的衣服，全国每年可减排二氧化碳16万吨；每月少开一天私家车，全国每年可减排二氧化碳122万吨。不积跬步，何以至千里？如果每个人每天都能从小事着手，共创低碳生活，那么这个世界很快就会有所改善。

为响应低碳号召，大街小巷纷纷出现了各色各样的共享单车和共享电动自行车。便捷的扫码支付，方便的还车地点和巨大的环境效益，使这种新兴的出行工具很快在各地流行起来。骑着单车的人们感受到的是蓝天和微风的清新怀抱，而不是汽车里令人烦闷的空气和烟囱外难闻的废气。与此同时，许多汽车生产商也都开始研发新能源汽车，致力于以电能、氢能等清洁能源作为动力，将汽车尾气排放的污染降到最低。种种政策下，蓝天又重新变得湛蓝起来，人们对生活也多了一丝希冀。

　　只要留心，生活中处处有低碳。比如，一些外卖商家取消配送一次性餐具，放弃使用塑料袋、塑料盒包装，用可重复利用的高质量保温盒来代替。外卖商家在为顾客提供贴心服务的同时，也完美践行了低碳理念；人们开始自觉节约水资源，工厂也将废水处理后再排放，让水有来路，也有归途；无纸化办公兴起，纸张双面打印大大减少了纸张的浪费；服装公司开始使用环保面料制作衣服，带起一波新风潮和新时尚；人们利用清洁能源发电，也让沉睡地底的煤炭有了一次喘息的机会，从而更有效地保护环境和我们的生命健康……

　　让我们齐心携手，奋力前行，共同实现"双碳"之梦，创造全球低碳新时代！

【此作品荣获"全国中学生环境保护优秀作文征集活动"省级二等奖】

◎点评与写作指导

　　作品紧紧围绕如何实现"双碳"目标展开，从"双碳"提出的背景，到讲述每个人如何从身边的小事做起，再到最后发出号召。文章篇末点题，首尾呼应，结构完整，思路清晰。语言清晰明快，深入浅出，通俗易懂，叙述详略得当，逻辑性强，紧扣主题。

　　写作此类文章时应注意结构严谨，内容由浅入深，行文时可参考本文的思路和结构。要引经据典，根据题目内容，引用相关事例，使之有意义，从而进一步增加文章的深度和广度。可以多积累与保护环境和"双碳"目标相关的写作素材，中外事例都可作为参考。在满足征文基本要求的情况下，在现有基础之上提出创新点，吸引读者阅读。坚持节约资源和保护环境是我国的基本国策，也是近年征文赛事中常见的主题。因此，在作文时也可引用相关的时政新闻，增强文章的时代性。此外，在文章中还要注意突出和强调主题，并注意叙述的合理性。

◎**相关写作素材链接（课程思政融合案例）**

　　为了人类社会的可持续发展，减少碳排放势在必行，这已经成为各个国家的共识。为实现"双碳"目标，普通民众可以从小事做起。在生活中，尽量步行或多乘坐公共交通工具，少开私家车，低碳出行，以减少碳排放。其次，节约粮食，适量点餐，倡导"光盘行动"，尽量使用环保的餐具。再者，购物时自带环保购物袋，少用或不用塑料袋，减少塑料污染。接着，不要乱扔垃圾，进行垃圾分类。然后，使用空调降温时温度不要过低，有需要时尽量购买低能耗家电。最后，在办公时，尽量无纸化办公，双面打印材料，采用在线会议、电子政务、共享办公模式等。

环保在我心中

孙慧怡

小时候，我并不知道环保的重要性。在外面吃东西时食物包装袋总是随地乱扔，虽然爸爸妈妈教育我不能随地乱扔垃圾，但是我总是一副无所谓的样子，根本不在意。直到一个寒假，社区举办关于环保的知识讲座以及捡拾垃圾的活动，才让我初步了解了何为环保。

记得那年的除夕晚上，我和爸爸拿了好多烟花在楼下燃放，一束束烟花飞入夜空，好像一朵朵花，吸引了很多围观群众，大家还不时发出惊叹声，每个人都被美丽的烟花所吸引。烟花结束，人们也都散去，留在地上的烟花"残骸"却没有人收拾，所以社区才举办了这样的活动。而在爸妈眼里乱丢垃圾、不够自律的我，自然被送去学习和体验。在社区听了讲座后，我才知道，原来马路的地不是过一晚就能自己变干净，外面的垃圾桶也不是一直能装，这些都是环卫工人每天凌晨五点，在我们熟睡时就来打扫、收拾的，每天风吹日晒所换来的，他们是最具奉献精神的人。

此外，我还学到了很多节约能源的方法，比如二次利用水资源，节约用纸等。除了了解简单的环保节能知识，让我更难忘的体验还在后面。到了捡拾垃圾的环节，社区给每个人都准备了一副手套和两个垃圾袋还有一个夹子，告诉我们这两个小时的任务就是把我们小区内的垃圾捡拾干净。我小手一挥，心想不就是捡个垃圾吗？这有什么难的？能有多累？我信心满满地认为我一定能把这两个袋子装满。刚开始我一看到垃圾就跑过去捡，很快就装满了多半袋，后来越来越觉得体力不支，开始慢慢走着捡，甚至看见比较远的垃圾都不过去捡。因为是冬天，身上衣服厚重，我开始觉得很沉，手也很僵，脸也冻得很红。终于难熬的两小时过去了，我看了看成果，只有一袋半。虽然没达到我的预期，但此时的我筋疲力尽。我拖着疲惫的身子回到家，爸爸问："体验得怎么样？"我回答道："好累啊！腰很酸，腿还疼，外面也很冷！"爸爸说："你才捡了两个小时，环卫工人们每天顶着星星走，顶着月亮回，春夏秋冬皆是如此。"我点着头说："以后我一定会爱护环境的！"这天后，我会经常注意这些事情，不乱扔垃圾，随手关灯，不浪费资源。

在此，我也呼吁大家爱护我们赖以生存的家园！每个人都是大自然中的一员，人的生存离不开大自然。大自然中的各种资源是相互联系的，一方面遭到破坏，其他方面也会受到影响，从而直接或间接地威胁人的生存，使人类受到"惩罚"，所以我们要保护大自然。

【此作品荣获"全国中学生环境保护优秀作文征集活动"省级三等奖】

◎点评与写作指导

本篇文章别出心裁、另辟蹊径，作者没有像其他文章一样，从各种概念及现状出发，反而把自身的真实经历和故事娓娓道来。从小时候的不懂得保护环境到小区开展保护环境讲座及捡拾垃圾的活动，再到亲身体验到环卫工人辛苦后，自己想法和行为的转变，整个故事形成一个完整的链条。事例叙述得生动具体，人物的言行符合各自身份特点，可以看出作者是一个善于观察的人。文章来源于生活，语言真实有趣，写得入情入理。最后，作者落到文章的中心上，呼吁大家保护环境，紧扣主题，突出重点。整篇文章自然有趣、一气呵成。

环保类文章需要具有深度，让读者了解环保问题的本质和原因。需要探讨环保问题的根源、影响和解决方案，让读者了解环保问题的复杂性和艰巨性。除了深度外，也要具有广度，让读者了解环保问题的各个方面，如政策、企业、公众等，以便更好地应对环保问题。

◎相关写作素材链接（课程思政融合案例）

生活中节约的小妙招

勤俭是幸福之本，浪费是贫困之苗。勤俭节约要从身边做起，从自我做起。在日常生活中，很多人在一些事情上不注意，造成了浪费。即使一些小事情，只要做到勤俭节约，也能得到大的报酬。这里跟大家分享几个生活中勤俭节约的小窍门。

第一，去饭店吃饭的时候，可以先少点一些菜，比如有10个人可以先点9个人的菜，等到不够的时候再点也非常的方便，而且不会造成浪费。

第二，准备一个大一点的桶，然后将洗脸池下面的水管放入桶中，这样洗脸洗东西的水会流入桶中。等到桶里积到一定数量的水，如果水比较干净可以用来拖地，拖完地还可以用来浇花浇菜，冲马桶等等。如果水比较脏，可以直接用来浇花浇菜冲马桶，这样一天光水就能省下不少钱。

第三，平常最少不了的就是开空调了，空调流出来的冷凝水和蒸馏水是一样的，都属于纯净水，这种水非常干净。让这些水直接流掉非常浪费，我们可以将管子接长一点，让水流入桶中，这样一天就能接一两桶水，用来清洗东西或拖地冲厕所都非常好用。

第四，空调水是空气中的气态水，在冷凝器中转化成液态水，它的酸碱度为中性，是一种软水，这种水用来浇花非常好用，不管是喜欢酸性的花，还是喜欢碱性的花都可以使用，中性水用来浇花，可以避免土壤板结，让花草长势更好。

第五，家里如果养鱼的话，就不要用自来水来养了，可以用空调水，因为空调水里会含有氟利昂，氟利昂是人工制造的有机化合物。用这种水来养鱼，可以让鱼更加健康。

饮食与环保

侯佳睿

社会的不断发展给我们的环境带来了巨大的挑战，其中也与日常的饮食有着很大的关系。食物的多样化选择，关系着我们的身体健康，但与此同时，产生的垃圾也影响着生态环境。

记得有一次去一家小饭馆吃饭，看到他们用的油都是没有牌子的油，炒起菜来油烟滚滚，黑烟飘在空中；食客吃饭时候使用的是劣质一次性餐具，这必然会产生不少废塑料垃圾。吃完饭走出门后，我看见服务员提着大包小包的食物和垃圾，未经分类，直接扔进了垃圾箱中。

就餐产生的垃圾给环境带来的影响不可小视，一分钟前还是美味的佳肴，一分钟后就变成了废弃的垃圾。餐桌上每天要产生巨量的厨余垃圾，其中不仅包含食物残渣、油脂、调味料，也掺杂着餐具、纸巾等多种混合垃圾，如果我们不能合理有效地处理这些垃圾，就会给环境带来严重破坏。

见到此景，我不禁思考，我们从小就背诵的"谁知盘中餐，粒粒皆辛苦。"这句诗，现在是否都已经被大家遗忘了。据我观察，我们学校食堂里许多同学都是眼大肚子小，购买大量食物，到最后却吃不完，只能扔掉。每当我看到一碗一碗剩饭被倒掉时，仿佛能听见那些食物在我耳边哭泣，在抱怨。其实，除了浪费粮食，这些剩饭剩菜也会对水源和大气造成巨大的危害。"日省一把米，月节一斤粮"，食物的生产需要耗费大量的土地和水资源，浪费食物无疑就是在浪费这些宝贵的资源。换位思考，若我们能节约粮食，其实便是在保护我们的地球，所以，节约食物就是一种环保行为。

民以食为天，每个人在饮食习惯上都是不同的，有的人爱吃油炸食品，有的人却是素食爱好者，喜爱清淡的食物。根据调查显示，绿色清淡的食物不仅对健康有益，还对环境的破坏较小。水果、蔬菜、坚果、豆类、全谷物和部分水产品来源于大自然或者土地种植，不需要工业机器的加工，因此就减少了工业化带来的污染。反观口味偏重的饮食，更多是以爆炒为主要烹饪方式，在这过程中会产生较大的油烟，马路旁的烧烤摊更是直接将烟气排在大气中。这样的重油重烟引起的大气污染，不仅会产生对身体有害的物质，而且还会导致空气污染，气温骤变。

随着人们生活水平的不断提高，科技水平的不断进步，环境问题也需要被人们重视。从生活开始，从饮食开始，关注饮食健康的同时也要关注环境的保护。环保与我们每个人息息相关，我们每个人贡献一点点的力量，就会让我们的地球变得更加美丽。

【此作品荣获"全国中学生环境保护优秀作文征集活动"省级三等奖】

◎ **点评与写作指导**

该作品以"环保"为主题，作者结合自己的所见、所闻，并表达出自己的所感。通过介绍日常生活中与饮食相关的导致环境破坏的案例，针对这些案例，作者讲述了这些事件背后带给人类饮食与环境的思考。文章主题鲜明，前后呼应，语言生动活泼，语言清新朴素而不落俗套。引用的事例均为与我们生活息息相关的典型事例，让文章读起来更具有真实性，更容易引起共鸣。

在写作过程中，一定要思路清晰，观点详略得当，观点和观点间要有内在联系，由浅入深。在材料的选择上，可适当地选取一些国内外的事例进行辅佐，日常新闻中也有许多关于环境保护的报道以及节目，建议选取后适当加入写作中，可以使文章的时代性更为凸显。

◎ **相关写作素材链接（课程思政融合案例）**

健康饮食"十不宜"

民以食为天，人体的健康生长离不开食物，它是维持生命活动不可缺少的物质基础。随着人们健康生活意识的提升，人们已然认识到众多疾病的诱因在于平时的饮食习惯，因此，科学健康的烹饪方式和进食方法，逐渐被我们所接受。现总结了10种需要注意的饮食习惯。

不宜吃得过快。不宜吃得过烫。不宜吃得过硬。不宜吃得过饱。不宜吃得过冷。不宜吃得过辛。不宜吃得过咸。不宜吃得过偏。不宜暴饮暴食。不宜吃得过荤。

防沙治沙

王一鸣

地球，这颗蔚蓝翠绿的星球，是我们70亿人口赖以生存的地方。随着科技的飞速发展和生产力的不断提高，人们建起霓虹的城市，过上了富足的生活。但我们在享受科技带来的便捷之余，一些问题也逐渐暴露。例如，森林退化、平原沙化、垃圾遍地，地球上的蔚蓝翠绿开始慢慢减少，被黄沙和垃圾取而代之。

众所周知，树木是人类防沙治沙的好帮手。大树用它那粗壮的枝条和茂密的绿叶减缓风沙的冲击力，如果树木数量足够多，风力甚至可以减少至原来的一半。然而，一些被利益左右的人对树木乱砍滥伐，导致树木减少。树木的减少又使风沙扩大蔓延，随之带来农作物的减少、畜牧业的损害、耕种地的流失等诸多问题。我们赖以生存的家园面临严峻的考验。

为了应对目前出现的黄沙问题，我国率先开始黄沙治理工作。沙坡头位于腾格里沙漠，这里干旱少雨，年均降水量为180毫米，年蒸发量却高达1980毫米。沙坡头的风沙经常将房屋覆盖，严重威胁了当地人的生产和生活。这样的环境对于西北地区的经济发展来说无疑是一个难题。专家团队曾六次穿过腾格里沙漠，通过多次实地考察发现，沙坡头是流动的沙岭，且植被覆盖率极低。尽管环境恶劣，但专家们的一次"无心插柳"却也寻得治理黄沙的妙计。在一次休息中，一位专家随手捡起了一捆麦草，并用铁锹把麦草插在地上，最后惊喜地发现，被风沙肆虐过的麦草还坚挺地立在沙场上。于是在随后的实验中，固沙团队选用麦草和稻草固定在沙场上，发现只有边长1米方块形的麦草没有被沙子淹没。经过一次次地探索和试验，治沙人以当地丰富的麦秸为原料，发明了蜚声世界的"麦草方格"固沙法，后来被广泛运用于治沙事业上。随着科技的进步、技术的更新，防沙治沙系统也得到不断完善，在西北风沙地区筑起"绿色长城"。

经过人民群众的刻苦坚持，黄沙治理工作已有显著成效。然而，一时一地的成功不是最终的胜利，长久坚持才是胜利之道。保护环境是我们每个人义不容辞的责任，需要我们时刻都站在环境保护第一线。只有绿水青山留常在，我们的幸福生活才能滚滚而来。

【此作品荣获"全国中学生环境保护优秀作文征集活动"省级三等奖】

◎点评与写作指导

全文层次清晰，语言通俗易懂，行文舒畅，中心突出，论述有理有据。该作品以"环保"为大主题，作者关注到了土地沙化这一现实状况。首先交代了人类赖以生存的地球的构成、原貌与现状，紧接着分析了地球环境恶化、土地沙化的原因和人类正面临着的种种危害，最后，引用实例，道出专家团队和人民的多年坚持与努力，已经取得的防风固沙成果以及人进沙退的显著奇迹。文章的最后一段又向我们发出号召，期待绿水青山留常在，防得黄沙不再来。

写环保主题文章时，一定要注意文章结构的完整性与内在逻辑的合理性。环境问题容易入手，可以结合日常生活中的一些实际问题入手，由小见大。若引用一些名人名言、格言警句等，则会大大增加文章的文学色彩。

◎相关写作素材链接（课程思政融合案例）

播绿四十载，冲破漫天沙

王有德，出生在灵武市马家滩，这里位于毛乌素沙漠的东南边缘。年幼时期的他经历了漫天黄沙所带来的伤害，从那时起，他的心中就埋下了治理黄沙的愿望。1976年他进入林业系统，1985年担任灵武白芨滩国家级自然保护区管理局局长、白芨滩防沙治沙林场场长，从那时起，王有德开始和浩瀚无垠的沙漠较劲，带领全场干部职工千方百计与沙漠争夺生存空间。

在治沙过程中，王有德研讨出一套独有的治沙模式和方法，将固沙林、建防护林等外部建设与果林、养殖等内部建设相结合，除此之外，还做起了沙漠旅游，抓住了时机。科学的管理方式和精细化的要求让每个人都有事情可做，实现了治沙与治穷相结合。

退休后的王有德也没有闲下来、停下来，继续治沙造林，并创建基金会，用自己的实际行动感召着身边人，激励着年轻人，一代接一代，治沙不能停，在王有德的影响下，越来越多的人加入了治沙队伍，在沙漠中用青春写下奋斗的音符。

环保创新

刘 轩

我国主要的燃料为石油、天然气、煤炭，这些能源支撑了我们日常生活的能源开销，但随之而来的是环境污染和资源的不可再生。因此，国家提出要研发新能源，采用新的能源方式来替代原始的能源供给。

目前，我国的空气污染有所好转，但北京、天津等北方城市偶尔笼罩在雾霾之中；兰州、银川等西北城市也经常接受沙尘暴的洗礼；海口、广州等沿海城市时常遭受台风的袭扰。气候也是一反常态，夏天气温越来越高，恶劣天气时常发生，冬天也不再有冬天的样子，这些都是以前对环境保护得不够，环境遭到破坏的后果。以前要木材就去砍伐，要种田就去开垦，少了树木，土壤就不会很牢固，净化空气的效果就会减弱，牵一发而动全身，从而导致了大气污染。有一些黑心企业不按照国家标准，私自排放污水、废气，导致海洋受到污染。污染的海水蒸发到大气中，形成酸雨降落，会导致土地土质变差等问题。环境因为人类的种种行为而变差，而最终人类也会自食恶果。

环保不应该只是嘴上说说，空喊口号，而是要真正地行动起来。例如，买菜多使用布袋，尽量乘坐公共交通出行，不过分追求时尚，不乱砍伐树木，少用一次性物品等等。在这些我们力所能及的行动的基础上，我们也应当让方法与时俱进，有所创新。环境保护单单只靠民众注意日常这些小细节是不够的，需要寻求一种可以真正用来保护我们生存环境的方法。现在的人们都是在寻找新的能源来替代原有能源，而寻找新能源也只是解决了能源数量的问题，并未解决环境污染的问题。我们应该思考，生产物品时所产生的废弃物该如何处理？按照惯性思维，你可能会想到废物回收再利用，可是废物回收利用只是把废品重新利用，并没有完全地将废物中有害物质清除掉，如此说来还是生产方式上出了问题。那么我们为什么不可以创造出既没有生产废弃物，也不会产出污染物的物品呢？以一次性塑料制品来说，现在的科学家在研究用新的原材料来代替塑料，地下掩埋之后用蚯蚓来处理垃圾，这种全新的方式，不仅节约了生产原料，也减少了环境的污染，同时也不影响人们的生活。

谈及环境保护，最主要、最有效的还是要从本质上入手。如果在未来可以创造出既不影响环境又不影响人们生活质量的生产方式，那么保护环境将会变得更加容易，自然灾害也会离我们远去，我们子孙后代的生活会更美好。当然，作为祖国的新生力量，我们要承担起这样的责任与使命，珍惜青春年华，为明天而努力学习，让这些设想在未来早日实现。

【此作品荣获"全国中学生环境保护优秀作文征集活动"省级三等奖】

◎点评与写作指导

本篇作品开篇点题，直接点明环境保护已经成为现在世界范围内的一个大问题，我国需要进行环保创新。在行文中，作者指出了我国面临的种种环境保护问题，也表明了环保并非喊口号这样的态度，在力所能及小事的基础上，去寻找能够在生产环节上做到的环保的一种创新之法。文章的结尾连续发问，增强了文章的气势，也在内容上发出了号召，激励当代青年为了美好的明天而努力。整体文章脉络清晰，主题鲜明，逻辑合理。

写作时，在内容上可以适当地加入一些名言警句和古代诗文，将其作为文章的题记，让结构上变得新颖的同时，也增强了文章的文采。也可充分运用各种与环保相关的方针政策，结合时事政治进行论述，会让文章更具有权威性。

◎相关写作素材链接（课程思政融合案例）

习近平总书记指出："生态环境问题归根结底是发展方式和生活方式问题，要从根本上解决生态环境问题，必须贯彻创新、协调、绿色、开放、共享的新发展理念，加快形成节约资源和保护环境的空间格局、产业结构、生产方式、生活方式，把经济活动、人的行为限制在自然资源和生态环境能够承受的限度内，给自然生态留下休养生息的时间和空间。"现在，越来越多的人开始探寻替代不可再生资源或者减少污染的新型材料以及生产方式。竹制品正在成为替代塑料制品，成为新的环保材料选择。例如我们平时用的一次性的饮料吸管，可以用竹子通过截断、拉丝、打磨等步骤制成竹吸管，不仅防烫、耐用，而且更加强韧，可以重复利用。使用竹子作为绿色、低碳、可降解的生物质材料，可以从源头减少污染。小竹子撬动大产业，竹制品带来生态新效益。

以坚定如磐之心　守千年未改之梦

张　楠

在我们每个人的心底，都有着一个关于绿水青山的梦，佳木葱茏，流水潺潺，林间的精灵自由自在地追逐、嬉闹。我们或许是在草叶间穿梭的风，或许是在晨光下璀璨的露珠，又或许是任意一粒种子，不知道要去往何方生根发芽，一切都是如此静谧和谐。彼时的地球还没有伤疤，欣欣向荣，万物明朗，惠风和畅，鸟语花香，应是这世界最美好的模样。我们沐浴着温暖与希望，奔赴生命的诗意与远方！可是，这样的辉煌与荣光，如今只能尘封在人类内心的最深处，诉说着期盼与渴望。

自从人类走上了高速发展的快车道便变得贪婪，他们眼中只有金钱，他们渐渐堕入罪恶的深渊，而环境成为第一个牺牲品。于是，我们看到：一座座烟囱直入云霄，排出的滚滚浓烟遮天蔽日，为天空镀上一层灰色，也让星辰失去了颜色。曾经的碧蓝如洗，曾经的繁星闪烁，只得化作无声的诉说。过度砍伐破坏了地球最亮眼的绿色，地球妈妈开始流泪，可那泪水却是酸涩的，那娇美的容颜终是黯淡了颜色。原本蓝宝石一般的湖泊，有些已经干涸，剩下的那些，也被迫接受了各类废水和各类垃圾的到来，地球心有不甘，她宣泄，她抗议，可一切都是那样无力。

万物有灵，方有生生不息，自然讲究平衡，有着独特的规则与秩序。如今，这份平衡被人类打破，我们看到地震接二连三地出现，我们看到洪涝灾害频繁发生，各种反常天气更是变得常见。近些年，世界各地区山火骤降，瘟疫横行，其实是大自然在用它自己的方式警告人类，莫要挑战它的底线。

幸运的是，在党的领导下，我们国家早早就提出了"绿水青山就是金山银山"的绿色可持续发展理念。这一理念深入每一位中华儿女的内心，为了美丽中国的伟大复兴，也为了尘封在内心深处的绿水青山的梦想，我们时刻走在路上。烟囱依旧高耸，但烟雾却不再似往日一般翻涌，这是清洁能源在立功；天空也不再灰蒙蒙的，那惊艳众生的蓝天再次出现在我们的苍穹；晴朗的夜空，星星也再次闪烁，让孩童终于见识到，母亲讲过的故事里的那片星海。

绿色是环境最本真的颜色，代表着希望，也预示着将来。我们大面积退耕还林还草，经过数年的努力，终于可以再次看到这件华美的绿衣，尽管还未曾达到过去那般靓丽，但也只是时间问题。如今的我们走在温柔的风里，能够感知到地球的笑意。水污染的治理更是从未停下脚步，让我们再次听见了溪水哗啦啦的笑声。无论江河还是湖泊，都在用一朵朵浪花表示内心的喜悦。还有那跃动的鱼儿，告诉着我们它的快乐。

从光盘行动、节水节纸、节电节能到环保装修，从拒绝过度包装、告别一次性用品到乘坐公共交通工具，简约适度、绿色低碳、文明健康的生活方式已经成为新流行的社会风尚。在绿色可持续的理念引领下，我们的生活更加幸福，我们的精神更加富足。我们也终于将古人笔下那"重重似画，曲曲如屏"的大美中国重现，更将永远守护这样的净土，让我们的子孙后代在温暖与希望中将祖国建设得更加美丽，那也是我们心中的诗意与远方。

我们是风，自由自在地在草野间穿梭；我们是露珠，在阳光下发出夺目的光；我们是种子，承载着生命的希望；我们是中华儿女，肩负着建设美好中国的责任，赋予着祖国美好的希望。

【此作品荣获"全国中学生环境保护优秀作文征集活动"省级三等奖】

◎点评与写作指导

本文用生动隽永的语言，书写了人类保护环境，期待绿水青山。文中运用了大量的环境描写，直观地展现了环境遭到破坏的惨状。运用了拟人的手法，例如：地球妈妈开始流泪，可那泪水却是酸涩的，那娇美的容颜终是黯淡了颜色。作者将地球以人的动作、人的心理，让读者感受到了地球的生命力与无助之感。文章结尾运用了排比句，对仗工整，具有韵律美、节奏感，并表明了自己对祖国绿水青山的向往与环境保护的决心。

　　文章题目就是文章的中心和主要内容的概括，所以在文章的标题中尽量体现文中的主旨。语言优美隽秀的同时，也要注意议论文文体和语言的特点，议论性文章主要是以阐述观点为主，抒发情感时要注重真实情感的表达，而非虚情假意。此外，在论述时，要适当增加一些例子，尤其是我们在生活中如何落实环境保护，会让文章读起来更加生动。

◎相关写作素材链接（课程思政融合案例）

　　树木植于土，生态文明理念植于心。古人云"天地与我并生，而万物与我为一"，人类只有与资源和环境相协调，和睦相处，才能生存与发展。"人不负青山，青山定不负人。"以生态保护补偿制度"护绿""增绿""活绿"，扎实推进生态文明各项制度建设，我们定能让绿水青山底色更亮、金山银山成色更足，努力开创天更蓝、山更绿、水更清的美丽中国建设新局面。对幸福的追求没有终点。对于生态环境呵护也须久久为功。

践行绿色低碳　守护美丽中国

崔志捷

近年来的生态问题已经影响到了经济和社会的发展,"碳"排放量日益增多。人类在工业化革命开始后试图"控制自然",大量地掠夺、开发、破坏自然资源。如今冰川减少,天气诡怪多变,自然开始暴怒,保护环境成了经济发展中不可或缺的一部分。实现"碳中和"和"碳达峰"是我国目前正在努力的目标之一。当绿色理念深植人心时,必将为绿色发展注入力量,保护生态环境就是保护生产力!

一天在放学回家的路上,乌墨色的浓云侵占了蓝天,遮掩了以往的蔚蓝晴朗,路上的行人都匆匆忙忙地赶回家。我边往家跑边望向天空,一阵北风袭来,穿梭在城市的各个角落,好像要把城市中的一切连根拔起。北风像一个愤怒的野兽,将散落在地上的叶子、尘土等卷到了天空中。只见一个白色的塑料袋向我袭来,我慌忙躲闪。抬头向远处望,这阴暗的天空好像马上要被这些白色垃圾所侵袭,我们还能置之不顾,独善其身吗?

环境保护专家托尔巴博士曾说过:"真正检验我们对环境的贡献的,不是言辞,而是行动。"虽然我们现在做的只不过是一些微小的事,但是我坚信,只要我们人人都有保护环境的责任心,从自己做起,从小事做起,携手保护我们的家园,自然会给人类应有的回报。我们一定能再次见到这样的场景——森林中花繁叶茂,山岗一片生机盎然,天空纯净碧蓝,新鲜的空气像波浪一样摇荡着、滚动着。

每个人都应当为自然的和谐出一份力,这样我们就离绿色的地球更近了一步。我们可以做到减少使用一次性塑料袋、出去吃饭时光盘行动等。

梁从诫一生都在为环保而努力，让人们有了环保的意识；退休干部杨善洲回到家乡去种树，扎根于荒漠，还给家乡万亩绿林。国家也积极承担责任，面对艰巨任务时迎难而上，在发展经济的同时发展绿色理念；在追求效率和重视经济发展的同时追求生态颜值和生态质量，推动形成人与自然和谐共生的新格局。

我们也应该从自身做起，对自然充满敬畏之心，学习践行绿色发展理念，在祖国的宏伟蓝图上着笔书写绿色光芒。

让我们一起践行绿色低碳，守护美丽中国吧！

【此作品荣获"全国中学生环境保护优秀作文征集活动"省级三等奖】

◎ 点评与写作指导

该文从近年的生态环境破坏说起，提出了我们要保护生态环境的观点，通过写自己放学回家看到的塑料袋满天飞的景象，点出环境被破坏与我们息息相关，接着写出作为普通人的我们和国家层面应该如何做到绿色生活、低碳环保。在文章的最后发出了绿色低碳、守护美丽中国的号召。整篇文章思路清晰，结构完整，语言生动形象，灵活运用反问句，加强了语气，强调了我们需要保护环境，激发读者想要保护环境的感情，使读者感同身受，为文章奠定一种激昂的感情基调。

在写作这类文章时要注意文章结构的安排，安排材料时要注意先后顺序，使文章前后通顺，上下贯通。可以是时间顺序、空间顺序，也可以是从原因到结果、从主要到次要、从整体到部分、从概括到具体、从现象到本质、从特殊到一般等逻辑顺序。

◎ 相关写作素材链接（课程思政融合案例）

理念是行动的先导，低碳理念是低碳生活的风向标，对于个人而言，低碳理念也是一种美好时尚的生活态度。无论是"草鞋书记"周永开带领群众在花萼山义务植树造林1500多亩，改善生态环境；还是和林县多次举办关于"碳达峰""碳中和"的生态文明建设专题讲座，厚植人们的生态文明理念；抑或北京冬奥会秉持"绿色、共享、开放、廉洁"的理念，用一团"微火"点燃低碳发展的"炽焰",书写奥运史上的新篇。正是将低碳环保理念入脑入心,才迈出了绿色发展的新台阶。作为推进生态文明建设不可或缺的重要力量,我们每个人都应将低碳理念厚植心间,让低碳成为首选。

美丽中国　有你有我

范嘉宜

双碳，即碳达峰与碳中和的简称。"双碳"目标倡导绿色、环保、低碳的生活方式。加快降低碳排放步伐，有利于引导绿色技术创新，提高产业和经济的全球竞争力。

地球是我们生存的家园，我们应当让自己的家变得更加美好。可是随着时间流逝，我们身边的环境问题却日渐增长。大气污染问题、水环境污染问题、垃圾处理问题以及土地荒漠化和沙尘问题等。在这个地球生存着很多种生物，人类漠视环保问题已经影响到其他动物或植物了。水污染使鱼儿不得安宁，我曾经上网看到被塑料瓶困住的小乌龟。一直到长大也没能从塑料瓶中挣脱，导致身体都变了形。人类在沙滩上游玩，离开后未能带走全部的垃圾，可怜的小鸟和海鸥分不清垃圾和食物，把塑料袋吞进了肚子里。我国于2022年6月1日实行"限塑令"，这使小动物们艰难的生活有了一点改善，而且使我国每年节约三千七百万桶石油。塑料袋以石油为原料，不仅消耗了大量资源，还需要很久才能被自然分解。在此我想呼吁大家：为了环境，我们应该尽量减少塑料袋的使用，为环境保护助力。

我们也要在日常生活中养成好习惯。"低碳生活"就是指减少二氧化碳的排放，低能量、低消耗、低开支的生活方式。主要从节电和回收来改变生活。这些说起来简单，但实际做起来却很容易被忽略。我早上洗脸用洗面奶时，为了方便，并未把水关上，这时爸爸进来关上水龙头对我说："不要这样浪费水，不需要用水时要及时关上，不要嫌麻烦。"我点了点头，在接下来洗手用肥皂时，适时地关上了水龙头。整理完毕，准备出门，前脚刚踏出门就被爸爸一把拉了回来，指了指我那亮着灯的卧室，我一拍脑子！居然忘记了关灯，要不是爸爸发现估计它要亮一整天，浪费了多少资源呀。出门后看时间还很充足，我便和爸爸说："今天步行去学校吧，做到绿色出行不坐车！"我们便边聊天边往学校走去。

2020年9月中国明确提出2030年实现"碳达峰"和2060年实现"碳中和"的目标。中国持续推进产业结构和能源结构调整，大力发展可再生能源，在沙漠、戈壁、荒漠地区加快规划建设大型风电光伏基地项目，努力兼顾经济发展和绿色转型同步进行。

保护环境，从身边小事做起。低碳生活，美丽中国，有你有我！

【此作品荣获"全国中学生环境保护优秀作文征集活动"省级三等奖】

◎点评与写作指导

该文从介绍"双碳"入手，阐明了双碳生活的价值与意义。列举了看到的一些动物被塑料伤害的现象，从塑料使用方面着手，呼吁大家要减少塑料使用，保护环境。最后通过写"我"早上准备上学的过程，告诉大家在日常生活中可以怎样做到低碳环保。整篇文章结构流畅，从现象入手去剖析本质问题，发现问题后又能够解决问题，观点明确，层层递进，收放自如；文章能够从身边小事入手，善于观察生活，从生活中取材，使读者感同身受，更容易使读者产生共鸣。

想要写好一篇文章，不能面面俱到，需要有详写有略写，能够突出文章中心主旨地进行详写，有助于表现文章中心的同类事件可以略写。

◎相关写作素材链接（课程思政融合案例）

绿色发展同每个人都息息相关，需要提高全社会对绿色生活理念的理解和认同，让人们都来做绿色生活的践行者、推动者。生态环境是人类生存和发展的基础，也是衡量一个国家和地区发展质量的重要标准。然而，随着城市化、工业化的加速推进，我们的环境受到了越来越严重的破坏和污染。空气污染、水污染、土地退化等问题已经成为全球关注的焦点。共建生态文明对于我们的未来至关重要。生态文明建设是可持续发展的必然选择。在经济发展过程中，我们必须考虑到环境的承载能力，积极推进绿色发展。良好的生态环境可以让人们享受到更美好的生活，提高人们的幸福感。生态文明建设是推动经济社会发展的重要动力。绿色产业、环保产业的发展将带动经济的可持续发展，为未来的发展提供强大的支撑。

6 世界华人学生作文大赛获奖作品选录

风从心起

侯子木

炎热的夏日午后，一阵凉爽的风吹来，吹得梧桐树沙沙作响，知了一声声地叫着，我的思绪也飘回到了我的童年时光。

"奶奶，知了为什么叫得那么大声？""奶奶，为什么会有风？""奶奶，风从哪里来？"小时候的我总是吵吵闹闹问各种问题，但是奶奶她没有不耐烦，一直陪伴着我长大。那时候我心中的她身影无比高大，淘气的我总能被她拿着扫把追着打到村口。而在一次替奶奶戴帽子时，我猛然发现，我好像几年没有细细地观察：奶奶的青丝已经变成了白发，高大的身影也变得婆娑，岁月给她留下了好大的变化。长大后，我有了自己的诗和远方，却发现这个世界真的好大，我只想陪在爱的人的身旁。我希望奶奶能陪我的路很长，剩下的幸福我想让她也知道。我很想让奶奶重回年轻，不想让岁月留在她的头上，奶奶知道了后笑着说："有你们就很好啊。"岁月虽然留下了霜，但奶奶心里就是以前那个年轻的姑娘。大姑每年会送奶奶一束花，时间能换来金钱，金钱能换来花，我们又能拿什么换走奶奶的那满头白发呢？风从心起，能吹走奶奶那满头白发的只有我们的真心陪伴吧！

因从小感受祖辈的疼爱，那时的我似乎不知父母的爱表现在哪里。小时候奶奶生病也只有我和爷爷陪伴。幼时幻想父母是神通广大，但在一次次缺席中我的幻想支离破碎，在心中委屈不已，默默地埋怨父母。但是后来啊，随着光阴匆匆地流逝，我慢慢地感受到了爱。长大后回想才知道他们的爱是如此的委婉。他们的爱是沉默内敛的，是工作繁忙却在深夜匆忙赶回家看望我的身影；是无数次在我身边默默地付出与陪伴；是在我生病时忙前忙后的身影；还有无数个叮嘱的声音回荡在耳边。夏风轻柔地吹过，吹拂着我的头发，吹动了我的心，让爱的池水泛起了涟漪。

天空编织起了夜色，风掠过我的发，牵动了我的心弦，我眺望起了远方，人生的路很长，不能匆匆走完一场，爱本没有形状，人的出现它才有了形状。如果要问我爱为何物，我也不知道怎么定义，我却知道爱就是家中香喷喷的饭菜，夜晚归家时暖洋洋的灯光，以及父母的谆谆教诲。

【此作品荣获"世界华人学生作文大赛"国家级三等奖】

◎点评与写作指导

该文以爱为主题，记叙了"我"与奶奶、父母之间的亲情故事。以眼前的景色引出自己的回忆，回忆了童年时与奶奶相处的时光，对父母由不理解到理解的过程，感受到了长辈对自己的爱，取材于真实的生活，段落层次分明，过渡语衔接自然，抒情性强，开篇点题，结尾扣题。在文章中可以再增加一些动作、语言、神态等描写，使人物更加鲜活。也可以增加对事件的具体描写，使文章内容更加充实。

在写事作文中应当注重选材，如果文章的中心主旨是人的骨骼，那么选材就是人的血肉。优秀的文章离不开精彩充实的材料，文章的中心主题明确之后，最重要的就是从众多的素材中选取恰当的材料，选材需要有真实性，作文需要一定的想象和联想，但是不可以脱离实际生活。选材需要符合中心主题，选取材料的角度要与中心主题相契合，能够很好地表现中心主题的才是好的材料。选材要有新意，一些老套的素材已经司空见惯，要善于发现生活中的细节，以小见大。

◎相关写作素材链接（课程思政融合案例）

人的一生，绝大部分时间是在家庭中度过的。家庭不仅为人的生存发展提供了基本物质保障，而且为人的精神生活提供了重要环境。人生的幸福很大程度上可归结为家庭的幸福。因此，家庭是生命的摇篮、情感的港湾、文明的载体。习近平总书记指出："中华民族自古以来就重视家庭、重视亲情。家和万事兴、天伦之乐、尊老爱幼、贤妻良母、相夫教子、勤俭持家等，都体现了中国人的这种观念。"中华文化强调人伦之道，重视家庭成员之间的和谐，在几千年的发展进程中形成了一系列具有鲜明民族特色的家庭伦理道德规范，如尊老爱幼、父慈子孝、夫勤妇俭等，这些家庭伦理道德规范对于维护中华民族的家庭关系和家庭模式、维护社会稳定都具有重要作用。

《礼记》说："父子笃（父子相亲），兄弟睦（兄弟相睦），夫妇和（夫妇相和），家之肥也。"所谓"肥"，即健康、和谐、融洽之意。在我国先贤看来，每个家庭成员都有自己的角色，每个角色都有自己的责任，所有角色互相配合才能成为团结协作的整体。当然，家庭之中难免会有矛盾，这就需要协调。协调得好，大家都心情舒畅，同心协力发展事业、发家致富，培养子女健康成长，这就是"家和万事兴"。

家庭关系的重要协调和保障机制之一是孝道。"孝为德之本，百善孝为先。"孝道的基本内容是父慈子孝，它在社会道德生活中具有重要地位，得到普遍奉行。由孝道形成的浓烈家族亲情，对家庭稳定乃至社会稳定有着极为重要的作用。孔子认为，"子生三年，然后免于父母之怀"，把"孝"的准则诉诸报恩的情理。饮水思源、知恩图报，这是中华民族的传统美德。懂得报恩是一个有教养的人的必备品质，古今中外概莫能外。中华文化的特别之处在于，它不是像宗教那样通过教堂而主要是通过家庭来培育这种品质。"立爱自亲始""孝弟也者，其为仁之本与"，强调从报父母养育之恩开始，再到报师长提携之恩、朋友知遇之恩、国家培养之恩等。亲情之爱犹如投进湖面的石子，荡开的层层涟漪由近及远。传统的孝道还要求子孙继承祖辈的志向、理想及其崇高事业，弘扬祖辈的进取精神和坚韧品格。这是家族乃至民族发展后继有人、兴旺发达的重要精神纽带。

家庭关系的另外一个重要协调和保障机制是夫妇之道。夫妇关系是家庭关系的核心，对待夫妇关系的态度是衡量一个人乃至一个社会伦理道德的重要标准。《中庸》有云："君子之道，造端乎夫妇，及其至也，察乎天地。"认为君子之道首先体现在夫妇关系之中，夫妇之道与天地之道是相贯通的。历史上，男尊女卑的现象在汉唐时并不明显，宋明以后问题才越来越严重，这当然是需要批判的。但即便在封建社会，也有许多忠于爱情、富不易妻的真君子，如东汉时期的宋弘、唐代的尉迟恭，不娶皇族之女，不休患难之妻，"糟糠之妻不下堂"的典故成为千古佳话。汉代隐士梁鸿与其妻孟光相敬如宾、举案齐眉的故事，更是脍炙人口。这些事例对今天的中国人仍有很强的启示和借鉴意义。西方文化有重视个人自由与权利、忽视个人责任与义务的倾向，容易造成家庭的不稳定。而重视夫妇之道与家庭和谐，则是中华文化的一大优势。历史和现实都表明：没有稳定的夫妇关系，就不可能有稳定的家庭；没有和谐的夫妇关系，就不可能有和谐的家庭。对传统夫妇之道进行合理扬弃，对于社会的稳定与和谐也具有重要意义。

（摘自《人民日报》）

母辈的爱

隗琳琳

今天母亲买了一袋柑橘，轻轻剥开厚厚的皮，一口咬下一瓣果肉，酸甜的汁水在嘴里炸了开来，甜蜜的味道冲击着我们的味蕾，也勾起了母亲的回忆。

母亲8岁那年，不幸被传染肝炎，不巧的是当天曾外祖母突发疾病住院。趁着雨稍小些，外婆披上了雨衣、跨上二八自行车便要往医院赶去，嘱咐了外公按时给母亲喂药，看着母亲难受的神情，她轻抚母亲的头并承诺晚上会回来。雨越下越大，硕大的雨滴噼里啪啦地砸向地面，闪电与狂风一次一次地击打着母亲的期盼。她呆坐在炕上，无神而又空洞地望向窗外的倾盆大雨，一下钻进被窝，好似赌气地睡去。平日里烧得火热的炕也感受不到温度，显得格外冰凉。不知过了多久，清脆的敲门声吵醒了母亲，母亲跳下炕径直向门口奔去。只见急匆匆赶回来冻得发抖的外婆摘下湿透了的雨帽笑吟吟地喊道："看娘给你买的大柑橘！"母亲终于忍不住泪水，一下扑进外婆怀里。傍晚，母亲和外婆坐在烧得发烫的炕上吃着橘子，外婆还是一如既往地叮咛着。听母亲说，那时的橘子，真是要甜到心坎里去了。

外婆是农民出身，农忙时每天伴着星星出门又伴着星星归家，很少能陪伴母亲和舅舅，但是教育母亲很是严格。母亲说，儿时的她虽然知道也理解外婆太忙但还是免不了难过，但如今母亲说她十分感谢外婆没有溺爱她，才能让她现在独立、成熟。她告诉我，母亲给我们生命，但母亲给不了我们一切，母亲把我们养大成人，但母亲不能陪我们一辈子。母亲知道外婆的爱是无处不在的。

外婆是个爱笑又和蔼可亲的人，她总是笑眯眯地看着我，一双眯成月牙的眼，上扬的嘴角，深深的法令纹陪伴着我的童年。小时候，我总认为外婆的口袋是哆啦A梦的口袋，她总能从口袋里拿出零食然后笑着递给我。她总一下一下地蹬着三轮带我去这儿去那儿，她给我了一个美好的童年。

如今，懂事的我明白了外婆把当年对母亲缺失的陪伴丝毫不留地给了我，三十年前，外婆用爱造就母亲今天的成功，三十年后，外婆把爱灌注给我，这就是母辈的爱，让人温暖的爱。

【此作品荣获"世界华人学生作文大赛"国家级三等奖】

◎点评与写作指导

本文通过写外婆对母亲的爱与教育，以及外婆对我的爱，表现了母爱的伟大，表达了我对母亲以及外婆的理解与爱。整篇文章主题明确，要表现母爱的伟大。选取的材料也是紧紧围绕着主题，为了表现中心主题而服务。开头用甜甜的柑橘引出回忆，别有心意，吸引读者阅读。在文本中，运用了第三视角进行创作，使叙述更加全面、更加灵活，并且灵活运用了各种描写方法，比如外婆的语言描写，写出了外婆的质朴以及对母亲的爱。还有环境描写，生动形象地写出了外面雨水的猛烈，烘托出外婆回家的不易，更加突显出外婆对于母亲的爱。文本处理详略得当，详写外婆对于母亲的爱，略写外婆对于我的爱。在文章结尾总结全文，点明中心。

对于人物的描写可以分为两个层面，一个是外在显现的，一个是不可见的心理状态。通俗来说就是外貌描写、动作描写、神态描写、语言描写、心理描写。但是在写作的过程中，必须面面俱到，把所有见到的都写进去，应该挑选印象最深刻的，最能够表现人物形象以及性格特点来描写。

◎相关写作素材链接（课程思政融合案例）

母爱是什么呢？在蹒跚学步的小孩第一次挣脱怀抱肆意奔跑时，母爱是一滴滚烫的泪珠和高兴的神情。入睡时，母爱是一杯双手递来的热牛奶和一段温柔的格林童话。在下雨天，母爱是一把花雨伞和一个被雨淋湿的肩膀。在放学回家推开门的一刹那，母爱是扑鼻而来的饭香、一张灿烂的笑脸和一句"宝贝回来啦!"在伤心难过时，母爱是一个温暖的拥抱和一颗理解的心。在犯错时，母爱是严厉地批评和耐心地教诲。在遇到挫折时，母爱是一句鼓励的话和一颗强忍不溺爱的心。

心中的博爱

王雪一

　　以心换心,以爱博爱,爱的力量可以创造生命的奇迹,拥有十四亿多人口的大国,从来不缺少爱。

　　博爱,是一种特殊的、无私的、广大的爱;爱人民、爱世界,爱一切真善美的东西。但是,这种爱并不是滥施滥爱,博爱,乃仁者之爱!

　　深受儒家思想浸染的古人,上至帝王将相,下至士人百姓,亦身体力行地实践着仁爱思想。

　　中国历史上的有道明君唐太宗李世民就以仁爱治国。贞观初年,唐太宗对大臣们说,将妇女幽禁在深宫中是浪费百姓的财力,因此他先后将三千多宫女遣送回家,任由其选择丈夫结婚;贞观二年,关中一带干旱,发生了大饥荒,太宗又对大臣们说:"水旱不调,都是国君的罪恶。我德行不好,上天应该责罚我,百姓有什么罪恶,要遭受如此的困难困顿?听说有人卖儿卖女,我很可怜他们。"于是派御史大夫杜淹前去巡查,还拿出皇家府库的钱财赎回那些被卖的儿女,送还他们的父母;贞观十九年,唐太宗领兵亲征,驻扎在定州。太宗驾临城北门楼慰劳将士们。有一个士兵生病,不能觐见,太宗下诏派人到他床前,询问他的病痛,又敕令州县为他治疗。因此将士们都心甘情愿跟随太宗出征。

　　正是因为唐太宗以仁爱国,示范官吏,所以深得民心,这无疑为唐朝的繁荣富强奠定了基础。

　　其实,从古至今,只要是有博爱之心的人,或平凡或伟大,无不闪着人性的光辉,为这个时代,驱散阴霾。

　　"博爱"是孙中山政治学说的一个核心思想,他把"博爱""天下为公""世界大同"视为理想的最高境界和追求的最远目标。"博爱云者,为公爱而非私爱,即如'天下有饥者,由己饥之;天下有溺者,由己溺之也'。"这是孙中山先生对博爱精神很好的注解。想到天下饥饿的人,就好像自己挨饿,以江山社稷为己任的中山先生,一生也在为实现"天下大同"而努力着。在硝烟弥漫战火纷飞的那个年代,一群人,因为心中的博爱与责任聚到了一起,为苦难中的中国,带来希望。

博爱的人,容得下大千世界。一张钟南山院士在高铁上睡着的照片疯传网络,引起无数人的感慨。84岁的钟南山院士,17年后再度出征,驰援武汉。他临危受命,逆流而上,奋战于疫情一线。为什么?只因他是一名医生,一名仁医!以爱渡人,有学者的铮铮风骨,更有悬壶济世的博爱之心。他容得下大千世界,心中有丘壑。也正是因为这一份博爱,治愈的人数在不断上升,出院的人数也在不断增加——这场恐怖的疫情,在慢慢朝着美好的方向发展。

博爱是人生的哲学,是行动的指南,是人与人交往共存的保障,也是世界和平发展的前提,有了爱,任何的风雨,都可以不惧。爱和希望,能战胜一切苦厄,创造奇迹!

【此作品为"世界华人学生作文大赛"优秀作品】

◎点评与写作指导

本篇文章结构清晰,内容比较丰富。文章首先说明"博爱"的含义及影响,接着引用由古及今三位人物的典型事例,并在其中加入引用论证,充分论证中心论点,构思巧妙。结尾运用排比修辞,语言流畅生动,增强文章气势,恰到好处地点明中心,含义深刻,耐人寻味。

写作"博爱"主题议论文时要注意论点鲜明准确,论据合理充分,采取一定的论证结构,结构安排要详略得当。同时还要加强素材积累,使用论据时可从"古今中外"角度论证。

◎相关写作素材链接(课程思政融合案例)

生命至上,再次彰显了中国共产党人以人民为中心的执政理念。《中国共产党章程》明确写道,"党在任何时候都把群众利益放在第一位,同群众同甘共苦"。而越是在关键时刻,就越能检验中国共产党人的初心使命。从1998年特大洪水,800多万党员群众奋战抗洪一线,到2003年抗击"非典",党员医生关键时刻主动请缨,到2008年汶川地震,党员干部挺身而出冲锋在前,再到如今抗疫斗争,在人民生命和经济利益之间果断抉择生命至上,不惜一切代价抢救生命。正如习近平总书记所说:"在保护人民生命安全面前,我们必须不惜一切代价,我们也能够做到不惜一切代价,因为中国共产党的根本宗旨是全心全意为人民服务,我们的国家是人民当家作主的社会主义国家。"坚守人民至上的宗旨信念,践行服务人民的初心使命,是中国共产党人的风骨和担当。

从孔子的"泛爱众而亲仁",到孟子的"亲亲而仁民,仁民而爱物";从西汉董仲舒的"仁之法在爱人",到唐代韩愈的"博爱之谓仁";从宋代理学家张载的"为天地立心、为生民立命",到晚清康有为的"仁者无不爱,而爱同类之人为先",这种以民为本、生命至上的仁爱精神随着生产的发展、历史的变迁而被赋予了不同的内涵,如汨汨滔滔的源头活水一样,注入了中华民族发展的历史长河中,融进了中国人民的文化血脉之中,渊远而流长。

(摘自《南方日报》)

我的姥爷

宋佳音

睡前刷视频刷到了记忆中的声音。"咕咕咕"那是布谷鸟和斑鸠的叫声。听到音频的一瞬间好像儿时的记忆都被唤醒了，鸡皮疙瘩都起来了。

当天晚上就梦到了我的姥爷，那是我第一次梦到他。老家的院子里，我和姥爷坐在葡萄树下，鸟叫声萦绕在耳边。"一股，两股。"姥爷嘴里嘟囔着，那是他在给我编辫子。我坐在小板凳上，剥好一个葡萄喂给姥爷吃，他笑了笑说真甜。

中午我躺在摇椅上，他会一边摇摇椅，一边扇蒲扇哄我睡觉。那样我会睡得十分安心。一觉醒来看到姥爷交叉着胳膊打瞌睡的样子，我就会笑他，他被我吵醒后无奈地笑笑。吃完晚饭后我拉着他的手就往油麦田的小路上跑。远远望去，油麦田就像大地铺上了一层绿色的地毯，又像一片绿色的海洋。吹过一阵风，整片莜麦地随风舞动，发出"沙沙"的声音。正当我想拉着姥爷往前跑的时候，一阵风吹来，吹乱了我的头发，我转身找不到他，我很想他。"咕咕咕"鸟叫声又响起。

我的姥爷已经82岁了。想起上次去看他已经是一年前了。姥爷没有什么变化，反而头上的黑发越来越多了，他说是吃核桃吃的，于是给我剥了一盒核桃让我带着。他的眼皮被无情的岁月拉得很低，所以眼睛是三角形的。耳朵很大，只可惜已经听不清了。他脸上的皱纹很深。背是佝偻着的，妈妈每次回去都拍拍他的背，想让他挺起来，可惜都无济于事。他的嗓子不好，隔一会儿就会咳嗽一下。看到他吃药，我就会想到小时候姥爷吃的大药丸，像巧克力豆一样，我好奇就尝了一口，很难吃，可是看姥爷吃总觉得很甜。除了咳嗽，他的身体还是蛮好的，饭量不错，但总舍不得吃肉，念叨着要留给我们吃。

姥爷很喜欢和我聊天。他会问我还记不记得小时候教我唱的童谣。可他听不清我说的话，只有趴在他耳边大声地说他才笑一笑点点头，也许他也想起了陪伴我童年的快乐时光吧。看着姥爷拿出来的诸多保留完好的玩具，嘴里还说着当时我多喜欢，我的眼眶湿润了，努力挤出一个笑容回应他。

姥爷很喜欢下象棋，如果来到姥爷小区，在树荫下看到一些人围聚在一起，肯定会听到棋子拍在棋盘上的声音，那一群人里肯定会有我姥爷的身影。他经常一坐就是一下午，沉浸在棋局中。但是他的技术却不怎么样，有时候连自己输了都不知道。

我很喜欢看姥爷做木工。他蹲在地上，手里拿着小刀削木头。眉头是皱着的，时不时会咳嗽几声，好像已经很吃力了。家里有好多小板凳都是姥爷做的。

姥爷对我很慈爱，我跟他闹着玩他也不会生气，他说希望我能到电视里面去，这样就可以经常看到我。但是在早起这件事情上他对我是很严厉的，姥爷从小就告诉我"一日之计在于晨"，说早上的时光是最好的，可不能浪费掉啊。

对于姥爷的记忆不多，一件件全记在心里了。在我遇到困难时，就会想起他。他对我的爱，温暖了我的心窝。

【此作品为"世界华人学生作文大赛"优秀作品】

◎点评与写作指导

文章叙事清晰，情感真切。对于童年，每个人都有自己独到的回忆，文中作者对童年的回忆是布谷鸟和斑鸠的叫声，一段视频把"我"的思绪带回了童年。作者选取梦中自己和姥爷的点滴小事，叙述了姥爷给"我"编辫子，带"我"去麦田，回想起姥爷给"我"剥核桃，和"我"温馨地聊天，于平凡生活中取材，真实具体，文章具有感人的力量。写回忆的文章大多有泛黄胶片的质感，但本文却用到亮丽的色彩，"绿色的油麦田"，正如在姥爷的陪伴下，"我"的童年是斑斓的，是姥爷守护"我"的童真。

文章对人物语言的描写也非常符合人物的形象。外公对"我"充满爱意的话语"这些都是小时候给你买的,你可喜欢了,一看见就笑,你还记得吗?"作者选材生活中的素材,角度新颖独到,文章构思巧妙,运用多种描写方法,姥爷的形象跃然纸上,结尾升华文章主旨,表达作者对姥爷的爱。

写作人物相关的作文时,大部分同学能运用多种描写人物的方法,如外貌描写、动作描写、心理描写等来反映人物内在修养与精神世界。此外,还可以巧设背景,让人物"立"起来,加上人物活动的环境,能为人物形象起到衬托与渲染作用。

◎相关写作素材链接(课程思政融合案例)

家风家教是一个家庭里非常宝贵的财富,是留给子孙后代最好的遗产。涵养良好家风,贵在落实落细。焦裕禄曾教育孩子不能"看白戏",杨善洲不让家人搭乘"顺风车",谷文昌告诫家人"不许沾公家的一点油"等。无论时代如何变化,我们都要注重家庭、重视家教,由此激励子孙后辈增加家国情怀,努力成长为对国家、社会有用的可塑人才。

家风纯正,雨润万物;家风蔚然,国风浩荡。传承优良家风是弘扬优秀传统文化的根基;传承优良家风是培育社会文明风尚的铺路石;传承优良家风是提升道德思想的立身之本。良好的家风是老一辈留给每个家庭成员极其宝贵的精神财富,端正家风,方能稳固国风,社会才会由此欣欣向荣。

"将教天下,必定其家,必正其身。"奋进新征程,秉持家国情怀的赤子之心,踔厉奋发、笃行不怠,每个家庭前进的脚步,终将汇聚成国家的进步。

伞

李雨坤

  光阴似箭，日月如梭，牙牙学语的我已经成为嫣然少女。蓦然回首，我就像一个收藏家，悄悄珍藏起与爷爷相处的时光底片，让它变成属于自己的私酿，慢慢品尝。

  翻开时间的相册，我已记不清是哪一个雨天，但我依旧清晰地记得那是一把浮翠流丹折叠式的伞，伞的一边偏向我的心脏，另一边支撑了我整个童年的温暖。我总是不太喜欢下雨天，远方雾蒙蒙的，雨滴像子弹似的刺穿房檐，天空发出一声又一声的嘶吼，劈向大地，不自觉地让人心烦意乱。可更让我不知所措的是班级的同学几乎都被家长接走了，他们每个人脸上都洋溢着笑容，更显得我与他们格格不入。我忍不住埋怨着爷爷，为什么那么慢，还是不来接我。

  我低着头，踢着石子，就在我拿着书包挡住头准备跑出去的那一刻。一把墨绿色的伞举过了我的头顶，替我遮风挡雨。正在爆发边缘的我用最恶毒的话来攻击为我撑起全世界的爷爷，我责怪他让我等了那么久，我觉得他不可原谅。回答我的是爷爷手足无措的对不起。我一边抱怨着，一边低头向前走，也就发现了他湿漉漉的裤腿，那是因为焦急奔跑溅出的泥巴印和雨水。我抬起头看向他，爷爷的另一边肩膀也湿透了。刹那间，世界荒芜，静到极处，我突然哽咽地说不出话来，好似有一阵狂风灌入了我的喉咙，把一声声对不起都压在了腹中。我安慰自己，今后的时间还很长，机会还有很多。只要我回头，爷爷就在那里。

  可那时的我还小，小到不知道人是会老的，没有人会陪我一辈子。那时的我也不知道那些我羞于启齿的话，想着以后会慢慢补偿回来的亏欠，终究只能变成一辈子的遗憾。爷爷永远地离开了我，我再也没有了爷爷，以后的下雨天也没有那么漂亮的伞了。

我想，如果能够有一通打往过去的电话，我一定会打过去，把我没有说出口的话告诉爷爷，我会跟他说："没事的，爷爷，你慢慢走，不急，多久我都在原地等你，我们一起回家。"就像歌曲《父亲》中唱的那样，"时光时光慢些吧，不要再让你变老了。我愿用我一切，换你岁月长留。"希望我们都能珍惜来之不易陪伴的时光，不要给自己留下"多想和从前一样，牵你温暖手"的人生遗憾。

【此作品为"世界华人学生作文大赛"优秀作品】

◎点评与写作指导

该文章开头以讲述者的口吻，引出后续故事，回顾了作者幼年时爷爷在雨天放学接"我"迟到的事件。通过动作和细节描写，鲜明表达了"我"在等待中的抱怨、在初遇时的指责和在观察后的愧疚。并在文章后半部分，以"伞"点题，表达了自己的后悔与遗憾之情。文章语言生动丰富，场景和人物的细节描写较为出色，有效反映或推动了人物的心理活动，值得肯定。结构上前后连贯、首尾呼应，特别是结尾以《父亲》歌词升华主题，具有一定的感染力。

记叙性散文中，特别是描写人物的散文，如果能合理地运用细节描写，能起到较好地烘托氛围、反映人物心理活动、刻画人物性格等作用，从而侧面揭示文章主题思想。写人物事例时，除人物的外在描写，还可加入人物的眼神、表情等神态描写，从而使人物形象更加饱满、鲜活。

◎相关写作素材链接（课程思政融合案例）

2023年6月，清华"轮椅博士"朱晓鹏结束了十多年的求学生涯顺利毕业！毕业典礼上学校领导弯下腰，郑重地为他拨穗。1993年出生的朱晓鹏，湖南人，考入清华大学刚满一年时，他突发疾病致全身瘫痪，从此坐上了轮椅。原本他是清华大学化工系的高才生，是驰骋在赛场上的篮球少年，但这场疾病中断了他的化学梦，也中断了他曾经的意气风发。经历了休学、复健、转专业、读博……十多年过去了,他终于顺利完成学业,即将奔赴下一段人生旅程——去新疆大学当老师。回首一路坎坷的求学故事,他饱含深情地写下了博士毕业论文的致谢:"我生病之后,妈妈一直寸步不离地照顾着我,至今已经十二年了,她是世界上最伟大的妈妈!"

7 教育教学改革课题成果作品选录

在那个阳光明媚的下午

廉 菲

"别怕,姥姥过段时间就好了",母亲握住我的手,旋即拉着我从病床前离开。自那时起,"姥姥"这一名词在我心中渐渐具象化。

然而,未懂事时,由于惧怕她曾经触目惊心的伤疤,那个人一出现,我便立刻跑开,似乎身上藏着与她同极的磁铁,彼此间的距离只可无限拉长,不得缩短一分一厘。

大年初三,她在灶台熬了一大锅玉米粥,黄灿灿的、香香软软的。为了引起她的注意,趁大人们都不留神,我抄起靠在墙上的扫帚,一把将它丢进锅里。嘿,竟然被母亲第一个发现了,"你这孩子——"话音未落,便被闻声而来的姥姥打断了:"小菲才多大呀,她懂啥?甭训我们,过会儿焖米饭!"那是我们第一次相视而笑。

姥姥喜欢下厨,更喜欢将多年的厨艺经验传授给别人,我可是她的第一个徒弟。在姥姥辗转于两个灶台之间时,我总会搬个板凳坐在旁边看。渐渐地,我不满足于只是当一个局外人,开始参与到烹饪的过程中。她不厌其烦地教我淘米、揉面、包饺子,在许多阳光明媚的下午,厨房里总是充满了我与姥姥的欢声笑语。

初中,我独自归乡读书。那时,我自以为与蓬草并无两样。在我倍感孤独与绝望时,姥姥来陪读了。她不管啦,尽管乡下有地要种,有菜园要浇,有狗要喂,她统统放在一边。可她炽热的关心与我的青春期撞到了一起,我时常情绪失控,对她的话语冷漠甚至苛刻。我见过她沉默不语,我见过她独自排解,我见过她掩面而泣,唯独未见过她对我的失望与责备。我肆无忌惮地挥霍着她的温柔与耐心,直到那个阳光明媚的下午到来。

一个寻常的清晨，我刚迈出房门，便听到了断断续续的几句话"小菲……那个……我好像记不起来了呢"。转头一看，姥姥趴在床上，手扶着头，眼神有些迷茫，似乎在努力回忆着什么。我清楚地记得，那天课堂的内容，我一个字都没能印入脑海。内心的暗流总是蠢蠢欲动，几度将我吞噬蚕食。"回家看看"的冲动，第一次如此强烈。

果然，事情的严重程度印证了我的担心，"小、小菲，我……"，不过是短短几小时，姥姥再见到我后竟连一句完整的话都无法表达出来。我定在阳台，眼看着姥姥被一行人搀扶着上了车，车速很快，刹那便消失在了我的视线。那天的阳光异常明媚，像是正播撒希望的种子，我扭头扫了眼空荡荡又未透光的室内，好刺眼啊。

母亲告诉我：脑梗夺走了姥姥的部分记忆，如今已无法分辨两个女儿。但"小菲"是她一直记得的名字。明明是再熟悉不过的称谓，我的心脏却如同受到重击般疼痛。鬼使神差般，我走进姥姥的房间，发现一个曾经被我丢弃的本子正安好地躺在姥姥的枕头旁。翻开：正面，一笔一画记录着我的生活开销；背面：认认真真写下我的生活偏好——我的生日，我的口味，事无巨细。她没读过书，笔记本里满满当当的每一页有错别字、有拼音，更有着那些我从未留意过的呵护与关怀。我悔恨、我遗憾、我愧疚、我悲痛，这一刻，情绪决堤。

是的，在那个阳光明媚的下午，姥姥模糊了过去的人和事，除了"小菲"，她都不太记得了。

而我，幸好，有那个阳光明媚的下午；幸好，还有那无数阳光明媚的瞬间。

作者：廉菲

单位：中央财经大学文化与传媒学院

指导教师：庄卉洁

本文系教育部教育类教指委中文专委会——北京语言文字工作协会2024年度教育教学改革课题（课题批准号：2024JGYB096）成果

跨文化之旅：留学生与中华文脉的诗意邂逅

林圣娥

一个理念，跨越时间的长河，激活上下五千年文明的记忆，一个倡议，跨越山海的阻隔，激发数百个国家的热情，追溯先古，遣唐使纷纷访华，志坚行苦，取经授道；探寻近代，中华留学生留洋求学，立志报国，夙兴昧旦；放眼今朝，海上丝绸之路贯穿中西，海外留学生与中华优秀传统文化悄然邂逅，在新式教学的承载下，碰撞出绚烂的火花。

文化的传承，汲取的精髓 —— 是留学生深化其内涵的阶梯

"君子以文会友，以友辅仁"，历史的经典历经时间的冲刷依旧熠熠生辉，孔子学院以其自身深厚的文化内涵，以其别具一格的办学模式，在世界各地生根发芽，开展丰富多彩的教学和文化活动，将中华优秀传统文化的精髓，化作甘霖，滋润着世界各地，孕育出中华文化繁荣昌盛的盛景。四海之内皆兄弟，各国学生以"和而不同"的观念，积极取他国之长，避他国之短，造就自身精神内涵的深化。

生动的课堂，不朽的经典 —— 是留学生深度理解的基础

品茗，历代以来都为文人墨客所崇，悠久的历史长河里，朝代更迭，局势瞬变，那袅袅的茶香却是亘古不变，早在唐代，便诞生了《茶经》这一著作，其作者陆羽曾言"茶亦醉人何必酒，书能香我无须花"，当外国留学生走进茶艺的课堂，当清脆的山泉与茶碗碰撞，当跃动的茶叶迸发出

清香，当氤氲的茶香萦绕四方，身临其境的体验，使留学生在茶香宁静中致远，在茶人淡泊中明智。

创新的形式，不衰的国粹——是留学生回望传统的必经之路

一支勾勒眉角的笔，一袭染尽红尘的纱，一段花腔婉转的唱词，一篇生离死别的曲艺，京剧，这支穿越千年的曲调，穿过时光的洪流，在现世卷轴中，每每也挑起我们的情思，滋润着我们的心田。孜孜不倦的留学生们，被引入京剧的课堂，在"唱念做打"中体验中式美学，在"生旦净丑"中通晓国粹的不朽。在这场改革中，设身处地的体验让留学生们愈加透彻地了解到，梅兰芳夙兴昧旦，胼手胝足，苦心钻研京剧的态度。

海上丝绸之路，这场由古至今的盛宴，这杯举杯欢庆的美酒，这场酣畅淋漓的交融，这条中西兼容的大道，它贯穿古今，纵深发展；它向善向上，合纵缔交；它不忘本来，展望未来。在这场跨文化之旅中，留学生们与中华文脉产生了诗意的邂逅，在这场教学的改革中，世界儿女与中华优秀传统文化尽情地共舞。

作者：林圣娥

单位：泉州轻工职业学院

本文系教育部教育类教指委中文专委会——北京语言文字工作协会2024年度教育教学改革课题（课题批准号：2024JGYB061）成果

透过寨子的光

张竞阳

现在回想起来,依然不知道自己是在怎样的震撼中晃过神来,虽然心里早已有所准备,但当脑海里想象的画面出现在眼前的那一刻,给我最多的依然是震撼,震撼到心灵,震撼到灵魂深处。你一定好奇我见到的是什么,那就让我从头开始讲吧。

抓住了2023年的尾巴,我在元旦前出发了,目的地是西双版纳傣族自治州景洪市京哈乡的寨子,这是我同学的家乡,也是我一直神往的地方,一个充满神秘和未知的地方。作为土生土长的北方人,我从未见过西南少数民族的寨子,满怀好奇走进了寨子,不断打量着见到的一切,像刘姥姥进了大观园一样,充满好奇。与想象中的略有不同,傣族的寨子不是像古代军营军寨的模样,寨门的入口是高高的寨门,四周团团为主,有的地方是木栅栏,有的地方是依山而建。

走进寨子,有一种民族独特的味道,融合在建筑风格中,渗透在寨民的衣着服饰里,说不出的感觉,古朴而圣洁,别有一番风韵。路上遇到的第一个人是个七八岁的小姑娘,她正在寨子里玩耍,遇到陌生的我也没有胆怯,大大方方地跟我打招呼,好奇地问我从哪来,做什么去,给我讲村子里她知道的故事。住在山寨里的孩子是最可爱的,热带雨林的气候不仅浇灌了茂密的植被,同样也在孩子的小脸上留下了痕迹,红彤彤的有些泛黑,小小的年龄就仿佛写满了故事,像个山寨里的精灵,活泼而热烈。

山寨里的老人普遍是不会讲汉语的,会讲的在发音上也显得有些僵涩,带着浓重的口音。但孩子是不一样的,基本会讲本民族的语言和汉语,这是近几年教育改革带来的改变。在少数民族地区推广普通话,让少数民族对中华民族的整体认同感逐渐上升。随着教育的深入，语言的魅力也越发迸发出原生动力，原生母语在与汉语不断接触的过程中，促进了民族文化的交融，而熟练掌握语言的切换能力，也给寨子里的孩子带来更多走出去的希望，这是民族交融的结果，也是命运共同体的呼唤，更是作为一个中华民族不抛弃不放弃的呼唤。

不知不觉中走到了寨子里唯一的学校，学校的建筑是寨子里最具鲜明特点的，民族风格与现代建筑风格相结合。据村子里的人说，这学校也是近年来才盖起来的，以前村里的孩子上学是很艰难的，需要去很远的其他大寨子读书，走路的话需要走好几个小时，所以从小读书的孩子都是要住校的，一周才能回一次家，交通不便加上父母辛苦忙碌，很多时候都是孩子们一起组团往返，来回也基本靠双脚丈量。听村民说，他们小时候都是这么过来的，每逢周五放学几个附近寨子的小朋友一起走，近一点的还好，远一点后到家的，就要独自摸黑前行，往往最后到家的孩子天已经黑了，茂密的热带雨林沙沙的树叶声，是每个求学孩子的陪伴。很多孩子也因此早早辍学了，但现在不一样了，寨子里的孩子可以在自己的寨子里读书了，再也不用担心读书难的问题了。

附近其他寨子也是一样的，经济发展给寨子带来了底气，教育的改革发展则给寨子带来了希望，老一辈吃了语言不通、文化水平低的亏，终于在下一代得到弥补，学好本民族的语言文化，保留住传统文化精华，同时大力推广普通话，让寨子与外界接轨，创造寨子与外界的命运连接，我相信寨子里会涌现出越来越多的精英人才，迸发出越来越大的活力，创造出更大的价值。

作者：张竞阳

单位：中央民族大学中国少数民族语言文学学院

本文系教育部教育类教指委中文专委会——北京语言文字工作协会2024年度教育教学改革课题（课题批准号：2024JGYB082）成果

胸中有丘壑　眼里存山河

——名著经典带动鲜活文字

陈昊天

中华文明犹如一颗璀璨的明珠，在悠久的历史长河中闪耀着智慧的光芒，散发着永恒的魅力。如何让孩子们深刻体验这份智慧瑰宝、感受这片多姿多彩的土地？除了课堂教育，书籍就如同一股清泉，滋润着他们心灵的花朵，引领他们踏入丰富深邃的中华文明之旅。

文字的魔力仿佛能穿越时光，将往昔的景色和情感带入当下。在这些纸质宝藏中，孩子们得以穿梭于时光长廊，聆听先贤们智慧的声音。如同劈波斩浪的舟船驶于顺境争锋竞发，亦时有逆境迎头对攻，生活的滋味既怀甘甜也伴清苦。书本中涓滴细言诠释我们，色彩多了才会缤纷，味道全了才会丰富，内容多了才会精彩，接触多了才能选择。无论是冬日暖阳，或是夏季凉风，在丰富与单一之间，在冷漠与热情之间，在空泛与厚实之间，都值得手捧书本，细嗅墨香，静下心来慢慢咀嚼与体会！

中华文化源远流长，博大精深，文化遗产俯拾皆是，绚丽精灿。其中最为人们津津乐道的，便是那些千古流传的巨匠经典。其中，罗贯中的《三国演义》便是一部不可多得的文学巨著，它以其独特的艺术魅力，成为中华优秀传统文化融入语言文字的典范。《三国演义》作为中国文学史上第一部成熟的长篇章回体小说，名列中国四大名著，历史演义小说的华彩之章，数百年来广收拥趸，热爱它的人遍及五湖四海。一些情节可谓家喻户晓，妇孺皆知，广令倾慕者如数家珍，娓娓道来："桃园结义""三顾茅庐""草船借箭"等一个个生动精彩、家喻户晓的故事丝丝入扣，一波三折，险象迭生，最后的鹿死谁手让读者直捏把汗，从心惊肉跳到拍手称快，从主观臆断先入为主到能够客观看待一段真实的历史，仿佛亲身体验了战场上的争斗，两国间的斡旋，谋士的针锋相对，武将的咄咄逼人，君主的不怒自威，门客的刀光剑影。罗老虽是在演绎历史但文字拿捏斟酌审慎严谨，推敲考量，对待历史不粉饰矫枉，篡改亵渎。故小说虽然主观情感鲜明可辨，重刘抑曹的春秋笔法在所难免，但虎质龙纹间瑕不掩瑜，那段群雄争霸，那段风云叱咤，在历史的洪流中喷薄而出，在演义的再现下传唱不衰。令人心驰神往，血脉偾张！

《三国演义》作为一部古典小说，不仅具有很高的文学价值，更是中华优秀传统文化的文字载体。它通过丰富的语言文字、生动的故事情节和鲜明的人物形象，展现了中华文化的博大精深和独特魅力。在如今数字化的时代，这些难能可贵的文化遗产更应该受到珍视和传承，从新的时代浪潮下焕发出新的生机和活力。也许这就是经典的魅力，解读的过程中，成长也悄然而生，文字也日渐苏醒。

作者：陈昊天
单位：西安工程大学
指导教师：张易泽
本文系教育部教育类教指委中文专委会——北京语言文字工作协会2024年度教育教学改革课题（课题批准号：2024JGYB089）成果

那边正在吟唱

华 旻

早春的校园，随着节气的问候，春意盎然。看，体育馆外茂林修竹；操场边，挺拔的杨树上枝条吐蕊；假山上，冰雪融化，流水潺潺；随处可见的桃树上错落有致地分布着鲜艳的花朵；小道边修剪整齐的万年青；花圃返青的小草，正在精神抖擞呈现着春的颜色、洋溢着春的希望。特别是院内的各色玉兰花，白的、淡红的、淡紫的、淡黄的竞相盛开，交相呼应，赶着趟来报春。你看教学楼外是白色的、学术报告厅外是淡红色、宿舍楼外是淡黄色的、实训楼外是淡紫色的……

在这早春花园般的校园里，活跃着一群懵懂的青少年。你看，运动场上、实验楼里、实操台上，到处都闪现着他们青春靓丽的身影。在打球、在跑步、在实验、在实操、在讨论。课余时，水池边、竹林间、小亭里，他们二三人，或五六人，忙碌着、嬉戏着、追逐着、学习着。

突然，从竹林深处传来悦耳动听的吟唱声"执手相看泪眼，竟无语凝噎，念去去，千里烟波暮霭沉沉楚天阔……"，循着声音过去，原来是23级环境班的一群女生，在温习刚学的《雨霖铃》。驻足细听时，不远处一高亢的男声打断了她们的吟诵，"大江东去，浪淘尽，千古风流人物……"，原来是新能源班的一群男生，在实训场地，边擦车，边吟诵，好似要跟女生比赛。

男生刚刚吟完《念奴娇》，就听女生这边说："吟诵节奏不对，应该语速放慢。譬如第一句应该是，大江/东去，浪淘/尽，千古/风流人物。……"

男生们不服说："韵脚都是入声字，如 物、壁、灭……要念得短促，音高，将雄辉苍凉之意境表现出来。怎么能慢吟呢？要不，你们女生给我们示范一下。"接着就是一阵爽朗的笑声。

女生马上回道："我们刚才吟的《雨霖铃》，也都是入声字的韵脚，那我们能吟成跟你们一样吗？肯定不行呀，这两首词的风格、情感不一样，肯定要吟出不一样的意境出来。《雨霖铃》是一首离别词，《念奴娇》抒发的是人生易老，还未建功立业的感慨，你们不服呀！"……

一问一答，两群孩子互不服气，很快就切磋探讨起来了。不久，又进入了比赛吟诵模式。

望着他们不服输的样子，看着一张张充满朝气的笑脸，恍惚间，闪现出他们刚进校园的情景：一群打扮夸张，表现着桀骜不驯，实质上是满脸写满了不自信的青少年。

这还是当初的那群学生吗？答案是显而易见的，校园的生活彻底改变了他们。他们从学技术中找到了自信、找到了实现人生价值的道路。职业教育重塑、改变了他们，他们正如校园里那一颗颗盛开的玉兰树。严冬大雪的滋润、凛冽北风的洗礼，终于在春天绽放。而这群青春期叛逆的孩子，经历了人生第一次挫折，来到了职校，园丁们锲而不舍地引领和培育，这群孩子由厌学到主动学，再到乐学，他们饥渴般求知、忘我般钻技术、强体魄、塑精神。他们恰逢其时，职业教育使他们获得了重生，凤凰涅槃。我眼前浮现着一群群能工巧匠忙碌在各行各业，边走边吟：

校园偶遇

早春职校花开放，各色相间鸟欢鸣。

十七年少学技术，精神抖擞涅槃生。

猛一抬头，走回了教学楼。上课铃响起，又要忙于下一节课，投身到教学中去了。

作者：华旻

单位：北京市城市管理高级技术学校

本文系教育部教育类教指委中文专委会——北京语言文字工作协会2024年度教育教学改革课题（课题批准号：2024JGYB019）成果

牧场

黄　敏　根嘎旦真　杨向飞

　　我出生在马尔康的一个小村庄，那里是典型的高原牧场，也是一片被雪山和蓝天环绕的美丽牧场。它周围的山川地貌独特，西边是一座座矗立天际的雪山，高高的山峰上常年积雪不化，在阳光的照射下散发出银白色的光辉。绵延山岭上的白雪如同贴在山体上一般，显得那样沉重。下边则是纵横交错的山谷，清澈见底的溪流在里面欢快流淌，丈量并滋润着脚下的每一寸土地。到了夏天，牧草在温暖、湿润气候的滋养下变得茂盛，为我们的牲畜提供丰富的食物。冬天，沟壑峰峦内也银装素裹，天地白茫茫一片，牧场由此变得神圣而宁静。

　　牧场是我儿时的乐园。那里有一片片广阔的草原，一团团自由奔跑的牦牛，以及一个个朴实善良的牧民，还有我亲手搭建的小木屋。我清楚地记得，每到夏天，爸爸妈妈就会带着我去牧场上放牧。

　　早晨，我会和爸爸妈妈去草原上寻找我们的牦牛群。阳光透过露珠洒在草地上，牦牛们悠然自得地奔跑，放肆咀嚼着美味多汁的青草，一切都显得那样幸福与舒适。每当找到我们的牦牛群时，我就和爸爸骑着马儿，手持牧鞭，在草原上奔驰着，驱赶着这些健壮和跃动的生灵。它们是牧场上的健将，我是这个场上的一代英豪。在马背上，我想象着电视剧中金戈铁马的场面，配上爸爸浑厚悠扬的歌声，胸中顿时充满了坦荡和豪爽。

　　赶牛骑马累的时候，我喜欢在草地上静静地坐着，看着那些牦牛自由奔跑，感受它们身上散发出的野性和生命力。每当这个时候，疲惫的身体就会使我不再执着于疾走和躁动，尽管热闹与沸腾就在耳边。我喜欢在草地上躺着，任由微风吹拂脸颊，静静地聆听鸟语虫鸣，欣赏天空中的云朵变幻，开启漫无边际的想象。那一幕幕云卷云舒，那一声声低语呢喃，瞬间掩埋了策马追风的锐气，让我没了烦扰也无需抗争，有的只是柔肠万段，任由沉吟声落在梦的深处。

有时候，我会和爸爸一起驱赶着牦牛回家。在回家的路上，我们会经过一条小溪，小溪清澈见底，可以看到小鱼在水中成群结队地游来游去。这个时候，我们会在小溪边停下脚步，用石头打水漂，比一下谁投得远，比一下谁激起的浪花大。爸爸总是先让我投，自己再投，一直让我赢，我常常因为比爸爸厉害而哈哈大笑，爸爸也会跟着一起笑。落日余晖，一天之中颇为梦幻的时候，也是我们从牧场上把牦牛赶进牛栏里的时候。当牦牛进入牛栏的那一刹那，再多的疲惫与沉重都会烟消云散。牛栏里，我会仔细观察每一只牦牛：有的温顺可爱，有的调皮捣蛋，有的闲庭散步……但无论它们是什么样的，我都深深地爱着它们。

牧场光照不到的地方，是炊烟最为缭绕的晚上。我会和父母围坐在篝火旁，听他们讲述这片土地的故事，讲述他们的过去和现在，讲述他们对我的憧憬和希望。思流穿过人生百态的喧嚣，那些场景就像一颗颗珍珠，串联起我对于故乡的热爱和对于生活的理解。

在牧场，关于幸福的一切想象都尽收眼底。之前，这些美好的感受只在我脑中，现在它以文字的形式留下来，真切的感受跃然纸上，每每读到，仿佛回到热辣滚烫的夏天，牧场依旧在，少年也依旧在。

突然想起余光中老师《十年看山》的一段话："每当有人问起了行期，青青山色便塞梗在喉际，他日在对海，只怕这一片苍青，更将历历入我梦来。"希望每次回望，都依旧能够奔腾不息向前方，而非远方。

作者：黄敏 根嘎旦真 杨向飞

单位：阿坝师范学院

本文系教育部教育类教指委中文专委会——北京语言文字工作协会2024年度教育教学改革课题（课题批准号：2024JGYB020）成果

迈向未来：日语教学改革的探索与实践

吴 尽

近年来，世界格局发生深刻变迁，国与国之间的关系也随之产生新的变化，这对中国的外语教育提出了新的挑战。我们迫切需要反思外语人才的功能定位，适应时代发展的新形势。

外语专业人才的功能与定位究竟是什么？这是一个值得深思的问题。我国与日本交流密切，学习日语需求巨大。然而，中日关系曲折、中国科技发展导致部分国家对华忌惮等因素，影响了日语专业的传统发展模式，培养大批服务于日企的日语人才已不能完全适应时代要求。

我国日语学界已经意识到这一现状，并积极探索新的人才培养模式。以往的传统教学侧重语法词汇等语言基础知识，但随着社会发展和新形势变革，传统教学模式已显得力不从心。近年来，我国强调的"新文科"理念为日语专业的发展指引了新的方向，"新文科"作为当前我国教育改革的一个重要理念，其提出是基于新时代对人才培养的新需求。传统文科教育模式面临转型升级的挑战，迫切需要与新兴技术、新兴学科有机融合，培养复合型、创新型人才。一些教师尝试结合线上资源辅助传统教学，但仅此尚未真正追求跨学科跨技术的理念，日语教学改革亟须进一步推进。

探索"新文科"模式应首先考虑教师和学生的实际情况。教育工作者必须具备扎实的专业科研能力和丰富的教学经验，这样才能敏锐洞察和发现教育中的问题。同时也要充分了解不同院校学生的能力和特点，因校情制宜推进改革，而非生搬硬套他校模式。

其次，要深入分析"新文科"时代背景下本专业发展环境。这也是探索"新文科"模式的客观因素。目前，许多研究主要集中在"日语+X"

的跨学科模式和"校企合作"培养模式上。为日语专业改革提供了重要的经验。但我们还需结合国内日语人才需求、应用领域、中日关系等客观因素，制定符合学校特色的改革方案。

最后，必须区分日语专业和非日语专业的培养模式，对于日语专业，可分为基础阶段和发展阶段进行培养。"日语+X"跨学科培养虽是重点方向，但基础阶段不能忽视日语本身的主导地位。基础阶段需夯实语言基础，融合其他学科知识，达到"以日语为主导的日语+X"模式。很多院校开设了"日语+历史""日语+文化"等培养模式，即加强了语言的学习，也拓展了培养路径。而发展阶段，学生可继续深化语言文学培养，也可走跨学科路线。传统的语言文学培养对于日语教学研究依然不可或缺，跨学科培养则体现了"新文科"特点，很多高校新开设的区域国别学专业将日语知识与其他学科有机融合，旨在培养能够服务国家战略发展的复合型日语人才，有助于打破外语学科原有的狭隘局限。

而对于非日语专业，"X+特色日语"或更有意义，即结合专业特点设置针对性的日语课程，如一些院校的计算机专业"IT日语"等课程的设定，使日语学习切实服务于母专业发展，但对教师水平和学科衔接提出更高要求。

总之，"新文科"为文科教育改革指明方向，但前路依然艰辛曲折。只要坚持创新、因校制宜，我们必将找到契合国情和办学特色的改革之路，为培养高素质人才贡献力量。随着科技进步和国家战略需求，日语教育还将面临更多新的挑战和契机，我们需与时俱进不断探索创新培养模式，以期培育更多能够服务国家发展的复合型日语人才。

作者：吴尽
单位：辽宁师范大学海华学院
本文系教育部教育类教指委中文专委会——北京语言文字工作协会2024年度教育教学改革课题（课题批准号：2024JGYB066）成果

国家通用语言文字共绘中华民族同心圆

汪大本

自古以来，中华民族就是一个多民族的大家庭。在这个大家庭中，各民族共同创造了辉煌灿烂的历史文化，共同谱写了民族团结进步的壮丽篇章。在广袤的中华大地上，五千年的文明史诗如长江黄河般奔腾不息，汇聚成中华民族多姿多彩的文化长河。在这条长河中，各民族像星辰一样璀璨，共同编织了一幅幅绚丽的篇章。而国家通用语言文字，正是这条长河中流淌的纽带，将各民族紧密地连接在一起，共同绘出一个团结奋进、和谐共荣的"同心圆"。在全球化、信息化的大背景下，掌握国家通用语言文字对于少数民族而言，不仅是学习科学文化知识、参与社会发展的重要途径，更是增进民族团结、维护国家统一的有力保障。加强少数民族的国家通用语言文字教育，对于促进各民族之间的交往交流交融、推动中华民族共同体的构建具有重要意义。

首先，加强国家通用语言文字教育，有助于增进各民族之间的交流与理解。语言是文化的灵魂，是沟通心灵的桥梁。通过学习国家通用语言文字，少数民族学生不仅可以更好地学习科学文化知识，还可以更深入地了解中华民族的悠久历史和灿烂文化。这种跨文化的交流，有助于打破地域和民族的界限，促进各民族之间的相互理解和尊重，从而增强民族团结。其次，加强国家通用语言文字教育，有助于提升少数民族学生的综合素质和竞争力。在全球化、信息化的今天，掌握国家通用语言文字对于个人的发展至关重要。通过学习国家通用语言文字，少数民族学生可以更广泛地获取信息、更深入地思考问题、更有效地与人沟通，也有助于提升整个民族的综合素质和竞争力。再次，加强国家通用语言文字教育，有助于传承和弘扬中华优秀传统文化。语言是文化的载体，是传承文化的重要工具。通过学习国家通用语言文字，少数民族学生可以更好地学习和传承中华民族优秀的传统文化，如诗词歌赋、历史典故、民俗风情等。这不仅有助于增强民族自信心和自豪感，也有助于推动中华文化的传承和发展。

对于一个统一的多民族国家来说，统一的文字是国家建设和治理的重要方面。秦汉以来，正是因为有了"书同文"，才能依据成文法令统一治理地方，使"大一统"成为现实。中华文明之所以能成为世界唯一没有中断的古文明，我国之所以成为统一多民族国家，得益于各民族能够使用通用语言文字，不断深化各民族文化交往交流交融。然而，加强少数民族的国家通用语言文字教育并非易事，它需要政府、学校、家庭和社会各方面的共同努力和支持。政府应加大对少数民族教育的投入力度，优化教育资源配置，提高少数民族地区的教育质量。学校应积极探索适合少数民族学生的教学方法和模式，激发他们的学习兴趣和积极性。家庭和社会也应营造良好的学习氛围和环境，为少数民族学生提供更多的学习机会和资源。在推广国家通用语言文字的同时，还要鼓励和支持少数民族语言的传承和发展，在这个同心圆中，每一个民族的独特文化都是不可或缺的一部分，每一个个体都充满创造力，只有以国家通用语言为纽带，才能织就各民族共同繁荣的绚丽篇章。

作者：汪大本

单位：苏州科技大学马克思主义学院

本文系教育部教育类教指委中文专委会——北京语言文字工作协会2024年度教育教学改革课题（课题批准号：2024JGYB056）成果

用好《中华民族共同体概论》

——做好铸牢中华民族共同体意识教育工作

刘洪志

十年树木百年树人，教育事业关乎国家大事，培养什么人、怎样培养人、为谁培养人是教育的根本问题，在实现中华民族伟大复兴的重要关头、面对世界百年未有之大变局，需要学校培养出担当民族复兴大任的"内在本质"与"外在素养"相适应的时代新人。铸牢中华民族共同体意识教育是实现中国式现代化和中华民族伟大复兴所必需的先导性、基础性、战略性工程，《中华民族共同体概论》（以下简称《概论》）是做好铸牢中华民族共同体意识的"金教材"。

《概论》对于更好用党的创新理论铸魂育人，建设中华民族现代文明，引导广大学子树牢正确的中华民族历史观，根植休戚与共、荣辱与共、生死与共、命运与共的共同体理念具有重要意义。《概论》坚持以史带论、论从史出，遵循教育规律、突出教学导向，契合青年学生认知特点和学习习惯，顺应了教育培根铸魂、以史育人的要求，呼应了教育立德树人的根本任务。

高校教师的责任不仅是教书，更重要的是育人。在理论教学层面，教师应进一步强化思想认识水平，提高政治站位，采用"分散学习+集体备课"的方式，用好《概论》依托思政课程和课程思政将"八个问题"讲明白。讲明白我国统一多民族国家和多元一体格局的国情；讲明白中华民族伟大复兴问题上"一个不能少"的伟大成就；讲明白各民族兄弟像石榴籽一样紧紧抱在一起的民族关系本质；讲明白中国共产党解决民族问题正确道路的价值取向及巨大优越性；讲明白必须走中国特色社会主义道路才能解决中国的民族问题；讲明白只有经过各族人民的共同努力才能形成我国统一的多民族国家；讲明白各民族交往交流交融离不开相知、相容、相生、相成，"了解、理解、包容"是多民族和谐共处之道；讲明白国家的统一是各民族人民的最高利益。

在实践教学层面，教师应做到理论与实践同频共振。一是根据《概论》内容创新教育教学内容，以"铸牢中华民族共同体意识""推进中华民族共同体建设"教育为主线设计教育教学专题，将"无形"的理论教学转化成"有形"的实践教学，改变思想政治教育在一定程度上理论与实践脱节的窘状。例如可组织学生到学校周边的民族资源和红色资源进行实践教学，丰富理论教学内容。二是创新教育教学手段，因材施教、寓教于乐，依托《概论》的教育教学，教师不仅要开展传统的宣教方式，还要让教学教育手段"活"起来，例如教育教学场景中可增加线上线下的趣味问答、打卡过关等多种方式吸引学生参与教育教学全过程，增加《概论》教育教学内容的黏性。三是以学校丰富的校园文化活动拓展《概论》教育教学场域，通过校园文化活动潜移默化影响学生的国家观、民族观、历史观、文化观、宗教观。

"实现中华民族伟大复兴，需要各民族手挽着手、肩并着肩，共同努力奋斗。"用好《概论》能兼顾铸牢中华民族共同体意识培养的理论与实践方面的协调与统一，能兼顾学生群体的特殊性和少数民族学生群体的特殊性。用好《概论》能增强各民族学生对中华民族共同体的归属感和中华民族共同体建设的使命感。用好《概论》做好铸牢中华民族共同体意识教育，能增进各族学生对伟大祖国、中华民族、中华文化、中国共产党、中国特色社会主义的认同，助推各族学生共有精神家园建设，从而为中华的伟大复兴汇聚磅礴的精神力量。

作者：刘洪志

单位：渤海大学

本文系教育部教育类教指委中文专委会——北京语言文字工作协会2024年度教育教学改革课题（课题批准号：2024JGZD016）成果

协和万邦

—— 中国的处世之道

韩宇珠

习近平总书记在亚洲文明对话大会及上海合作组织青岛峰会等多个重大场合多次提到"协和万邦",这一典故出自《尚书》。"克明俊德,以亲九族。九族既睦,平章百姓。百姓昭明,协和万邦。"阐释了家庭关系、社会关系和国际关系三个方面的处世之道。

"克明俊德,以亲九族"——家庭关系。"德不孤,必有邻",古人认为通过道德的力量,团结宗族成员,才能达到家族的和睦。家庭之上是家族,家族之上是国家。家是最小国,千万家庭组成国家。家庭和谐才能家族和谐,家族和谐才能社会和谐。在家国同构的价值观下,治理好家庭、家族,才能治理好国家。从"小家"起步,进而推行到"大家",这是中华上下五千年能够保持繁荣昌盛的重要原因。

"九族既睦,平章百姓"——社会关系。以德治家,家庭和美,宗族亲厚,才能社会和谐。以德治家,进而以德治国,分别从个人、社会和国家层面提出了要求。使每一个个体都成为为国奋斗的一分子,为国家的长治久安付出自己的努力。"德治"思想至今仍对社会和谐稳定发挥着重要作用。习近平总书记指出,"国无德不兴,人无德不立"。只有个人、民族、国家拥有共同的社会主义核心价值观,才能凝聚力量,不断前进。

"百姓昭明,协和万邦"——国际关系。百姓善恶分明,百官明辨是非,便会形成善恶昭彰的社会氛围,进而使不同民族、国家协调和顺,友好和睦。这种协和共生的思想,发展到今天便是"人类命运共同体意识"。

二者都从总体性的角度出发，将人类的发展、天下的和谐作为重要着力点。"人类命运共同体"坚持多边主义，奉行双赢、多赢、共赢的理念，追求多元化世界的"共同价值"和"美美与共"的理想。

"九族既睦"——"平章百姓"——"协和万邦"，由小及大，由近及远，层层递进。在视野的逐步提升中，中国人形成了"修身、齐家、治国、平天下"的理想。这种理念指引我们处理好家庭关系、社会关系以及国际关系，最终演变为"人类命运共同体意识"。这就是中国人所贡献的中国智慧、中国价值和中国力量。

作者：韩宇珠
单位：大连民族大学文法学院
指导教师：韩林
本文系教育部教育类教指委中文专委会——北京语言文字工作协会2024年度教育教学改革课题（课题批准号：2024JGYB012）成果

"绣"美年华

陆宝婵　梁娟美　周素昭

"暮染烟岚，风禾尽起"，第一缕阳光漫过峻峭的东山秀峰，掠过六百多年历史的靖西旧州，斜照在橡梁瓦棱和竹林柳梢间，古镇便在一帘羽纱状的水汽中氤氲成如梦似幻的桃源之地。旧州古镇家家户户女子都会制作绣球，绣娘们以创新焕发传统的生命力，留住了记忆和乡愁更夯实民族文化之根脉。中华优秀传统文化源远流长、博大精深，是中华文明的智慧结晶，是我们教育教学的丰厚资源，贯穿教育教学活动的始终。靖西旧州绣球是广西的特色名片，也是绣球制作技艺发源地。将广西民族地区优秀传统文化的代表绣球文化资源融合到思政课教育教学中是我们关注的焦点。借由教育部全国高校大学生"我心中的思政课"微电影赛为引，我们团队踏上了探索民族地区优秀传统文化与课程思政结合的教育教学改革实践之路。

团队选取非遗代表性项目"绣球文化"为切入点，走进"中国绣球之乡"靖西旧州。2013年，壮族绣球制作技艺列入广西非物质文化遗产代表性项目名录。12瓣组成的绣球代表一年12个月，不同颜色表征不同的美好寓意。经过变迁与创新，传统12瓣壮锦绣球被创新出更多颜色及图案的新式绣球。手艺是绣娘的技艺和人生。阿嫲的一针一线全凭天生的悟性、娴熟的技艺和非凡的记忆力，在手工艺的世界里慢慢打磨，用"美"回报时光与岁月。"中华巧女"黄肖琴虽已81岁高龄，每日仍针线不离手，在继承传统12瓣绣球的基础上研制出30瓣绣球，并将堆绣运用到绣球中，使绣球更加精美。同时，融入现代时尚元素，赋予绣球更多的内涵，使绣球更加符合现代人的审美。正所谓"百年记忆赶新潮，一针一线绣国潮"。

非遗绣球技艺还开发出各种文创产品。绣球工艺是辛勤劳作之"工"，也是巧手匠心之"艺"，联系着天地、自然、器用与人心，是技术的应用、情感的寄托，承载着日用之道、生活之美。绣球技艺传承人护源守正、推陈出新，使其更具审美价值，焕发出鲜活的生命力。

团队探访的第二站绣蕴坊，是全国首个绣球企业。这里集政府政策扶持、企业电商运营、绣娘制作等整合成绣球产业发展基地，为当地人增收致富。让农村妇女就近就业和居家灵活就业，用针线绣出乡村振兴的幸福生活。真所谓"文化产业赋能乡村振兴，乡村手工艺增益指尖经济"。

文化探索之旅对团员们的触动非常大：绣球精湛的绣艺背后，深藏中华民族的聪明才智和对美好生活的向往；非遗绣球文化之美还美在匠人们执着专注、一丝不苟、探索创新的工匠精神；传承基础上的创新才能使传统文化在新时代语境下焕发新的生机活力。

本次民族地区优秀传统文化结合课程思政的实践之旅，基于"大思政课"的教育导向，以中华优秀传统文化厚植课堂为基底，贯通思政课堂与现实社会、串联教育内容，引导学生在追求真理、观察社会中成长成才，以期起到铸魂育人作用。民族地区中华优秀传统文化的发掘和运用，响应习近平总书记的"两个结合"，进一步激活中华文明基因密码，推进中华优秀传统文化相合相融相通，铸牢中华民族共同体意识，发挥治国理政功用，赋能国家治理与乡村振兴，同时也是构建人类命运共同体中国智慧的贡献。

作者：1.陆宝婵 2.梁娟美 3.周素昭
单位：1，3.广西电力职业技术学院；2.广西师范大学
本文系教育部教育类教指委中文专委会——北京语言文字工作协会2024年度教育教学改革课题（课题批准号：2024JGZD002）成果

语法足可以让学生眼前一亮

唐晓东

语法一直以来都是语言学习者最头疼的内容，也因此自然成为语言教师最为抗拒的授课内容。条条框框的规则，以及貌似打破了规则的种种例外，无一不让语法的学与教成为师生眼中的畏惧与挑战。事实上，这种谈语法色变的大众认知也为语法的顺利习得设置了一道重重的心理障碍。那么，在语法教学过程中应如何帮助学生跨越这道障碍呢？

激发兴趣是最佳的解决方案。成功的学习离不开学习者对学习内容的浓厚兴趣，成功的教学也自然离不开教师对学生学习兴趣的调动。就语法教学而言，比较理想的激发学习兴趣的方法就是问题驱动法（problem-based learning），即变语法学习为科学探究，使学生在教师的循循善诱下去分析、发现语法现象背后的动因。这种类似警察破案的学习方式，能让学生在学习过程中有理有据、循序渐进地认识并把握语法规则的所以然。举个简单的英语语法例子，以元音开头的英语可数名词前的不定冠词要从"a"变为"an"，传统语法教学仅介绍该规则，鲜有涉及为什么要作此变化的讨论。尽管此条语法规则相对容易掌握，但对初学者而言往往还是会存在记忆负担，而一旦初学者明白作此变化的动因，那么记忆与应用就会变得轻松许多。这条语法规则背后的动因与生物界从古至今都在不断追求经济性的省力原则直接相关，即用最小的付出换取最大的回报。事实上，几乎所有语法规则都可归因溯源到这个省力原则。具体来说，英语单词发音中，元音和辅音的四种组合关系：元-元、元-辅、辅-元、辅-辅，哪种组合的频率高，哪种组合的频率低？频率高的说明人们喜欢用（省力），频率低的说明人们不爱用（费力）。显然，元-辅（如"at"）、辅–元（如"be"）组合发起音来省力，而元–元（如"air"）、辅–辅（如"st–"）组合发起音来费力。因此，试读并比较"a apple/an apple"，不难发现，在两个元音"aa"间插入一个辅音"n"并将该辅音与其后面的元音连读为"a-na"后，不仅发音上较为省力，对听者而言，听得也更为清晰，更便于理解，因此这个对言者和听者来说两全其美的结果便是人们设定该条语法规则的初衷。

不难看出，以问题为驱动的探究式的教学设计在激发学生的语法学习兴趣的同时，能有效培养学生的逻辑思维能力，使得令人望而却步的语法教学不再是个头疼事。观察现象，分析动因，有理可依，有据可循地设计语法教学活动，语法足可以让学生眼前一亮。

作者：唐晓东
单位：大连民族大学
本文系教育部教育类教指委中文专委会——北京语言文字工作协会2024年度教育教学改革课题（课题批准号：2024JGYB052）成果

江南恋歌

张博皓

青瓦白墙，黄莺婉转，婆娑烟雨，江面上不时有人泛舟，小桥下水流潺潺，河畔边细柳摇曳。这是大多数人对江南的初印象，亦可说是从始至终的印象。而对于历代文人墨客来说，江南或许是皇甫松眼中的"船动湖光滟滟秋"，是韦庄耳中的"画船听雨眠"，是文天祥胸中的"从今别却江南路，化作啼鹃带血归"，是南唐后主李煜的绝笔"流水落花春去也，天上人间"。对于生于斯长于斯的江南人，她又是什么样子呢？

从地理上看，江南大可分为三种，"大江南""中江南""小江南"，彼此之间的概念也不尽相同。各个朝代的江南包含的范围更是不同。如北宋有"江南十六州"，明朝有"江南省"。可古往今来，名篇佳作中多少作者从未声明所用为"大江南"还是"小江南"，"江南十六州"还是"江南省"。无论身处何处，尽是"熏风吹得文人醉，碧水摇来胜日郯"。

所以，江南的范围断不是需要书生居士咬文嚼字、吹毛求疵的节点。那么江南究竟为何意？在江南人的眼中，它是羁旅他乡的眷恋，是闯荡南北的骄傲；他们在他者的问候中听到，江南是享誉古今的文化符号，她以俯拾皆是的江南元素写进或抒情或讽喻的文学作品。今日江南如诗般婉约，明日如明镜般清净，后日又突然一副"枯藤老树昏鸦"之景。似乎所有文人墨客都有一种道不尽、言不明的江南情，只需一人一笔，锦绣华彩便在纸上晕开。

实际上，江南也无愧于历代墨客的追捧。泛舟游湖，一人一船伴烟雨，缥缈万物。上岸，见云树半晴阴。旧帆已经收尽，新帆又从远处天水相接处乍现。白鹭的羽翼划过水面溅起细碎的水花，乌鸫百啭与灰喜鹊竞声。街道里巷阡陌交错，一眼袅袅炊烟，一声小桥流水，一时勾栏听曲，一刻相会高朋，一缕清风，一轮明月，一念起不绝。似是被不世美好灌醉，做了一场春秋大梦。梦醒时分，又发觉正是"红绡香润入梅天"。

停留于一处邻水街角，在经年累月、风吹日晒的青石板上支起一桌，浸泡一壶好茶，清冽的茶汤沁出悠远的茶香。以窸窸窣窣的流水为伴奏，就着一折馥郁樱花，细细品赏。墙上的青苔，泛着暗暗的绿，油纸伞面跳动轻灵的韵律。雍容典雅，富丽堂皇，豪奢人家虽有厚爱，最是宁静质朴，能予常人一刻心安。

依窗而卧，听雨而眠，渔舟唱晚。不论是江南人，还是他乡过客，见这番景致，怎能不如梦如痴，愿永世停留？至此，我们看到了另一个维度的江南。她带给我们的情愫，在人、事、象、情、景、思织就的意识空间铸成永恒的模样，凝镌成一种多元的、立体的文化符号。在特定的历史文化语境下，江南已经从时空江南中脱胎换骨，幻化为文化江南。

"江南"的意蕴丰富还见诸域外之音。马可·波罗、鄂多立克、伊本·白图泰等异域旅人游历江南之际，把"文化的他者"引入西方，竟在更广远的时空范围内积淀成为旅人的精神家园。

在漫长的发展演变过程中，她以富庶丰饶的鱼米之乡、造型别致的建筑设计、星罗棋布的湖泊河流滋养着乡人，怡人耳目、悦人心灵。对于往来过客，即使是伊本·白图泰，即使是徐霞客，所能窥见的也只有江南一隅。即便这一隅，也足以思念终身，百世流传。如今，江南的印象又在千百年的流传中叠加了崭新的时代的烙印，海纳百川，创新高地，在一脉相承的血液中绽放日益璀璨的光芒。

作者：张博皓
单位：上海闵行职业技术学院
指导教师：乔华
本文系教育部教育类教指委中文专委会——北京语言文字工作协会2024年度教育教学改革课题（课题批准号：2024JGYB046）成果

那一次 我真后悔

赵曼婷 韩泽琪等

"卖橘子喽"我被叫卖声惊醒了。街上一片断壁残垣，仿佛刚刚经历过战争，而刚才的吆喝声就来自街角"这可真稀奇，这数九寒天的，居然能看到卖南方柑橘的。""年兄，咱们不如买上几个，送给座师，必然能让他老人家高兴啊。""王员外，咱们也买几个橘子给张师爷送过去吧，说不定咱们的买卖就能成了。"一时之间，众人纷纷掏钱。我这时又渴又饿，也想扫码买一个。掏出手机，却发现没信号。望着手机屏幕，我感到不可思议，哪个影视基地会没有手机信号呢？看来，我穿越了！

再观察一下，街上男性头戴四方平定巾或六合统一帽，没有人留辫子。有的穿着直裰，有的身着道袍，还有的曳撒加身。街边的书店摆的书里，除了四书五经和程墨外，还有几本《西游记》《水浒传》《警世通言》。凭这些信息判断，我大概是穿越到了明朝。

这时，一个买了橘子的人把我撞了一个跟头。他塞给我两个橘子当做赔礼。我刚把一瓣送进嘴里就吐了出来。这也太难吃啦！我气冲冲地就跑到了那个摊位前，嚷道："大家没读过刘伯温的《卖柑者言》吗？他的橘子虽然很好看，但是里面都烂了，不能吃！"

顾客们马上跑开了。而那个摊主上来就揪住了我的衣领。当我和他那要喷火的眼神对上时，不由得从内心泛起了一阵生命受到威胁的恐惧。谁知，怒火迅速熄灭了。他只是喃喃："袁督师告诫我们不能欺压百姓！不能！"随即松开了手。但是，他的眼角却流下了两滴泪水"来不及啦，袁督师，您死得好冤啊！"

"大叔，您说的袁督师莫不是袁元素大人？""是啊"

袁崇焕，字元素。他将宁远这个烂尾楼城墙重建起来。这座雄城也在天启六年正月十八日迎来了它最强大的敌人——由努尔哈赤率领的六万余后金士兵。虽然袁崇焕仅有两万余名守军，但他合理部署了西洋火炮，击伤了努尔哈赤，努尔哈赤不久后不治身亡。

"大叔，今年是哪年？""崇祯三年啊！""那袁大人已经……"

"唉！宁远之战，咱们其实是惨胜，没有乘胜追击的实力了。袁大人认为议和，能休养生息。可惜，老爷们对议和不屑一顾，甚至污蔑他是受了后金的贿赂！他们也不动脑子想想，袁大人与后金的新国王有着杀父之仇，他们怎么可能收买袁大人呢？可惜，当今的崇祯皇帝却以保卫京城不力等罪状于昨天凌迟了袁大人。而受到袁大人庇护才活下来的百姓却以为袁大人要放后金军队进北京。他们被仇恨冲昏了头脑，在袁大人被凌迟时，竟然还跟刽子手买袁大人的肉，要回家吃了解恨。我从宁远到北京一直跟着袁大人，敬佩他，所以才想到用这个方法从那些富贵人手里赚点钱，反正他们买了橘子也是送礼。我拿到这笔钱，就去找那些买了袁大人肉的百姓，出高价买回来，尽力让袁大人入土为安。"

听到这里，我真后悔一时冲动把他的妙计给毁了。忽然，我看到了手上戴的光动能手表，赶紧摘下来递给他。"这是西洋的新发明——光动能手表，可以知道现在的时辰，只要对着太阳晒一会儿，它就能计时了。把这个卖给有钱人，给袁大人办后事吧。"叔叔接过手表，对我千恩万谢。

交接之间，手表的玻璃忽然将太阳光反射到我的眼睛上，我被强光一晃，眼前忽然就一黑，再睁眼，戴手表的位置上现在只有一条略显粗糙的手工皮绳。

作者：赵曼婷、韩泽琪、姜怡萱、王浩骏、李众、李沛霖、王阿思娜、庞子豪、贾馨竹、李星辰、钟星博

单位：北京市第17中学赛洛城校区

指导教师：张维志

本文系教育部教育类教指委中文专委会——北京语言文字工作协会2024年度教育教学改革课题（课题批准号：2024JGYB086）成果

青年人的精神偶像

张小英

我曾在大学语文课堂做过一个调查——中国古代文学家中，你最喜欢谁？同学们的答案不尽相同，有喜欢陶渊明的，有喜欢杜甫的，有喜欢李白的……选择最多的，是苏东坡。为什么在当代青年中苏东坡的影响力这么大？青年人喜欢苏东坡，除了网络的推崇、抖音的段子外，最重要的，我想还有些深层次的原因。

提起苏东坡，我们会在脑中会浮现出很多形象——那个一出道就闪耀整个文坛的天才少年，那个在黄州坡地耕种的东坡居士，那个三游赤壁写下千古名作的大文豪（《赤壁怀古》，前后《赤壁赋》），也是那个中秋节思念弟弟的多情哥哥（《水调歌头》），那个怀念亡妻的痴情男子（《江城子》），或者是那个写下"天下第三行书"（《寒食帖》）的书法家苏东坡，是那个爱吃荔枝，爱吃肉的"吃货"苏东坡……他精通诗、词、书、画、文，被称作"北宋第一才子"，也被誉为古代文人的"天花板"……他的词句我们不假思索便能脱口而出，"但愿人长久，千里共婵娟"，"回首向来萧瑟处，归去，也无风雨也无晴"，"此心安处是吾乡"，"人生如逆旅，我亦是行人""江山风月本无常主，闲着便是主人""几时归去，做个闲人，对一张琴，一壶酒，一溪云"……或许我们每个人心中都有一个苏东坡。

然而苏东坡并不是从一开始就是苏东坡，这个天才少年是怎样从苏轼变成苏东坡？理解了这个转变，也就理解了我们为什么会喜欢他。

苏轼少年名动京城，之后几乎走遍大半个中国，鲜有回乡，仕途不顺，多次被贬，……思乡、离别、不得志，他也曾痛苦，然而苏东坡毕竟是苏东坡，终于他觅得了心灵的安居处——"此心安处是吾乡"。原来故乡、家园从来都不在远方，当我们忠于自己，坦然平和地面对，无论身处怎样的境遇，心灵总能感受到温馨和美好。

我们没办法像陶渊明一样躺平，也不可能像李白这个"富二代"那样毫无顾忌地追求自我，由于人生阅历的不足，更不可能像杜甫那样深沉。而苏东坡就是这样一个实实在在、活生生的偶像。爱情上，他感情真挚，写下"十年生死两茫茫"这一千古悼亡诗；上班时，他也有牢骚（"同僚不解事，愠色见髯须，虽无性命攸，且复忍须臾"），去工作，有过辉煌（做过大学士），也有过挫折（尤其是"乌台诗案"）。跟大多数人一样，他也需要承受生活给予的各种惊喜，或者打击，他有着普通人的喜怒哀乐。而难能可贵的，是他能够在苦难中找到乐趣。被贬岭南，他说"日啖荔枝三百颗，不辞长作岭南人"；被贬海南，他继续发挥"吃货属性"，创作各种美食。"一生不是被贬，就是在被贬的路上"，而且越贬越远，面对如此境遇，他自嘲"问汝平生功业，黄州惠州儋州"。

说起苏东坡，我们都会用"超脱""乐观""豁达"这样的词，或许"超脱""乐观""豁达"只是表象，真正的本质，是苏东坡能够找到自我，无论生活给予怎样的安排，他都接纳，用现在很流行的一个词，叫"内核稳定"。我想，之所以成为青年人的精神偶像，是因为跨越千年，在某种程度上，苏轼和现在的青年产生了某种心理的连接吧。

"人有悲欢离合，月有阴晴圆缺"，人的一生，尤其是普通人的一生，不可能一帆风顺，生命并不完美，人生总会有缺憾。不论世界怎样纷繁复杂、热闹喧嚣，都能找到内心安稳的源泉，拥有属于自己的自由心灵——这就是苏东坡和他的词给予后人的智慧。

人生缘何不快乐，只因未读苏东坡！

作者：张小英
单位：重庆医药高等专科学校
本文系教育部教育类教指委中文专委会——北京语言文字工作协会2024年度教育教学改革课题（课题批准号：2024JGYB087）成果

穿越时空的对话

肖 路

在一个宁静的午后，阳光透过窗户，洒在一张小小的画桌上。桌上散落着各种颜色的画笔和五彩斑斓的画纸，一切都显得那么和谐而美好。

孩子坐在桌前，手中的画笔在纸上自由自在地挥洒。他没有被任何规则束缚，只是随心所欲地画着，画着自己内心的想法和感受。每一笔都充满了孩子的独特风格和无限想象力。忽然，他两眼放光地对我说："妈妈，我画了老鼠"，我已经准备好夸赞的词了，"好长的尾巴啊""好胖的肚子啊"之类的，但是我看到"老鼠"时，愣住了，他画了一个"鼠"字！

脑袋大大的，嘴巴张开的，几条腿忙忙碌碌的，确实是一只老鼠！

我家的小家伙，用稚嫩的小手，画出的这个老鼠，与千年前的象形文字，竟然在某种程度上产生了共鸣。他们仿佛看到了那远古时代的人们，低头俯视天空，尽量用最简单的线条，记录下了他们对自然的敬畏和喜爱。正如许慎在《说文解字·序》中说"古者庖牺氏之王天下也，仰则观象于天，俯则观法于地，视鸟兽之文与地之宜，近取诸身，远取诸物，于是始作《易》八卦，以垂宪象。"我们的祖先把具体的事物线条化成了"鼠"，而孩子的画却把"鼠"字演绎成了活灵活现的老鼠。

小朋友，他们是这个世界的精灵，拥有无尽的好奇心和探索欲。他们眼中的世界是五彩斑斓的，他们心中的想象是天马行空的。孩子的画和象形文字，虽然形式不同，但它们都蕴含了一种原始的美感和创造力。孩子的画所传递的情感与想象，与象形文字中所蕴含的智慧与创造力，有着异曲同工之妙。它们是对世界的一种解读，也是对自我认知的一种表达。在孩子的画中，我看到了象形文字的影子，看到了孩子对生活的热爱与探索；在象形文字中，我也读到了孩子般的纯真和无限可能。

时光流转，历史沉淀，这些象形文字仿佛古老的星辰，照亮了文化的长河。它们是古人对生活、对自然、对世界的理解和感悟，以独特的方式传承至今。每一个象形字都是一个故事，一个传说，它们像石头一样坚硬，又像水一样流动，不断地滋养着中华文化的根系。

姓名：肖路

单位：嘉应学院天津师范大学

本文系教育部教育类教指委中文专委会——北京语言文字工作协会2024年度教育教学改革课题（课题批准号：2024JGZD011）成果

代代相承中国"影"

王 欢

"三尺生绢做戏台,全凭十指做诙谐"皮影做戏两千年,演绎世间千百态。文化是历史的载体,而皮影戏作为我国非物质文化遗产更是承载了中国上下几千年的历史,它用一光一影间向人们演绎着独特的人文传统和社会风貌。

追溯中国"影",探千古文化。皮影戏始于西汉,兴于唐宋,是一种用兽皮制作形象的戏曲形式,主要表现为"借光显影,以影显形",它作为最古老的电影,直到明清时期,都焕发出极强的生命力。在这个空前繁盛的时代,人才辈出,也使皮影戏发展到了高潮。

共赏中国"影",观世间百态。皮影戏的华丽不仅在于它借光显影的表演形式,更在于它能够跨越时空,将古今的故事与情感呈现在观众面前,让人如同身临其境。在成都博物馆中,我们就可以去一探盛世。漫步在光影交错的大厅里,映入眼帘的是一幅幅栩栩如生的皮影,它们或喜或悲,或英勇或端庄,在光影的交错下,精美的花纹和青红黄黑白的五行配色显得熠熠生辉,再配上高腔婉转的川剧声,无时无刻不让我们感受到蜀地人民豪爽乐观的心境,同时也让我们看到了李白口中的"锦城云乐",展示了蜀地那段繁华的历史。

演绎中国"影",相连中国情。中国的古代是典型的乡土社会,靠农耕为生的百姓们世世代代都守着那片土地,重土安迁的文化特点也使得人们在空间上各自保持着孤立和隔膜,而皮影戏则把这孤立的社会给连接了起来,使人们情感相连。在明代,只要戏班子一来,村中便是万人空巷的局面,人们各自放下手中的农活,开心地坐在戏台下,互相寒暄闲聊,欣赏着独属于他们的浪漫，交换着生活中的喜悦。而《三国演义》《白蛇传》《西游记》等表演戏目更是受到了大众的一致好评，在这里它传播的不仅是一部戏曲，更是一种社会价值观，一种情感的抒发。他们用生动风趣的皮影形象向人们演绎了什么是家国，什么是情爱，什么是大义，什么是天下。它历经千年，已经不仅仅是一件精美的艺术品了，它的背后更是承载着中国上下几千年的文化，是剪不断的乡土情，磨不灭的中国心。

　　光与影，人与戏，灯火中的传承。党的十八大以来，习近平总书记高度重视传承和发展中华优秀传统文化，在多个场合中提到国人要坚定文化自信，而就在2018年，皮影手艺人汪海燕进一步将中国皮影工艺推向了国际艺术舞台，在很多奢侈品牌、艺术展中，都有了皮影元素的加入，中国的"影子"也已经悄然登上了国际的时尚舞台，相信在不久的将来，中国青年定能接下这文化的接力棒，让中华传统文化代代相传，走向世界，最终实现文化复兴！

　　太阳依旧东升西落，却再也照不出千年前那般明亮的"影子"，或许是时代发展得太快，快到我们的"影子"也追不上我们了，希望中国青年们可以乘着复兴的快车，回头去看一看我们的故事，等一等我们的"影子"……

作者：王欢
单位：重庆旅游职业学院
指导教师：廖丹璐
本文系教育部教育类教指委中文专委会——北京语言文字工作协会2024年度教育教学改革课题（课题批准号：2024JGYB034）成果

古韵青岩：语言景观中的历史文脉

马雪妮　刘淑雅

天光初现，静谧的古镇在晨光中显露出身影，细密的雨丝跌落在屋檐上，随即便炸开一朵朵无色的烟花，薄雾缭绕着、拥抱着这座历史悠久的古镇。镇上的屋舍紧紧挨着，仿佛还在为这入春的寒气而颤抖着相拥取暖，青灰色的瓦片像鱼鳞一样盖在屋顶上，默默诉说着古镇名称的来历，这便是建于明洪武年间的青岩古镇。

我们此行，是受到教育部教育类教指委中文专委会——北京语言文字工作协会2024年度教育教学改革课题的资助，调查这座贵阳市唯一的5A级景区语言景观的语言教学意义。矗立于灌木簇拥着的石板路尽头的，是古镇的入口——定广门，若将城墙围绕下的古镇布局看作一片绿叶，这里便是叶脉与叶片相连的地方。定广门始建于明朝天启年间，因其通往定番与广顺而得名"定广"，为青岩古镇的军事象征，重檐歇山式的城楼屋檐四角上扬，好比龙的利爪，远看雄伟壮观、气势恢宏。城中设有标注着"智游贵阳"字样的二维码，百年历史皆纳其中，这种多模态的语言景观打破了时空的限制，使历史文化以一种更有趣、更现代的方式呈现在大众的视野中。

与定广门相连的是青岩古镇的主街——"明清街"，此处政府设立的景区导览牌图文并茂，且附有中英双语的简介，在唤起国人对指示牌所承载的社会文化景观情感的同时，又让人看到古镇走向国际的决心。街道两侧商幡招展，橙色的旗帜与赤红的灯笼辉映，氤氲着迷人的烟火气。抬眼望去，多种语言的指示牌随处可见，四教在此融合共生，尽显古镇的包容与多样性。

远远望去，一座刻有隶书体"赵公专祠"的建筑映入眼帘，旁边还用篆书雕刻着"柱石""金汤"四字，鲜明的书法体展现了这一语言景观的文化底蕴。赵公专祠是为纪念赵国澍而修建的祠堂，祠堂外墙刻有形态各异的瑞兽，门口立着一匹通体雪白的骏马，院内雅致的红木建筑和郁郁葱葱的树木相映生辉。与用以祭拜的赵公专祠不同，赵状元府的建筑风格更具生活气息。赵状元府是清朝文状元赵以炯的故居。四百年前，赵以炯肩负着希望，步履坚定地踏出青岩。府内的整体色调青而黑，高堂素壁、窗明几净，无不透露出一种历史的厚重与肃穆感，屋后半露的树冠好似滴落在水墨画上的翠色染料，使得幽静的别院显露出生机。

无数条小街随着主街蔓延开来，各式的方言牌匾好似叶片的经络，成了古镇语言景观中不可或缺的一部分。这里更多的是没有经过商业化的民居，比起主街更添一丝古韵，让人沉醉。其中，最出名的要数"背街"。背街是青岩最具有特色、保存最完整的一条的古巷，巷子两旁，石砌的矮墙连接着排开，石片一层一层地托起了历史的重量。巷道的石板经历了上百年的冲刷与磨砺，状似青黑色的玉石，映射出天空的纹路，为巷子平添了一分神秘感。

漫步在青岩的小巷，徐徐的微风轻轻地讲述着这里的故事。忆往昔，数代人在此辛苦耕耘；看今朝，多种文化在此融合发展；展未来，国际化与地域化相结合的青岩古镇也将以其独特的魅力在世界舞台上大放光彩。

作者：马雪妮 刘淑雅

单位：贵州大学

指导教师：冯诗涵

本文系教育部教育类教指委中文专委会——北京语言文字工作协会2024年度教育教学改革课题（课题批准号：2024JGZD019）成果

跨文化视域下语言文化铸牢中华民族共同体意识

汪良平

语言文化是中华民族共同体意识的重要组成部分，它具有承载历史记忆、传承民族精神和价值观的重要作用。积极运用中国话语传播与叙事方式，通过文化交流阐释中华民族传统文化彰显中华文明的文化魅力，在潜移默化中形成崇尚中华民族传统美德、追求社会公益、尊重他人差异的价值观念，增强对中华民族传统文化的自豪感和认同感。

民族共同体意识通过语言和文化的传承、教育和培养，形成世界各民族的共同认知和相互理解。中华民族历史悠久，文化底蕴深厚，运用话语传播展现中华语言文化的价值理念，发挥其"以文化人"的功效，全面向世界表达不同文明体系之间语言文化交流。语言是文化的重要组成部分，也是文化传承和表达的重要工具。汉语作为世界上使用人数最多的语言之一，承载着中华文化的丰富内涵和价值观念。越来越多的外国人选择学习汉语，通过学习汉语使其更深入地了解中国的历史、哲学、文学、艺术等各个领域的知识，从而在全球范围内认识中国和认同中国人民的思维方式和生活方式，更深入地了解中国的风土人情。

语言和文字是文化的体现，汉语言文化以汉字为基础，拥有丰富的词汇和表达方式。汉语言文化源远流长，可以追溯到几千年前的古代汉字，这种悠久的历史为中华文化赋予深厚的底蕴。汉字的象形性质使得人们能够通过字形直观地感知事物的内涵，汉字的组合和词序也赋予汉语言灵活多变的表达能力，汉字为成语、谚语和诗词提供了丰富的素材和表现方式。汉语言文化中的成语、谚语和诗词等文学形式，集中体现中华民族数千年来的智慧和美学观念。成语的产生和发展离不开汉字的丰富内涵和字形的象形、指事、会意的特点，谚语常常通过凝练的文字表达出深刻的哲理和道德观念，汉字的音韵规律和意象特点赋予了诗词以独特的美感和表现力。这种独特表达方式不仅传递了深刻哲理和情感，还反映对自然、人生、道德等方面的思考与理解。中华传统文化强调尊重长辈、关爱他人、尊重家庭和社群的价值观，这种价值观的传承与弘扬在当前世界价值多元化的环境中仍然具有重要现实意义，汉语言文化因其丰富的历史文化内涵而具有广泛影响力。

在尊重文化多样性的前提下，运用共建人类命运共同体的意识，引导相互尊重和协同包容其他民族的文化差异，增强多元社会的凝聚力，探寻中华民族丰富多样的语言文化搭建不同文化沟通与交流的桥梁。中华优秀传统文化也通过各种方式传播到世界各地。例如，春节、端午节、中秋节等中国传统节日在许多国家都有庆祝活动，让更多人了解和体验中国文化。中国的传统艺术形式如京剧、中国画、书法等也逐渐走出国门，成为国际舞台上的瑰宝。通过中华文明的语言文化与不同语言文化的交流，促进不同地区、不同民族之间的沟通和交流。弘扬中华民族传统的仁爱精神、亲情观念、孝道理念等，引导公民遵守法律、尊重他人、建设和谐社会，形成共同的道德底线和共同文化认同。

作者：汪良平

单位：商丘工学院

本文系教育部教育类教指委中文专委会——北京语言文字工作协会2024年度教育教学改革课题（课题批准号：2024JGYB057）成果

我也谈谈爱情

——《平凡的世界》《大卫·科波菲尔》读后有感

周婉婷

田晓霞在路遥笔下是20世纪60年代现代知识女性的代表,从小接受了良好的教育,文化水平较高,因此具有独立的思维意识,在当时属于"特立独行"的代表。她浪漫率真的性格特点,对孙少平有着极大的吸引力。

从家庭背景的角度来看,孙少平与她有着天壤之别:她从小接受良好的教育,文化水平较高,而孙少平的生活拮据得像一块抹布,皱巴巴、脏兮兮。两个人对待爱情的方式也不一样:田晓霞浪漫率真,孙少平自卑、拧巴;田晓霞敢爱敢恨、孙少平畏缩不前;田晓霞积极主动,孙少安自卑敏感……

在爱情中,田晓霞用自己的自信、乐观感染、帮助了孙少平,她的工作态度,她的耀眼才华深深吸引着自卑的孙少平,孙少平不敢迈出第一步,那她就主动走近孙少贫的生活,二人一起看话剧,她主动去煤矿看望孙少平……在这份爱情中,田晓霞用知识女性独有的魅力引领着二人的爱情,如果说田晓霞爱孙少平,莫不如说她懂孙少平,她是孙少平的知己,是孙少平爱情的引路人……

在《大卫·科波菲尔》中的艾格尼丝在与大卫的爱情中也处于人生导师的地位。艾格尼丝性格独立、坚强又隐忍,虽然一直深爱着大卫,但她从未表白。她一直帮助大卫,倾听大卫的烦恼,给予大卫帮助:在大卫和她倾诉对朵拉爱而不得的痛苦时,她给予安慰;在大卫与她分享与朵拉订婚的喜悦时，她给予祝福；大卫因朵拉去世深受打击远走他乡时，她等待大卫归来……

艾格尼丝的家庭并不富裕，母亲在生下她的时候难产而死，与田晓霞相比，艾格尼丝的原生家庭生活并不完美，但是丝毫没有影响艾格尼丝成为一个恬静端庄、宽容博爱、意志坚强的可爱的女子。

因此，从田晓霞和艾格尼丝身上可以看出，爱情不受原生家庭影响，不受社会环境影响，不会随随便便开始，也不会随随便便结束；不是控制和索取，而是尊重和接纳。

真正的爱情需要坚守。在这个喧嚣的时代，爱情貌似很难长久，但是我相信只要坚守，一定会等来幸福的花开。

真正的爱情需要自信。与其说田晓霞的浪漫率真和热情赢得了少平的爱，不如说是田晓霞自信乐观和对人生清晰的规划，赢得了少平的爱。

真正的爱情需要包容。包容彼此的不完美，不能有矛盾就分手，遇到障碍就离开。

真正的爱情需要同频。亚里士多德说：爱情不是相互凝视，而是一同注视着同一个方向。

因此，好的爱情是相互滋养、彼此成就，是通过一个人看到全世界，是为了一致的目标相伴同行。

作者：周婉婷

单位：彰武县高级中学

指导教师：田艳

本文系教育部教育类教指委中文专委会——北京语言文字协会2024年度教育教学改革课题（课题批准号：2024JGYB054）成果

九龙追梦记：泉州非遗之旅

林丽娟

月色朦胧，泉州古城在夜色的掩映下，显得愈发静谧而神秘。程萌萌，一个对非遗文化怀有浓厚兴趣的女孩，带着一颗虔诚的心，踏入这片充满历史韵味的土地。她的到来，似乎打破了古城的宁静，也揭开了一段奇幻旅程的序幕。

刚刚踏入城门，程萌萌便感受到一股神秘的力量将她笼罩。她仿佛穿越了时空的隧道，置身于一个完全陌生的世界。正当她惊疑不定之际，一位古装少女骑着白鹤从天而降。少女脸上带着神秘的微笑，向程萌萌透露了关于一块宝玉的线索。这块宝玉，据说蕴藏着泉州非遗文化的精髓，只有真正了解并热爱非遗文化的人，才能揭开它的秘密。

在一片幽静的庭院中，程萌萌遇见了承天寺的赑屃石碑。她凝视着石碑上栩栩如生的赑屃，试图与之建立心灵的联系，突然，石碑上的赑屃活了过来，向她透露了宝玉的秘密。"宝玉就隐藏在泉州的非遗文化中，你需要用心去寻找。"赑屃的声音回荡在夜空中，给程萌萌指明了方向。

程萌萌紧握着手中的宝石，决心揭开非遗文化的神秘面纱。她来到古城的最高点——清净寺前。仰望着庄严而神秘的寺庙，她感受到一种莫名的敬畏和激动。她虔诚地穿过街巷，敲响了寺庙的大门。一位道士引领她进入寺庙，向她展示了泉州非遗文化的瑰宝。在寺庙的最高处，程萌萌看到了石雕的螭吻，它昂首挺胸，守望着古城的沧桑岁月，她感受到非遗文化就像这只螭吻一样，守护着古城的根与魂。

随着旅程的深入，程萌萌对泉州非遗文化的了解越来越深刻。她品味着饕餮的闽南美食，感受着食物中蕴含的家乡味道和独特技艺；她欣赏着精美的木雕、陶瓷和刺绣等手工艺品，惊叹于匠人们的巧夺天工和无穷创意；她还观看了南音和梨园戏的精彩表演，被演员们精湛的技艺和深厚的文化底蕴所折服。每一次探寻，都让她对泉州非遗文化有了更新的认识和理解，耳边回荡蒲牢的钟声。

在村落中，程萌萌见到了一位传承非遗文化的老者。他须发皆白，却精神矍铄；他手中正握着那块传说中的宝玉，脸上露出慈祥的笑容。老者告诉程萌萌，这块宝玉是泉州非遗文化的象征，蕴含着中华民族的文化精髓和智慧，只有真正了解并热爱泉州非遗文化的人，才能拥有它并传承它的精神。

程萌萌接过宝玉的那一刻，心中充满了激动与敬意。她向老者深深鞠躬，感谢他的指引和传授。她明白，这块宝玉不仅仅是一件珍贵的文物，更是一份责任和使命。她决心将泉州非遗文化的精神传承下去，让更多的人了解和热爱这份宝贵的文化遗产。

回到泉州古城后，程萌萌将自己的经历和所见所闻分享给了身边的人，她组织了一场非遗文化展览和一堂非遗文化课程，邀请老艺人和传承人走进课堂，向年轻一代传授技艺和知识。从赑屃的启示 — 螭吻的守望 — 蒲牢的钟声 — 狴犴的正义 — 饕餮的美食 — 蚣蝮的智慧 — 睚眦的勇敢 — 狻猊的好奇 — 椒图的忠诚一点点的楷书展览和课程吸引了众多游客和市民的关注与参与，他们对泉州非遗文化的独特魅力赞叹不已。程萌萌看着热情洋溢的人们，心中充满了欣慰和希望。她明白传承非遗文化不仅仅是一个人的使命，更是整个社会的责任。只有大家一起努力，才能让泉州非遗文化焕发出更加绚丽的光彩，并走向世界，成为中华民族文化宝库中的一颗璀璨明珠。

作者：林丽娟
单位：泉州华光职业学院
本文系教育部教育类教指委中文专委会 —— 北京语言文字工作协会2024年度教育教学改革课题（课题批准号：2024JGYB035）成果

合抱之木

张婷婷

"南有金华山，身披长绫罗。绫罗浅无色，红枫妆点点。"童谣传于小泽村，村子嵌于金华山谷间，东接旭日，南临溪水，由此得名小泽村。小泽村有泽，然而最有名的不是泽，而是树。

小泽中有红枫树，红枫长于村正中。红枫树龄逾百年，其叶春季发黄，夏季染青，秋季生红，引得无数外人一瞻芳姿。小泽村民代代守护、照料着这棵树，游子离家，必揣一叶红枫而去，归家之时，则埋叶于树下。

我却讨厌这合抱之木，只因红枫位于村正中，正是我家庭院。为了红枫自由地生长，祖父勒令院中不许养鸡种菜。而我更讨厌的是每逢节假日，祖父都要带领我们为它洒上一捧土。那是全村人出动的盛景，这盛景却需要我早起，但祖父却日夜守望着这棵树，我认为这枫树阻碍了祖父的脚步。

年少的我曾向家中发问，母亲只摸摸我的头，告诉我："不是我们守护树，而是它守护着我们。"至于祖父，他沉默地拍了拍树干，只说了一句话："因为我们体内流淌着相同的血脉。"这句话我虽不理解，却在脑海中存了数年。

母亲带我离家求学，祖父送我一片护身符和一本红封书，护身符里包着一叶红枫。我知道，这又是我不理解的一个村中习俗。我不情不愿地将它戴在脖颈之上，正当我好奇地想要打开红封书时，祖父却又将它转塞于母亲手中，并嘱咐她归家之时再交予我。我不乐意而撒娇讨好母亲，母亲只轻轻地摆头。不过多久，我便将那本红封书忘得一干二净。

再次见它，是我归家之际。母亲告诉我，村中或被拆迁，我们必须回去。母亲将红封书递给我，却什么也没叮嘱我。在充满金桂花香的返程中，我打开了那本泛黄的红封书——那是一本笔记本。

"金色光斑铺地之时，我于山间救一青年……"

"共栽种子于庭院，小余告诉我，嫩芽破土之日，就是胜利之时。"

"小余走了，只捧了一抔泥土离去，他说他身上的血液不容忍他龟缩于此。"

"我腿有痼疾，只能在这里苟延残喘，所行之事，唯有撒一捧土，浇一壶水，日日期盼着种子发芽，我和我的后代，都要守望着它……"

"种子发芽了，我们胜利了。"

笔迹从此处断开，我合上本子，却在最后看到了属于祖父的笔迹——树叶红了，那是血液的颜色。

我恍有所悟。

归家之时，祖父正坐在枫树下和人交谈，红枫落在他肩，眷眷不肯落地，只羞怯地缠着他鬓间白发。

我将手中红封本递给对面来者，对方只看了几眼，便起身告辞。离去之时，他捧起沙土，洋洋洒在树根间。

我并未与祖父交谈，只取下护身符，将其中红枫树叶埋于树下，又捧起一捧土，洒向红枫间。

尘土在空中飞扬，映射出点点金光，祖父粗哑的声音从身后传来："你现在知道，我们为什么要守着这棵合抱之木了吗"

被秋风染红的枫叶在微风中摇曳，我在色调斑斓的院墙中，听到了自己的声音："因为我们体内流淌着同样的血脉"。

作者：张婷婷

单位：重庆幼儿师范高等专科学校

指导教师：李灵通

本文系教育部教育类教指委中文专委会——北京语言文字工作协会2024年度教育教学改革课题（课题批准号：2024JGYB028）成果

那棵房顶上的歪脖子树

戴洪锐

我经常会给我的学生们讲一棵房顶上的歪脖子树的故事。讲故事的时机，可能是学生们带着对法学世界光鲜亮丽的想象却被晦涩的术语难倒之时，也可能是他们因备战法律职业资格考试而淹没于成千上万的法条中逐渐忘却了抬头看星空的毕业之际。

那是我大三暑假实习期间的一个周四下班时分。在法院整理了很多天卷宗后，实习导师李法官略带神秘地和我说，大学生，这些天辛苦了，明天带你出去玩，但要7点钟到法院，早餐吃饱点，再带点干粮做午饭，和小时候春游一样。我心里一惊，这就是周五没有排开庭的原因？后又转念，看他那股神秘劲，肯定不这么简单。第二天出发时，看到书记员老师抱着厚厚的卷宗，我心里得意，果然不出我所料！

夏末秋初，一路风景很好，近处有成片的甘蔗林，远处是南滚河国家自然保护区。这是一个与缅甸接壤的云南边境小城。我的思绪随警车一路飘飞，浮现出《玉观音》里的缉毒警安心，心里多了许多紧张与期待。

县域公路两小时，乡镇公路半小时，山路步行一小时，随着我们走进一户老乡家，我的紧张感被疲倦和失落替代了。老乡停下手中的活，和李法官聊起来。李法官抬头看向房顶，就是这棵树吗？老乡说，是呀，你看，就快倒下来了。那是一棵我认不出名的树，估摸树龄不小，已有枯相，歪歪斜斜长到了老乡家房顶上。老乡觉得危险，想让邻居砍树。邻居觉得树这么长的，自己又没错，凭什么砍？于是闹到了法院。

李法官对正看着歪脖子树发呆的我说，别看了，布置开庭吧。于是，在那个农家院子里，我开了一次人生中印象最为深刻的庭。李法官听老乡和邻居各自说了想法，又和双方都拉了拉家常，中间还带着我和书记员绕着两家走了一圈各处看了看。最后，跟邻居说树要倒了砸坏了屋子还是得赔，砸到了人更是了不得；又跟老乡说这树倒不倒也不一定，因此非要人家砍树也有点霸道。又叹口气说，邻里邻居，抬头不见低头见，不能心里有气，要和睦相处。最后出了个主意，邻居砍树，老乡把院外本属于自家的一棵树给邻居。

于是，欣然调解结案。

下山时书记员老师问我两个问题：为什么我们要亲自到村子里来？为什么要这么早来还得带着午饭？

多年以后，已成为一名大学教师的我，站在宽敞明亮的教室里，也会问我的学生们，你们知道吗？

早起并带干粮，是因为当地老乡通常只有饭点会收工在家里，而老乡们的饭点常比县城早个把小时，所以要早点出发。万一错过午饭就得等到晚饭时间，所以得预备午饭。亲自到现场，一是老乡们不方便到县城开庭，二是现场才能看到真实的情况，设身处地感受到那棵倒与不倒之间的歪脖子树背后两个老乡的想法。书记员还俏皮地加上一句，再说，看到我们都大老远来了，老乡们也不好意思继续闹了呀。

于是同学们恍然大悟，感叹原来还这么多玄机呢。这时，我就会追问：知道这棵歪脖子树背后的法律关系吗，能不能用规范的法律语言给我描述一下？于是，同学们就会热烈地讨论起来……

我对这段经历念念不忘，经常会讲起这个故事。我也希望我的学生们，会如我一样经常想起这个故事。当他们看到法治信仰、正义、定分止争、能动司法、司法为民这样的宏大词汇时，会想起那棵房顶上的歪脖子树；当他们在日复一日、年复一年的案件中疲惫不堪时，也会想起那棵房顶上的歪脖子树。

作者：戴洪锐

单位：云南民族大学

本文系教育部教育类教指委中文专委会——北京语言文字工作协会2024年度教育教学改革课题（课题批准号：2024JGYB008）成果

寻找春天

左佳帅

蜡梅露出灿烂的笑容，小草害羞地点点头，春意虽浅，却也早早来到我们熟悉的校园。伴着教育改革的春风，我们开启了新一学期的生活。

语文课第一单元的学习主题恰好为"春天"，老师们整合单元内容，确定单元主题："寻找春天"，并设置了以下任务。任务一：古诗中的春天。任务二：现代文中的春天。任务三：春天的故事。任务四：我笔下的春天。

春天在古诗里，是"草长莺飞"的生机勃勃，是"忙趁东风放纸鸢"的欢乐。春天在现代文中，是"植"此新绿，保护环境；是开满绚丽多彩的鲜花，芳香他人；是小草探出头、野花一朵两朵、树木突出嫩芽、小溪叮叮咚咚、杜鹃喜鹊叽叽喳喳……

在我们的笔下，春天又是怎样一番天地？我们拿着纸和笔，走出教室，写下独属于我们的春天。

春风拂面，吹绿了大地，唤醒了沉睡的生命。此刻，春之序曲正缓缓拉开帷幕，奏响了一曲生机盎然的乐章。

清晨，阳光透过薄雾，洒在茂密的竹林的树梢上，仿佛披上了一层金色的纱衣。小鸟在树林间快乐地嬉戏，仿佛在歌唱春天。迎春花羞涩地探出头来，金黄的脸庞在微风中轻轻摇曳，仿佛在说春天的故事。蜜蜂在花间穿梭，采集春天的甜蜜，与教室里琅琅的读书声相互映衬，构成了一首美妙的交响曲。午后的阳光，穿过枝丫，照在广阔的操场。学生们的脸上都洋溢着阳光般灿烂的笑容。他们有的在跳绳、有的在跳皮筋、有的在丢沙包……阵阵银铃般的笑声，传遍整个校园。夕阳西下，落日余晖洒满了经开一小的校园，仿佛校园、操场都定格在这一刻，显得格外宁静、和谐，这份静谧令人沉醉。春日的夜晚，星空格外璀璨。一轮明月高挂，洒下柔和的月光，萤火虫在草丛中闪烁着微弱的光芒，如同夜空中的繁星点点。微风拂过，带来丝丝凉意，让人心旷神怡。

春天，是一个充满希望的季节。它用生命的色彩装点着大地，用温暖的气息唤醒了万物。在这个美好的季节里，我们仿佛能够感受到生命的脉动，感受到大自然的神奇魅力。让我们怀揣着梦想和希望，与春天一起前行，去追寻那份属于我们的美好与幸福。

作者：左佳帅

单位：北京经济技术开发区第一小学

本文系教育部教育类教指委中文专委会——北京语言文字工作协会2024年度教育教学改革课题（课题批准号：2024JYB033）成果

别开生面的清照词

—— 以《声声慢》为例

朱宇菲 彭 飞

中国古典诗词情深意切、韵味绵长。古往今来，文人墨客见月伤心，听风落泪，满怀愁绪，"露从今夜白，月是故乡明"是杜甫的思乡之愁；"十年生死两茫茫，不思量，自难忘"是苏轼的生离死别之愁；"问君能有几多愁，恰似一江春水向东流"那是李煜的亡国之愁。南渡后，饱尝国破家亡的李清照，面对着萧瑟的秋意，又写下了怎样的杰作呢？今天就让我们走进《声声慢》，一起用心体会她绵长无尽的愁思。

李清照是婉约词派的代表。她的词以南渡为界，分为前后两期。前期多写美好生活或是闺情离愁，词风清丽明快。后期多写国破家亡后的伤离乱别，风格沉痛哀婉。她的词别开生面，独步一时，有着"千古第一才女"的美誉。南渡以后，亡国之恨、丧夫之哀、孀居之苦，凝集心头，无法排遣，于是写下了这首名传千古的《声声慢》，是李清照后期词美风格的经典作品。

此词通篇押入声韵，开篇连用7组14个叠字，通过短促的去声给人凄婉的音乐美感。叠字的运用既起到强调作用，同时又增强了音乐美，从动作、环境到心理感受，多层次地表现出寡居老人闲坐无聊、茫然若失、四顾寻觅的恍惚悲凉的心态，凸显了曲尽思妇之情，无怪乎陆鎣评价曰"顿挫凄绝""气机流动，前无古人，后无来者，可谓词家叠字之法。"从语音上来看，此叠词组大部分都是齿音，同时押入声韵。给人的感觉就像是一位女子在抽噎，得到了词的"情景婉绝，真是绝唱"的高度评价。

上阕写秋日高空，下阕转写自家庭院。菊花盛开，正是赏花的好时节。可是，以前我是摘花插在发间，要比一比，到底是人美还是花美。但是，现在呢？憔悴损，不仅花损了，词人容颜也逝去了。我已经憔悴不堪，自顾不暇，哪有心思赏花、惜花呢？这里以菊花清雅、瘦削的形态，来写女子憔悴的容颜。既表现出无心摘花的郁闷，又表现出惜花将谢的情怀。

顾影自怜，从早至晚、由物及人，触景生情，时间是那样漫长，要怎样才能熬到黄昏的来临呢！"独自怎生得黑"，这里一个"黑"字下得妙绝，妥帖、自然、传神地表达出孤寂的情绪。梧桐细雨在古诗里面运用较为常见，如"秋雨梧桐叶落时""梧桐树，三更雨，不道离情正苦"等等，都是凄凉、悲伤、愁思的象征。词人通过这一系列的意象，营造了冷清凄美的意境，传递出孤寂愁苦的心境。最后以"这次第，怎一个愁字了得"作结，也是匠心独运之所在。古典诗词中写愁的名句有很多，如李白的"抽刀断水水更流，举杯销愁愁更愁"；秦观的"自在飞花轻似梦，无边丝雨细如愁"；蒋捷的"今夜雪，有梅花，似我愁"……都是把无限的愁具象化，让人在具体的物象中感受愁的浓郁，这样的愁虽然浓郁，但是它是说得尽的；我们还是看得到，也是形容得尽的。而本句作者说：我的愁实在是太多了，说也说不完，道也道不尽。词人就是用这种方式，表达了他内心无边无际的愁苦之情。也正是在愁绪达到顶峰的时候，此词戛然而止，表面上欲说还休，实则淋漓尽致。

总之，李清照词的独特性在于其既有闺中秀，此词并没有用宏大的语词，而是紧密联系自己的生活和感受，通过多种意象的描写，写出了晚秋之情，身世之感，家国之悲。这也是李清照的别开生面，独具匠心之处。

作者：朱宇菲 彭飞

单位：南昌职业大学

本文系教育部教育类教指委中文专委会——北京语言文字工作协会2024年度教育教学改革课题（课题批准号：2024JGYB044）成果

萤火之光

杨雨露　魏凤英

摇过蜿蜒山路，一辆面包车出现在石板桥上，女孩随车晃着身体，忆起临行前的场景：报告厅内，大学生西部计划出征仪式拉开帷幕，百位学子蓄势待发，女孩站在教育支队中进行宣誓。此刻，她多了一重身份——负责语文和普通话普及课程的林老师。

这是深山腹地的农村学校的开学日。教室里，孩子们坐得板板正正，睁着明亮的双眼注视门口，等待新老师的到来。办公桌前，林老师迈着稳健的步伐走向教室，期待与孩子们的见面。

当林老师出现在孩子们面前时，教室里出奇的安静。她走上讲台，捏起一节粉笔头，在黑板上写下一个端正的"林"字："同学们好，我是林老师，很高兴和大家见面！"瞬间，掌声如火焰般在空气中燃烧跳跃。孩子们的热情使林老师备受鼓舞，她随即用正楷写下一首《竹石》，教导孩子们学习在困难中依旧顽强的精神。随着课堂开展，林老师发现孩子们互动很少，只有一双双清澈的眼睛盯着她。

课后反思时，林老师了解到，这些孩子多为祖辈照料的留守儿童。在纯方言环境下，普通话像一门外语，孩子们上课听不懂、跟不上，教育质量堪忧。"但他们都是好学的娃，还同我说长大要当医生警察哩！"老校长的笑里透着无奈。林老师意识到，普通话是教学教育之基，更是孩子们走出大山的桥梁，必须让他们学好普通话！

林老师调整课程方案，增加夯实发音基础的趣味性课程，组织词语接龙、绕口令比赛，将名著排练成课本剧，将当地歌曲译成普通话，教孩子们演唱。孩子们在丰富的教学模式中慢慢地想说、爱说、会说普通话。林老师还主动填补美术教育的空缺，利用线上教育资源，自费准备纸墨笔砚，首次将国画书法带进课堂，孩子们在新奇中体验美术之美，字也写得越来越好。同时，她召集支教点的老师一同努力将普通话融于德智体美劳各项教育中，使孩子们做到听懂、表达和沟通。

不仅老师在发力，国家也在推广普通话方面用足了劲。新一批孩子入学时，林老师察觉到他们的普通话基础很扎实。她兴奋地与各支教点老师分享："学前推普效果真好！"——早在两年前，为响应国家政策，这里每个村都开设了幼儿教学点，并在此基础上启动"学前推普"行动，这批新一年级孩子正是这一系列政策的最大受益者。

"本想笑着告别，没想到一开口，他们就泪流满面。"林老师结束为期三年的支教后接受采访时说道："我也没忍住情绪，好一会儿才缓过来，但我相信我和孩子们会在大山外相见！"语言的障碍曾让这些孩子无法与外界交流，离开大山就意味着寸步难行。现在，孩子们学会了普通话，打开了通往外界的一扇门，他们的整个精神面貌都得以改变。初升的太阳温柔而耀眼，绽放出的金红色光芒在孩子们的脸上映照出无限可能。

"普通话是一把斩断贫困代际传递的利剑，我只能陪伴他们三年，但说好普通话、写好规范字，能帮助他们打破地域隔阂，获得更多教育资源和就业机会，孩子们就有可能走出深山去开眼看世界、去接受先进观念、去实现个人理想！"林老师把自己比作萤火虫，认为自己的光芒远不足以照亮孩子们的前行之路。支教结束，萤火并未散去，因为推普的接力棒没有停止传递。一批批心怀大爱的支教教师和特岗教师同林老师一样勇于走进大山、留驻大山，共同筑建推普攻坚的语言大道。萤火之光在此汇聚，终将为孩子们照亮走出大山的光明未来。

作者：杨雨露 魏凤英

单位：青海师范大学

本文系教育部教育类教指委中文专委会——北京语言文字工作协会2024年度教育教学改革课题（课题批准号：2024JGZD010）成果

匆匆

唐语笛

  我第一次接触"匆匆"这个词，是在语文课本上，他是指时间流逝得飞快。那时候十多岁的我，认为匆匆应该是一个很客观且常见的词，我们身边朝夕相处的同学、朋友，我们路过见过的林林总总的风景都在我们人生路上匆匆掠过。按照课本的要求我们总是能贴切地以"匆匆"造句。但我第一次深刻体会到这个词的背后的意义却是在十多年后。

  2022年对于我来说是改变的一年，那一年我订婚了，那一年我第一次尝试融入另一个家庭，去了解另一个家庭的生活习惯。我第一次见到了我的公公婆婆，他们很和蔼，初次见面的我们略显生疏。但是为了我这个北方媳妇，他们还特意炒了很多道菜供我选择，生怕南方的口味我吃不惯。我们在一起的日子，一起去欣赏了瀑布，一起游玩了乐园，一起拜访了很多亲友。初次见面的我们感觉一切都是那么新鲜又幸福。

  只是一场意外打破了原本的平衡，我也无法再次牵起公婆的手，这一切对于我们这个刚刚组建的小家庭而言，真的是致命的打击。我不知道如何去安抚我先生，也茫然在这场手足无措的悲剧中。这是我第一次感受到生命的无常，也第一次体会到什么是"匆匆"，我想努力勾勒出很多我们相处的细节，但是如果回忆可以倒退，我多希望在共处的时光里再多和他们说说话，再多聊聊我们的规划，再多叮嘱一下他们要注意身体，再多带着他们去外面看一看，再多……这匆匆的世界，怎么能不遗憾呢？当我明白这个词的时候，我却已经无能为力，只能任由命运的齿轮不断向前推进，却匆匆又无力。

  我遗憾他们无法参与我们人生的下半场，遗憾他们不能享受三世同堂的快乐，遗憾无法再和他们道一句"新年快乐"。

当我难过的时候，我就会看一看微信里的对话，那些简单的叮咛也变得字字入心。如果这份爱会延续，我想他们最希望的应该是我们这个小家庭可以如他们期盼的那样和美幸福。相信这份爱会延续，我和我的家庭会更加倍地爱他们的儿子，让这个他们在世上最挂念的人可以拥有快乐，继续勇敢地拥抱生活。如果可以，真的希望你们可以常托梦给他，让他在另一个维度的时空里与你们相见。

即便我们之间的缘分只有那匆匆几面，但我会记住我们相处的点滴，不会忘记对我们的希冀。纵使此生不复相见，你们的脸庞也会深埋在我心中。

我们爱您，只是我们无法一直在漩涡里沉沦，悲伤总会被繁忙的生活覆盖，而我们也终将与意外和解。您也爱我们，我知道如果可以你们一定会用尽全力给我们力量，或许在某个我们看不见的角落，或许在风里，或许在林间，或许在那片洒落的雪花上，都是你们在向我们诉说"请记住我们的爱，请你们依旧认真地拥抱生活。"可能就是亲情的力量吧，匆匆却饱满，匆匆却愈久弥香，匆匆却布满这世间万物里。

这份爱不会因为匆匆而消散，请记住我们永远爱您。

作者：唐语笛
单位：杭州市祥符小学
本文系教育部教育类教指委中文委员会——北京语言文字工作协会2024年度教育教学改革课题（课题批准号：2024JGYB053）成果

诗意长安与智慧教室：人工智能时代的语文课堂探索

史惠斌

2024年春晚西安分会场中8分钟《山河诗长安》的表演，以其独特的艺术形式和深厚的文化底蕴，赢得了观众的广泛赞誉。《山河诗长安》通过人工智能技术的辅助，实现了诗词的动态呈现和情感的深度连接，让观众更加直观地感受到古典诗词的美。《山河诗长安》的成功也为语文教育带来新的启发，利用现代科技特别是人工智能技术，来传承和弘扬传统文化，让更多的传统文化在新时代焕发新生机，同时激发学生对传统文化的兴趣，提高学习效率。

启迪之光：语文教学的人工智能小助手

《山河诗长安》既是对传统文化的致敬，也是现代科技与传统文化融合的创新。在《山河诗长安》的启示下，将人工智能技术引入语文教学，成为教师的"小助手"，进行教学革新的探索。从最基础的教学辅助开始，人工智能技术通过个性化学习平台为学生提供定制化学习计划，智能推荐适合每个学生的学习资源，包括古诗词的学习、理解和背诵，使学习变得更加高效、有趣。同时人工智能技术还能承担更多的角色，如智能作文评阅系统、通过语音识别和自然语言处理技术指导学生朗读古诗词，纠正发音，甚至引导学生深入探讨诗词背后的历史文化背景等。

智慧之桥：连接传统与现代的教学模式

人工智能技术在语文教育中的应用是连接传统教学与现代技术的桥梁。这种融合改变语文教学的方式，促进教学内容的创新和扩展，使语文教学既扎根于传统文化，又面向未来发展。将人工智能技术应用于教学设计和内容创新中，通过虚拟现实（VR）和增强现实（AR）技术，学生能"身临其境"地体验古代诗人的生活环境和创作背景，比如，通过VR技术，让学生走进杜甫的草堂，感受其诗作中的山水情怀；通过AR技术，学生在现实世界中"看到"李白夜赏庐山瀑布的景象，增强学生对诗文内容的理解和情感体验。人工智能分析古代文学作品中的语言特点和文化内涵，帮助教师更丰富和深入其教学内容。如通过文本分析工具，教师可以向学生展示不同朝代诗歌的风格变化，或通过情感分析工具，解读古文中的情感色彩，使学生能够更深刻地理解文学作品的魅力和价值。

情感之旅：人工智能时代语文教育的新愿景

人工智能时代，语文教育已超越知识传授的传统框架，变成智慧与情感的培养之旅。通过情感识别技术，教师了解学生在学习过程中的情感变化，及时调整教学策略和内容，以更好地引导学生的情感发展和价值观形成。语文教育不仅能传承和创新中国传统文化，更能培养出具有深厚文化底蕴和情感智慧的新一代。正如春晚那令人震撼的表演所展现的，传统文化的魅力在现代科技的映衬下更加璀璨夺目，而语文教育在人工智能时代的新愿景，也正是这种融合与创新精神的延续和发扬，指引我们走向一个更加智慧和富有情感的未来。

作者：史惠斌
单位：海口经济学院
本文系教育部教育类教指委中文专委会——北京语言文字工作协会2024年度教育教学改革课题（课题批准号：2024JGYB049）成果

中华优秀海洋文化融入大学英语教学模式建构

尹逸文

"新文科"建设已成为我国高校教育改革的大势所趋，大学英语教学改革亦势在必行。而外语教学特色化、人才培养复合化则是大学英语改革成败的两大关键问题。开展具有学科交叉特色并融入中华优秀海洋文化的混合式教学方法研究与课程建设，将成为我国大学英语教学改革具有理论创新和实践意义的新探索。若能切实推进特色化的大学英语混合课程建设，可为各专业学生利用其专业讲好中华优秀海洋故事提供学习契机，有利于培养一专多能高端应用型人才。

开设中华优秀海洋文化融入大学英语的目的是希望当代大学生能够讲好中华海洋故事。这涉及讲什么故事以及怎么讲。此次教学实践先是运用课堂讲授教学模式，讲解中国海上丝绸之路，并带领学生搜集素材制作视频，通过案例教学模式让学生了解从文章解构到视频制作的全过程，接下来教师会上传权威的关于中国海洋文化的材料供学生阅读和选择，以深入浅出的方式让学生对中华优秀海洋文化有所了解，增强民族自信。

通过线上线下混合教学的模式让学生对中国海洋文化和如何讲好中国海洋文化故事所涉及的词汇、语法、句型以及叙述模式有所了解。对比英语为母语的学者和中国学者对中华海洋文化的论述，树立全球视野，让学生在讲好中国海洋故事的同时避免中式英文表达。

利用问题导向学习教学模式引导学生通过自主学习和团队合作来完成

从文章选取到视频制作。通过翻转课堂教学，相互学习指正，改进视频，实现高效的"师生互动"和"生生互动"。鼓励学生参与演讲和视频比赛，培养学生跨文化沟通的意识与能力。

根据教学内容、学生特点以及教学目标建构中华优秀海洋文化融入大学英语教学模式，希望能够破除中国只有农耕文化这一根深蒂固的误解，让学生了解到中华海洋文化源远流长、博大精深，并不落后于国外，帮助学生熟谙中国文化，培养家国情怀，并树立正确的历史价值观和民族自信心。通过对比中西方海洋文化的兴衰做到知己知彼，在拓宽视野和知识面的同时树立好跨文化意识，以中华海洋文化为主线，串联起不同时代、不同领域视角的经典文本，讲好中华海洋文化故事，传播好中国声音。

作者：尹逸文
单位：大连海事大学
本文系教育部教育类教指委中文专委会——北京语言文字工作协会2024年度教育教学改革课题（课题批准号：2024JGYB078）成果

春野村晚

——改编自古诗《村晚》

秦元玺

时值暮春之际,万物似乎要将那积蓄已久的能量悉数绽放于人。

满满一池的青草在那碧波荡漾的池塘中尽情地舒展着身姿。忽地一阵风拂过,似把这一池春水从午睡后的迷蒙中彻底吹醒了,那满满一池的澄澈好似要跳将出来,去亲吻陂岸。只见岸边的芦苇和柳枝随着风的呼唤轻轻舞动了起来,那摇曳的身姿引来蝴蝶和蜻蜓驻足观望。观望着观望着,便也加入了这场不期而遇的黄昏舞会。

经过春雨洗礼的池塘,池水高涨,这池面便成了柳树最喜欢的镜子。柳树上那只小燕子正对着这清晰的镜子欣赏自己的美貌。此时,小燕子一旁的黄鹂督促它继续练习刚教它的歌曲。调皮的小燕子似乎依旧沉浸在自己的美貌中,只应付地"叽喳"了几声。黄鹂师傅紧锁的眉头表达了对这位徒弟的不满,可即便如此,它依然耐心地指导,并一遍遍为其示范。黄鹂的歌声堪称美妙绝伦:风姑娘不由自主地呼呼啦啦为其赞叹,柳枝儿情不自禁地摇曳身姿为其喝彩,小草们兴高采烈地摇头晃脑为其呐喊,芦苇也将自己雪白的苇絮作为礼物抛向黄鹂……

抬眼望去,那远山间尽是一片彤红。定睛细看,原来是意欲回家的夕阳被青山小心翼翼地衔在了嘴边。虽然明日一早便可与这每日为伴的朋友相见,可青山似乎依然不舍此刻的分离……那闪着波光粼粼的池塘上倒映着的影子,向水中的鱼儿们讲述了青山与夕阳这令人艳羡的友情。

蓦然间一连串"哞哞"声打破了这黄昏的寂静。来接夕阳回家的云朵姑娘循声望去，瞧见不远处的柳树后，昨日初遇的那头老黄牛一改它那忙不停歇的模样，正悠闲地仰着头清嗓子呢。正瞧着，它便又低头啃起了青草，瞧它那不紧不慢咀嚼青草时满足的样子，便可知今年雨水充足，庄户人的收成也该好过去年吧。

云朵姑娘正要上前去与老黄牛寒暄几句，只见老黄牛慢悠悠地从柳树后面走了过来。原来它今儿个不是独自来的，一个头扎两个小辫，身穿粗布麻衣的小牧童，将右腿随意搭在那盘着的左腿上横骑在他的宝贝坐骑——老黄牛的背上。那牧童双手擎着父亲在去年生辰送与他的短笛，正歪着脑袋闭着眼睛，沉浸在自己的笛声中，背在背上的草帽也随着这欢快的笛声忽上忽下忽左忽右地打着节拍。这笛声似乎并无任何固定的腔调，就那样恣意地飘扬在这无尽的黄昏中，连那平日里高傲的白鹭此刻也沉沦在这灵动的笛声中……

老黄牛十分享受小主人的吹奏，只见它一边摇晃着尾巴踱步前行，一边不时"哞哞"地附和小主人的笛声，似乎在为小主人伴奏。渐渐地，老黄牛的身影从视线中消失，笛声飘向了远处那袅袅炊烟中……

作者：秦元玺
单位：北大附中新馨学校
指导教师：李婷
本文系教育部教育类教指委中文专委会——北京语言文字工作协会2024年度教育教学改革课题（课题批准号：2024JGYB031）成果

语言文字规范化背景下职业院校汉字教学改革的几点思考

和百灵

在语言文字规范化的背景下，职业院校的语文类课程不仅要在普通话方面对学生进行教学，还应该在汉字书写方面有所改革，才能在语言文字规范化的要求下提升学生的汉字书写能力，提高汉字利用率，并对学生就业过程中的汉字使用提供帮助。通过对云南经贸外事职业学院的高职学生开展汉字教学改革，从"趣""美""情""技"四个方面探讨了汉字教学改革的方向。

"趣"：结合汉字历史，提升文化素养。汉字教学不应该是枯燥的讲授型教学，而应该增加文化元素的趣味性。近些年国家不断扩大汉字文化的宣传力度，每年都有很多国家级竞赛和电视节目等各种宣传汉字的文化活动，这些节目和竞赛中有很多都以汉字历史、传统文化等相关内容来讲解故事并引出主题。语文课程也应该借鉴此类方法，在汉字书写教学的过程中结合汉字的历史故事，增加汉字教学的趣味性，树立中华传统文化社会主义核心价值观，提升职业院校学生的文化素养。

"美"：注入美育理念，融入汉字赏析。书法的艺术教育不仅是作为教学目标，还应该是一种陶冶情操的方式。在职业教育的学科核心素养中就提出了审美发现与鉴赏，要求让学生形成正确的审美意识、健康向上的审美情趣与鉴赏品味，并要求让学生在书面语的使用中能够表现美，创造美。在汉字教学和书法课程的教学中应该培养学生欣赏美的能力，从书法赏析到汉字书写，将美育理念逐步融入，最终让学生能够表达美，创造美。

"情"：通过文字解读，传承民族情感。汉字经过几千年的演变，对每个中国人来说已经不是简单的书面交流工具，而是一种对国家、对民族的真挚情感。从小学一年级的横竖撇捺的学习开始，每一个汉字的背后都蕴含了深厚的情感和丰富的内涵。通过对汉字的写法演变和背景故事的讲解，能让学生体会爱祖国、爱家乡的重要意义，引导学生树立正确的价值观，发挥汉字文化中的育人功能。

"技"：结合职业教育，打造实用教学。职业教育课堂改革的基础单位是课堂，核心是学生，应该以学生为中心，打造适合职业教育的实用性汉字教学。例如在学前教育、书画艺术、汉语等专业的语文课程中，结合学生职业就业的需要，形成统一的汉字书写课程教案。通过对学生的汉字书写能力进行调查，整理易错字、疑难字，并在三笔等书法课程中按照学生专业改革教学内容，按照学生学情增加较为实用的针对性汉字教学。

作者：和百灵

单位：云南经贸外事职业学院

本文系教育部教育类教指委中文专委会——北京语言文字工作协会2024年度教育教学改革课题（课题批准号：2024JGYB014）成果

她的成长

李 雯

在2022年的春天，带着对教育事业的热爱和满心的期待，我和众多小伙伴们踏上了前往实现青春支教梦的基地——新疆喀什伽师县。这次圆梦之旅同时也开启了我与国家通用语言文字教育的故事。

我没有跟其他小伙伴一样被分到县里，而是被分到了村里的一所小学，走近校门我被眼前的场景所震惊，这里的学习环境与我自己上小学时的相差甚远，我眼前的土场子竟然就是孩子们嘴里的操场，看到这样的场景，心里不禁打了个寒战，默默地打了退堂鼓，但是操场上的孩子们并没有因为环境而受到影响，他们脸上依旧挂着灿烂的笑容，此时一个小女孩跑到我的身边，用一口不太流利的普通话跟我说了一句"老师好"。因为这一句话改变了我打退堂鼓的想法。

可能是缘分，我成为那个小女孩所在班级《道德与法治》课的老师，在第一节课时，我问眼前这些可爱的一年级"小萌新"："你们有什么梦想吗？以后想成为一个怎样的人？"学生们都用磕磕巴巴的普通话向我说着自己的梦想，大家基本上都是当医生、当警察、当科学家……唯独那个小女孩和大家说得不一样，她站起来认真地说她以后要当一个专门教普通话的老师，她希望身边的人都能说好普通话。

自那次课后，我经常可以看到小女孩在课余时间练习普通话，因为教育资源和语言环境的影响，她不能模仿正确的发音进行朗读，她也不知道自己读得正不正确，她认为她只要多读多练就一定会有进步，我被小女孩的坚持所打动，她小小的身躯，为了学好普通话竟有这样的毅力！于是，我主动提出在课余时间给她指导发音，为了教好将来这位"国家通用语培训小老师"，我为她找了很多普通话的音视频资料便于她跟读练习，在课堂上，我也会给她展示自己的机会，慢慢地在其他同学一次次的掌声中小女孩获得了自信，她的坚持努力也得到了班主任、语文老师的认可，老师任命她为班级的"领读官"，她完成了自己的一个小目标——成为班级中的"国家通用语培训小老师"，在她的带领下，身边同学的普通话在慢慢变好。

她没有因此骄傲和懈怠，而是对自己提出了更高的要求，她比以前更加努力，平时她跟我只是在课间时间进行普通话练习，后来，放学后，她也会来找我练习，有一次练习到了很晚，我担心她一个人回家不安全，就亲自把她送回了家。走进她家，只见她家的墙上贴满了各种普通话的资料，她妈妈跟我说，她每天晚上都坚持练习一个小时才肯睡觉。支教的四个月里，我见证了这个小女孩普通话水平在一点点地进步，也被她的毅力所打动。

在我临走时，小女孩抱着我说谢谢我帮助她学习普通话，但其实我对她的帮助只是微乎其微，小女孩现在的成绩都是她自己努力和坚持的结果。我希望她能够一直坚持，我相信她的普通话水平一定会不断地提升，她也一定可以真正实现当"国家通用语培训师"的梦想。

虽然我已经离开了支教学校，但我一定会继续关注着她的成长！

作者：李雯

单位：新疆师范大学

指导老师：贺宏燕 宋瑞

本文系教育部教育类教指委中文专委会——北京语言文字工作协会2024年度教育教学改革重点课题（2024JGZD003）；新疆师范大学2023年教学研究与改革项目（SDJG2023-58）；上海市教育委员会2024年度非竞争性社会科学课题（支援中西部国家语言文字推广数字化学习平台建设路径研究）的阶段性成果

大青树下石月亮小学的巨变

李青山　芈　莹

我的小学位于怒江福贡县北42公里的石月亮乡利沙地街，它有一个好听的名字——石月亮小学。新学期开始了，我和普米族、傈僳族、独龙族的小伙伴们背着新书包，穿过凤尾竹林，沿着怒江峡谷旁边开满太阳花的小路，兴高采烈地奔向我们的学校。咦，我们的教室怎么变了？

黑板变白板

第一节课是班主任索南杰布老师，杰布老师神秘地对我们说："孩子们，你们看看我们的教室哪里不同了？""老师，黑板怎么变白了？"阿普萨萨大声地喊道。"是啊，黑板怎么变白了？"杰布老师笑眯眯地说："这是国家给咱们新换的智慧白板，它可神奇了，它不只是老师写字的黑板，还能让我们看到其他地方的老师和学生非常优秀的课呢？"我们看了北京一个老师的课，他讲的《大青树下的小学》这篇课文，这不就是我们的石月亮小学吗？

对了，忘记一件最重要的东西，老师还给我们每个人发了一个平板电脑，这可真是一个"聚宝盆"，我们可以在上面练习普通话、英语，可以查资料，还可以拍视频记录我们的学习生活呢！

萤火虫飞到北京

这个学期，杰布老师带领我们和北京一所叫芳草地的小学一起学习

《生物多样性》课程。我们石月亮小学的学生负责在山上寻找各种各样的动植物，拍照后上传到平板上，再发送给北京的小朋友。北京的小朋友们足不出户就可以看到我们家乡各种神奇动植物，他们在图书馆查找资料，和我们一起分享他们的研究发现。

有个北京的小朋友请我帮他拍摄萤火虫，一吃过晚饭，我和小伙伴们就守在江边的芭蕉林旁。微风习习，月亮从碧落雪山缓缓升起，江面洒满皎皎月光，波光粼粼。黑黢黢的水青树下，星星点点的亮光慢慢多起来了……我们举起老师给我们发的平板电脑，把这幅美丽的场景记录下来，发给北京的小朋友。

帮阿奶圆梦天安门

嘎拉拍山峰海拔4379米，朝天高高耸立，与石月亮乡的猴头岩相对应。山下就是水势湍急的怒江，怒江上的溜索，在很长一段时间，都是我们通往外界唯一的"路"。阿奶最喜欢哼唱的歌谣是"北京的天安门，光芒照四方……"，她在火塘边一边煮饭一边轻轻吟唱，或许天安门是她遥不可及的梦吧，但是怒江的高山峡谷却阻断了这个神圣质朴的梦想！

北京的小朋友在天安门广场拿着电脑边走边拍，我给阿奶做翻译，阿奶看到了洁白如玉的华表，看到了巍峨的人民英雄纪念碑，看到了飘扬的五星红旗，看到了雄伟的天安门……

我们的石月亮小学在祖国的西南边陲，这里群山环抱，有翠绿的竹楼、古树，有清澈的小溪，有鲜艳的五星红旗和正在发生巨变的教室。它是一所美丽可爱的小学，也是一所日新月异、越来越好的小学。

作者：李青山　芈莹
单位：昆明市长城红鑫中学　昆明学院
本文系教育部教育类教指委中文专委会——北京语言文字工作协会2024年度教育教学改革课题（课题批准号：2024JGYB043）成果

讲好普通话并不难

吴　万　任媛媛　郭艳荣

《论语》云："子所雅言，《诗》《书》、执礼，皆雅言也。"这里的"雅言"指的是先秦时期的官方语言，也是中华民族最古老的共同语。正因为有"雅言"这一共同语的存在，孔子才能够与来自不同诸侯国的弟子们沟通，在游历诸国时传播自己的思想。"雅言"不仅促进了中华民族内部的文化交流，也推动了春秋战国时期诸子百家的思想碰撞与传播。

汉朝时，官方确立"天下通语"，与方言明确区分。明朝初年，朱元璋以南京（今北京）语音为标准编纂《洪武正韵》，巩固了北京作为文化中心的地位，促进了文化的交流与融合。清朝，雍正下令推广普通话，并在福建省设立正音书院，教授当地人讲普通话，不仅解决了语言障碍，也推动了当地文化的发展与提升。这些历史进程表明，共同语在文化传承、交流、融合方面发挥了至关重要的作用，是中华民族共同体格局形成的重要因素之一。

普通话作为传承中华民族优秀文化的重要载体，历经千余年风雨仍旧扮演着无可替代的角色。习近平总书记强调："要更好推动中华文化走出去，以文载道、以文传声、以文化人，向世界阐释推介更多具有中国特色、体现中国精神、蕴藏中国智慧的优秀文化。"现如今，普通话已经融入商务贸易、科技创新、教育文化等各个领域，搭建起世界各族人民的交流之桥，奠定了个人语言修养和表达能力的素质之基，更守护着中华文明的文化之根，为中华文明的绵延发展提供了有力支撑。

因此，在21世纪文化快速交融发展的今天，掌握一口标准、流利的普通话势在必行。那么，要如何才能够讲好普通话呢？其实，讲好普通话并不难。首先，要树立正确的语言观。朱熹曾说："读书有三到，谓心到，眼到，口到"。讲好普通话首先要正确认识语言的地位与作用，辩证认识方言的发展和存在，保护方言文化的多样性，实现普通话和方言的和谐共存。在传承方言文化、保护地方特色的同时，不断地学习和使用普通话，为参与社会活动、拓宽提升道路打好文化基础。

其次，讲好普通话要勤加练习、持之以恒。"操千曲而后晓声，观千剑而后识器"，普通话的学习和掌握并非一蹴而就的，需要学习者付出持续的努力和耐心。在日常生活中，可以通过听广播、看电视等方式，提高自己的听说能力。同时，尽可能多地使用普通话进行沟通，多听、多看、多领悟，通过不断地模仿与练习来增强自己的语言能力。

最后，讲好普通话要积极融入文化氛围。"言之无文，行而不远"。普通话既是一种语言工具，又是中华文化的承载者和传递者。要想练就标准、流利的普通话，除了反复练习之外，积极参与文娱活动、广泛阅读书籍、观看传统艺术表演等也是提升普通话口语表达能力和领略文化魅力的重要方式。通过丰富阅历来了解历史文化知识，增强自身的文化底蕴，为讲好普通话提供坚实支撑。

总之，讲好普通话并不难。"知之愈明，则行之愈笃；行之愈笃，则知之益明。"讲好普通话，是责任使然，需要每日勤学不辍、用心揣摩，不断提升自我素质能力，提升中华优秀传统文化认同感。让我们携手努力，讲好普通话，为传承弘扬中华优秀传统文化、推动社会文明进步贡献自己的力量。

作者：吴万 任媛媛 郭艳荣
单位：大同师范高等专科学校
本文系教育部教育类教指委中文专委会——北京语言文字工作协会2024年度教育教学改革课题（课题批准号：2024JGYB067）成果

不学"文学"的文学院学生

王伟民

在上海读书的时候,记得是刚入学那段时间,文学院的新生们怀着一丝好奇与兴奋渐渐熟悉起来。其中有位来自天津的同学,为人特别热情,见面时总是主动打招呼,一来二去也就熟悉了,后来我们也成了非常要好的朋友。他很健谈,每次见面他总是和我谈很多文学方面的问题,而我却有些难以应对,因为本科期间所了解的那点文学知识,《呐喊》《彷徨》《林家铺子》《子夜》《家》、东北作家群……早已石沉大海,在记忆中找不到影子了。后来他还组织了几次聚会,参加的也多是研究文学方面的同学,我自然也难以参与到他们热烈的文学讨论之中。直到几年以后,他才和我说,刚入学时以为你们是学文学的,所以才和你们交流那么多,后来才发现你们的研究和文学没关系,不过也好,这一误会让我们成了朋友。

我虽在文学院,但所研究的领域却不是文学,我们的研究所属二级学科,叫"汉语言文字学"。但是一提到"中文"或"文学院",人们往往与"文学"联系起来,所以无论在学校,还是回到家里,乃至到了工作当中,大家一直都觉得我是一个学"文学"的人。有时也会被贴上浪漫、幻想、健谈等偏文艺的"标签",但实际的我与这些相去甚远,甚至完全相反,安静、理性更多一些。

我们常常将自己算作研究"语言学"的人,按照一般的理解,语言学是一门以人类语言为研究对象的学科,研究范围包括语言的性质、功能、结构、运用和历史发展,以及其他与语言有关的问题。语言学的定义中,基本找不到文学的影子。一般来说,文学是一种艺术形式,以语言文字为工具,形象化地反映客观现实、表现作家心灵世界的艺术,包括诗歌、散文、小说、剧本、寓言、童话等体裁。文学中倒是有几分语言学的影子，但仅仅是在"以语言文字为工具"这方面与语言学产生了些许交流。

　　实际上我们的所学也几乎与"文学"毫不相干，我们研究汉语的组合规律、语音发展、词义变化等情况，哪一方面都与"形象化"地反映客观现实关系不大。研究文学的也很少触及语言学问题。国内院校设置专业时，通常将语言学和文学放在一起，再加上文学的影响较大等缘故，使得人们谈到中文或文学的时候一般只知"文学"而不知"语言"。但就重要性而言，二者是同等的，无论是对于一个民族语言文字的研究，还是对于一个民族文学的研究，都是探索该民族文化、心理、历史的有效途径。当然除了以上这些价值，无论语言学还是文学都有其他一些无可替代的功能和作用，值得深入研究。从挖掘民族文化，传播民族文化的角度出发，作为一个"语言学人"真的要大声疾呼了，要不断提高大家对语言学的认识，在普及文学常识的同时，也要普及语言学常识，真的希望有一天，在谈到"中文"或"文学院"的时候，大家不仅知道"文学"，还知道"语言学"。

　　作者：王伟民
　　单位：嘉应学院
　　本文系教育部教育类教指委中文专委会——北京语言文字工作协会2024年度教育教学改革课题（课题批准号：2024JGYB062）成果

我的老家

贺子轩

我的老家在陕北清涧县，是榆林最南边的县城，紧邻延安的子长和延川。经常听到过延安的同学说，陕北山不是很高，水不是很深，路不是很窄。冬天不冷，夏天不热，四季不干燥。我笑了笑，你们话题里的陕北是陕北之南，并非地理上真正的陕北腹地。只有过了清涧，才是真正进入了陕北的腹地。这里天高云淡山大沟深，这里民风粗犷、自然豪迈，这里有大碗的米酒、大块的炖肉，这里的歌既有延安酒曲的醇香也有塞外烈酒的甘冽，这里的舞既有安塞腰鼓的大起大落，也有榆林秧歌的婉约灵动。这里，曾是燕云十六州的所在之地；这里，也曾是多个民族的混居之所。塞外的风沙，落到过这里；中原的细雨，也撒过这里。如今，这里是陕北最独特的存在。

我的老家清涧，是路遥的故乡。清涧在秀延河岸边，据说，宋代就有清涧城了，当时叫"青涧"，秀延河也不叫秀延河，叫青涧河，两山夹一水的意思。明代以后才改为"清涧"的。《人生》的德顺爷爷，就是清涧老人的画像；美丽、善良的巧珍，是清涧姑娘的缩影。路遥是清涧人，清涧石咀驿王家堡村人。驿是驿站，这里曾是明代延榆古道上的驿站。"堡"是堡垒，曾是元代军队驻守之地。踏马而去的尘土，金戈铁马的过往，都已经成为历史。数年后的一介"落魄书生"路遥，让曾经的驿站，曾经的堡垒，又一次人声鼎沸。只不过，历史中的鼎沸是因为要生存，而今天文人墨客寻迹而来，是为梦想，为信念，为《人生》的坎坷和不屈，为《平凡的世界》的精彩与厚重。

我的老家清涧，是诗与梦想的生长地。1936年2月，毛主席登上了秦晋交界地的高家塔，写下了脍炙人口的《沁园春·雪》"千里冰封，万里雪飘，望长城内外，惟余莽莽。大河上下，顿失滔滔。山舞银蛇，原驰蜡象，欲与天公试比高。须晴日，看红装素裹，分外妖娆。"陕北的冬，陕北的雪，陕北的辽阔与美，都静静地描了几笔放在了这首词里。多么开阔的视野，多么壮观的景色！只有如此壮美的景色才能激发人的斗志。也大概，如此的辽阔更进一步激发了诗人的热情。清涧是热情的，开阔的，包容的，是梦和理想的生长地。

我的老家清涧，是各个民族混居的地方。清涧的秀延河最早不叫青涧，也不叫秀延河，《水经注》里叫"辱水"，后来也叫吐延水、吐延川、哥基川等。有人考证，"吐延"是匈奴语。是否可信我不太清楚，但我知道的是，清涧还有不少奇奇怪怪的地名，比如"吐浑岭"，据说是历史上吐谷浑民族活动的地方。

欢迎您到我的家乡去看路遥故居，去登高家塔，去领略中原地带的塞外风光。

作者：贺子轩
单位：西安翱翔中学
指导教师：贺雪梅
本文系教育部教育类教指委中文专委会——北京语言文字工作协会2024年度教育教学改革课题（课题批准号：2024JGYB015）成果

走在追梦的路上

康军帅

教育阳光照
点亮未来光
教育为本
教学为魂
你走在追梦的路上
奔赴山河
有风与雨的兼程
归途是星与火的光芒

改革推进
发展永恒
创新理念
引领未来
根植九州大地
枝繁叶茂长
你是春天里的第一抹新绿
突破严冬的萧瑟和荒凉
你是孩子灿烂的笑脸
给人们带来欢乐和活力

培养栋梁材

造就强国梁

铸魂育人拔节孕穗

你是祖国教育腾飞的坚定步伐

你是积极向上永不停歇的脚步

课程融思政

润物细无声

师者传道授业

育人共同成长

一片丹心育人才

满腔热血写春秋

你编织着自己绚丽多姿的青春

如同一座美丽的山峰，让人向往

如同一幅迷人的画卷，让人留恋

如同一条湍急的河流，让人徜徉

飞扬吧！教育改革！

出彩吧！教育改革！

教育兴国邦

智慧陶百方

奋斗的教改，留下了一个个飞扬的故事

赶考的路上，浸红了我们无悔的年华

学风玉律无形树

校纪金科有影台

万卷园丁书满腹

千盘桃李志夺魁

出彩的教育改革载着我们的梦

飞向未来

破土凌云节节高
寒驱三九领风骚
不流斑竹多情泪
甘为春山化雪涛
你如同一首诗
用如火的精力唱出它的生命
你又是一个梦
用坚实的足音将它羽化为现实的辉煌
我们用成功来证实它的潇洒
用胜利证实它的生机勃勃

教育改革
伟大而壮丽
在改革的道路上
你永不退缩
变革的步伐
坚定而有力
为了孩子们
你勇往直前
你追求真理
探索未知
让知识照亮每一个孩子的未来

你用力深呼吸
用力做梦
不怕失败
努力往前飞
你是一种姿态
更是一种财富

是一种概念

更是一种精神

每一处都有生命的栖息

你已经成熟

成熟到可以勇敢地面对人间所有的风风雨雨

走陌生的路

看陌生的风景

你背上行囊开始全新的征程

所有的朋友站在你身后凝望

祝福

奋进新时代

青春正当时

你勇毅前行

你拥有代代传承的赶考精神

你激励着中华儿女奋勇向前

你一定会为党递上一份满意的答卷

一地芳菲汗水栽

教育春色开满园

盛誉遥惊四海骇

慕名学子五洲来

飞扬吧！教育改革！

出彩吧！教育改革！

作者：康军帅

单位：新乡学院

本文系教育部教育类教指委中文委员会——北京语言文字工作协会2024年度教育教学改革课题（课题批准号：2024JGYB023）成果

传承经典　培根铸魂

申晓辉

习近平总书记在教育文化卫生体育领域专家代表座谈会上说,"要坚定文化自信,推动中华优秀传统文化创造性转化、创新性发展,继承革命文化,发展社会主义先进文化,不断铸就中华文化新辉煌,建设社会主义文化强国。"

九万里风鹏正举,五千年云鹤长鸣。在中华民族复兴路上,我们都是追梦人。传统文化,如熠熠繁星,在历史的长河中熠熠生辉;文化自信,是我们的精神家园,承载着我们民族千年的情感与智慧。而教育,是孕育未来的工程;用智慧的火种点燃希望,让知识的光芒照亮前路,引导学生追求真理与美好。

"暮春者,春服既成,冠者五六人,童子六七人,浴乎沂,风乎舞雩,咏而归。"这曾经是孔子的理想,现在已变成了现实。看,知行湖畔,身着汉服,吐气如兰,抑扬顿挫,宛转悠扬,一如高山流水,又如石破天惊。这是我们的学生迎着朝阳在诵读。他们仿佛置身于另一个时空,用心领悟着每一个文字,用心去感受每一个音节;思绪在文字间飞舞,知识在心中扎根发芽。在诵读中,他们发现了无限的可能,也收获了内心的喜悦和丰盈。

"神笔一挥书千字,墨香扑鼻字浓深。蓬莱仙境写诗句,汉字千古流传心。"看,实训室里,在洁白的纸上,肆意泼墨,挥洒自如。"写好中国字,做好中国人,写字要用心,做人要真诚。""一笔一画起伏挫顿,先意后笔翰墨有神。"这是我们的学生在专注地练习书法。拿起毛笔,如同拿起了生活的权杖。每一笔每一划,都是那么刚毅和执着。笔在纸面上奔腾，自由驰骋；思绪如同飞鸟，在天空中自由翱翔。他们一起泼墨书写，用墨色和线条创造着属于自己的传奇。无论生活如何变幻，他们都能在书写中找到内心的宁静和力量。

"袅袅腰疑折，褰褰袖欲飞。雾轻红踯躅，风艳紫蔷薇。"看，排练厅内，灯光渐亮，音乐乍响，在舞台的光芒下，演员们身着华丽的戏服，化身为故事中的角色。他们用身体和声音诠释着情感，在舞台上展开一幅幅画卷，演绎出人世间的悲欢离合和波澜壮阔。这是我们的学生在排练戏剧。他们用心去感受角色的内心世界，用汗水和努力塑造出经典的形象。戏剧，作为一门古老的艺术，穿越了千年的时光。它承载着人类的智慧和文明，传承着历史的记忆。戏剧传承，是对历史的尊重，也是对未来的承诺。它让我们在舞台上看到了人性的光辉，也感受到了生活的多彩斑斓。

文化是最好的教科书，也是最好的营养剂。诵读经典、汉字书写、戏剧传承……这仅仅是我们传承中华优秀传统文化的点滴活动。习近平总书记指出，"中华优秀传统文化是中华民族的精神命脉，是中华民族的'根'和'魂'。"传承中华传统文化，就是"培根育魂"工程。

根，深埋于土地，汲取养分，支撑生命的成长。魂，飘荡在心灵深处，给予我们力量。培根育魂就是我们当代教育人的责任和使命。新征程上，让我们大力弘扬传统文化，勤学笃行、躬耕求是，乐教爱生、甘于奉献，胸怀天下、以文化人。让我们珍惜根的滋养，让魂的火焰绵延不息。历经风雨，坚守赓续。在生命的旅途中，让根和魂永远伴我们前行。

作者：申晓辉

单位：焦作师范高等专科学校

本文系教育部教育类教指委中文专委会——北京语言文字工作协会2024年度教育教学改革课题（课题批准号：2024JGY8048）成果

勾连语言之桥，徜徉碧海蓝天

——从中文教育的发展历程一窥教育教学改革成效

陈经纬

"撑着油纸伞，独自彷徨在悠长，悠长又寂寥的雨巷，我希望逢着一个丁香一样的，结着愁怨的姑娘。她静默地走近，走近，又投出太息一般的眼光，她飘过，像梦一般的，像梦一般的凄婉迷茫。"古老的中文几千年来犹如戴望舒笔下独自走在雨巷的姑娘，美艳却保守、不轻易示人，普罗大众难睹芳容。然而，百年来的中文教育改革正在揭下她神秘的面纱，让更多人见识到中文之美，并受益万千……

玲珑剔透，美得面面俱到。从仓颉造字时的"天雨粟，鬼夜哭"开始，中文就注定有一段惊天动地之旅。不必说雍容大气的汉隶，方正端严的唐楷，行云流水的晋行；也不必说丰辞缛节的汉赋、雄浑壮阔的唐诗，婉转悠然的宋词。单是绵延千年的史书，就有无限韵味。如果说挥毫泼墨的书法是中文的形态之美，横平竖直点画有力，勾顿转连趣味无穷。那么诗词歌赋无疑是一种韵律之美，读来朗朗上口，读罢思绪万千。

天地悠悠，佳话源远流长。相信无人不知那本彪炳千秋的《史记》，很多人就是从课本的"项王本记"节选中第一次领悟到中文之美。垓下之围的史实自不必说，而在太史公水一般的笔触之下，志士仁人读出了四面楚歌的英雄迟暮，情长儿女读出了霸王别姬的侠骨柔肠，梨园弟子更是将其一幕幕演绎，一回回传唱，引得无数贩夫走卒津津乐道、痴男怨女泪儿双垂，是史是诗难以分辨，这无疑是大美中文的最佳诠释，难怪鲁迅称赞其为"史家之绝唱，无韵之离骚。"

薪火相传，遭逢千年变局。自孔子开设私学起，中文教育便在峨冠博带的士大夫阶层代代相传。随着列强侵华，一股救亡图存的思潮在学界涌动，传统中文在西学东渐中遭受了审视和批判。是废是变，已经刻不容缓。传统中文固有其美，却佶屈聱牙；私塾教育也难普及大众，适应发展。山雨欲来风满楼，千年中文传承至今，已经到了危急存亡之秋。

风起青萍，摇动参天古树。中华人民共和国的成立，不仅改变了中国人民的命运，传统中文也翻开了历史的新篇。诚如毛泽东的诗句："为有牺牲多壮志，敢教日月换新天。"传统中文终于走出了那条幽深的"雨巷"，来到了康庄大道，轰轰烈烈的改革开始了！繁体字结构复杂、难学难用已是人所共识，简化书写势在必行。随着简化字的制定和推广，文盲数量大幅降低，国民素质大幅提高，至此识文断字不再是文人墨客的专利，开始"飞入寻常百姓家"。

不期修古，造福千家万户。无独有偶，传统中文除了识写，读说也是横亘在劳苦大众面前的一座大山。为了加强民族团结，大力推广国家通用语言文字。推广的力度之大，范围之广，成效之巨，可谓"前无古人，后无来者。"南来北往、南腔北调的人们开始畅谈合作，侃侃而谈。虽说"十里不同风，百里不同俗"，但通过共同的语言——普通话，我们已交流无碍，和而不同。类似的例子在如火如荼的教育改革中可谓不胜枚举。

回首往昔，中文教育的千年历程筚路蓝缕、坎坷艰辛，从混沌到煊赫，从挫折到改革；展望未来，中文教育的复兴历程，路漫漫其修远兮，任重而道远。在这片希望的田野上，让我们传承大美中文，赓续教育变革，以古老的华夏之辉，照亮我们的前路！

作者：陈经纬

单位：北京青年政治学院

指导教师：彭远香

本文系教育部教育类教指委中文专委会——北京语言文字工作协会2024年度教育教学改革课题（课题批准号：2024JGYB032）成果

寻文化之美　铸民族之魂

曲晟彬

"历史文化遗产承载着中华民族的基因和血脉，不仅属于我们这一代人，也属于子孙万代。"我们聆听呦呦鹿鸣，似乎已经看见它食野之苹；当我心悠悠之时，或许会回想起那青青子衿。这是属于我们中华民族独有的浪漫所在；"平者，水停之盛也。其可以为法也，内保之而外不荡也"，温良是在我们心中源源不断流淌的修养；"德者，成和之修也。德不形者，物不能离也"，道德是在我们身上终身形影不离的魂魄。或许可以在正月里听"爆竹声中一岁除"，二月里察"绿兰日吐叶，红蕊向盈枝"，三月里看"烟花三月下扬州"，四月赏"山寺桃花始盛开"，五月聆"一池草色万蛙鸣"，六月听"蝉声鸣树梢"，七月去"灞桥烟柳，曲江池馆"，八月叹"几处笙歌几处愁"，九月感"每逢佳节倍思亲"，十月享"空山新雨后，天气晚来秋"，待到那腊月，尝那"丰年留客足鸡豚"，又是一年新伊始，年年岁岁花相似，如白驹过隙，却又将美满的生活填满每一个中国人的一生。

中华优秀传统文化的美时时处处萦绕在我们周围，它是中华民族波澜壮阔历史进程中的华彩篇章，是我国文化遗产的重要组成部分，是人类文明的灿烂瑰宝。"把老祖宗留下的文化遗产精心守护好，让历史文脉更好地传承下去。"习近平总书记始终牵挂着历史文化遗产保护传承。从河北承德避暑山庄，到广东潮州广济桥；从山西平遥古城，到甘肃敦煌研究院；从陕西西安博物院，到广西北海合浦汉代文化博物馆……习近平总书记的"文化足迹"遍及全国，考察文化遗产，探寻文明根脉。

探根基所在，听时代所向。秉持着对历史负责、对人民负责的精神，习近平总书记高度重视文化遗产保护，在地方考察时总是不忘调研当地历史文化遗产保护，反复叮嘱要把文化遗产保护好。在陕西，习近平总书记指出，"民间艺术是中华民族的宝贵财富，保护好、传承好、利用好老祖宗留下来的这些宝贝，对延续历史文脉、建设社会主义文化强国具有重要意义。"在青海，习近平总书记勉励非遗传承人："你这个手艺很珍贵、很有意义，一定要传承弘扬好。"在山西，习近平总书记强调："历史文化遗产是不可再生、不可替代的宝贵资源，要始终把保护放在第一位。"

寻心灵所在，续传统所精。文化是一个民族的血脉，是民族精神的根基所在，中华优秀传统文化更是五千余年以来我们国家强大的生命力所在。只有保护好、传承好、利用好老祖宗留下的宝贵历史文化财富，才能让中华文脉绵延赓续、文明薪火代代相传 让历史文脉融入现代生活，使中华优秀传统文化在春风化雨中润泽人们的心灵，为文化自信提供历史景深，才能更好构筑中华民族共有精神家园。

养青年之魂，展蓬勃之气。习近平总书记在十九大报告中指出，青年兴则国家兴，青年强则国家强。青年一代有理想，有本领，有担当，国家就有前途，民族就有希望。青年是时代的新鲜血液，是国家的憧憬与未来。青年梦是中国梦的重要一部分青年人能够利用新技术新手段，将中华优秀传统文化与当代生活巧妙结合，打开创新空间。传承需要创新，创新呼唤青年，青年群体在文化传承创新中迸发的创造力，印证着中华民族守正不守旧、尊古不复古的进取精神，折射出中华文明突出的创新性。在接受更先进教育的同时，青年应当充实自己的才干本领，凭借聪明智慧与紧跟时代的活跃思维，成为建立文化强国的重要前进动力，使中华优秀传统文化得到崭新的发展，走在时代前沿。

作者：曲晟彬

单位：北京警察学院

指导教师：赵哲

本文系教育部教育类教指委中文专委会——北京语言文字工作协会2024年度教育教学改革课题（课题批准号：2024JGZD015）成果

艺术促团结·文化润同心

——《石榴花开：铸牢中华民族共同体意识》读后感

黄　漫　谢海东

中华五千年的历史是一部由多民族共同创造和发展的伟大历史。艺术是文化的重要载体，融合传统文化的艺术设计有助于传承和发展中华优秀传统文化，并在现代社会中赋予它新的生命和意义，能在铸牢中华民族共同体意识中起到传承、弘扬、促进认同、传递价值观、促进文化交流和创新等多重作用。

认同中华文化是铸牢中华民族共同体意识的内生动力

在五千多年历史文明中形成的中华优秀传统文化为铸牢中华民族共同体意识提供了丰厚滋养，中华优秀传统文化包含了人文精神、道德理念、行为规范以及各民族文化在交往交流交融中形成的价值共识，是中华民族的生命力和创造力所在。

广西铜鼓有着丰富的文化内涵，外形也非常美观，其中绘制与雕刻的文化符号具有较高的艺术价值，能为当代艺术设计提供新的理念与方向。还有广西的非物质文化遗产——坭兴陶作为优雅别致的艺术品，它的制作工艺和理念蕴含着细致、耐心、创造力等精神品质。正是全面认识中华优秀传统文化的内涵，深化我们对"天下一家"共同理念的理解，才能产生在艺术设计上融合多民族文化的内驱力。

自觉融合文化是铸牢中华民族共同体意识的外部推力

文化自觉是文化主体在文化上觉悟觉醒，并主动承担起发展文化的历史责任。广西的铜鼓文化、坭兴陶文化也都不是单一的民族文化，而是在漫长的历史进程中，在多民族的相互交流、相互借鉴的基础上不断迭代而成的。

通过走访、参观、实地调研等形式全面认识民族文化，了解民族文化内在价值，增强文化自觉，积极主动地不断探索传统优秀设计资源与现代设计之间的对接与转换。我们要正确认识文化发展态势、牢牢把握文化发展脉搏、有机整合文化发展资源，坚持创造性转化、创新性发展，用自强不息、厚德载物的文化创造，为实现第二个百年奋斗目标、实现中华民族伟大复兴的中国梦提供强大的精神力量。

相互交流文化是铸牢中华民族共同体意识的核心纽带

通过文化交流平台，促进多元文化的交往交流交融，在文化交流中以艺术作品的形式向人们展示中华优秀传统文化，增强自豪感，促进认同感。为此，我们积极主动带创作成品的具有民族特色的文化作品参加各类文化交流活动。

通过文化的交流和对话，个体和社群逐渐发展了一种共同的文化共识，认同自己是中华民族的一部分，从而加强了中华民族共同体的意识。这种文化共识基于共享的文化元素，如语言、习俗、历史传承等，有助于弥合文化差异，形成更为统一的民族认同。

作者：黄漫 谢海东
单位：广西职业技术学院
指导老师：黄秋莹
本文系教育部教育类教指委中文专委会——北京语言文字工作协会2024年度教育教学改革课题（课题批准号：2024JGYB021）成果

课程思政育人重在教师

葛东雷

近年来,思政课与课程思政建设成为教育教学改革的重点研究方向,在各科课程中开展课程思政教育,根本目的是立德树人,培养合格的社会主义建设者和接班人。课程思政建设一方面在于课程内容设计,更重要的是在教师的言传身教,行为世范。本文通过回忆作者的几位老师,挖掘这些教师代表身上的育人故事,并向工作在教学一线的所有老师们致敬!

晨曦之梦,青春之笔

我的家乡沈阳市康平县有着一批有理想信念、有道德情操、有扎实学识、有仁爱之心的好老师。

从1991年出生到2011年上大学,我在康平县共生活了20年,在这里度过了小学、初中、高中的求学时光,这也是一个人的青春时光。我在求学路上遇到了很多优秀的老师,他们给了我知识、力量和对未来的渴望,一个人最幸运的事莫过于遇到一位好老师,虽然县城的教学质量和教育资源与城市存在着差别,但是很庆幸我的家乡有那么多好老师在培养着一代又一代的康平人。

1998年9月,我在双山子初级小学就读。我们的校长是吴学政老师,让我印象最深的是他写得一手好字,每年学校的奖状、学校的规章制度、班委表等都是吴校长来写,字看上去苍劲有力,我家中至今仍保留着数张吴校长书写的奖状。1年级时我的班主任是尹淑芬老师,尹老师在学校中是出了名的严厉,备课、上课一丝不苟,当时我们都很害怕这位严厉的老师，她不但对学生要求严格，对自己的三个子女也都要求严格，其中有两人现在是中学教师，一人本科考取了南开大学，后在鞍山师范学院担任教师，一位教师的成功莫过于在培养学生的同时，也没有忽略自己孩子的教育。后来尹老师临近退休，不再担任班主任工作，到2年级时我们迎来了一位年轻的男班主任，他叫李泽光，刚从沈阳师范大学汉语言文学专业本科毕业。李泽光老师从2年级开始教我们，直到4年级。李老师年轻，知识面广，经常给我们讲授课堂之外的知识，还时不时教给我们一些基础的英语知识，李老师在书法课上还经常用毛笔在黑板上给我们示范如何写毛笔字，可见李老师的教师基本功是非常扎实的，李老师对我个人的培养和帮助使我受益匪浅，李老师选我做班长，并且经常让我在黑板上抄写试题，在各方面给了我很大的锻炼和提升。李泽光老师后来调到了初中，再后来调到了县政府工作。从双山子小学毕业之后，我来到了两家子乡中心小学接着读5年级和6年级，这时我们的班主任老师叫邓守权，邓老师是美术专业出身，所以画画、写字都很有自己的风格，邓老师已经开始实行了小组式的学习方式，每组都是由学习成绩靠前、学习成绩居中和成绩靠后三部分学生组成，目的是形成带动机制，努力提升大家的学习成绩，邓老师热爱运动，经常带着男同学在操场踢足球，我们做广播体操时邓老师也在后面跟着我们一起做，践行着"德智体美劳"全面发展。2002年沈阳可口可乐集团在两家子中心小学同时挂牌"沈阳可口可乐第二希望小学"，集团为学校捐赠了微机室、语音室和新桌椅，提升了学校的硬件条件，集团还对年级学习成绩前十名的学生给予奖学金资助，小学是每学期1000元，初中是每学期1500元，我们读初中时詹小东校长还到初中给我们发这笔奖学金。2003年非典疫情突如其来，但是大家没有过度恐慌，我们每天到学校的第一件事就是测量体温，我记得五一放了一个很长的假，后来疫情得到有效控制，我们也恢复了正常的教学秩序。

2004年9月，我进入两家子乡初级中学就读，初中的学习相比小学而言学习任务更加重了，而且需要考试的科目也有所增加。王丽娟老师是我们的班主任，王老师是一位数学老师，教书一丝不苟，对学生要求严格。教我们语文的蓝丽华老师具有多年丰富的教学经验，课堂上善于使用启发式教学，经常引导学生自己思考并自主回答问题，我也是在这时对语文开始感兴趣，当时在月考、期末考试中我的语文成绩经常位于全校前列，我的作文也多次被当作范文，印发给年级所有同学阅读。在中学时我就已经发现自己对文科课程很感兴趣，尤其是历史、地理等，后来还专门买了几本名著阅读，我最开始读的两本书就是《骆驼祥子》和《鲁滨孙漂流记》，激发了我对文学的兴趣，那时学校和家庭图书资源都很有限，可阅读的名著也是少之又少，但是不得不说读书的确能够拓宽人的视野，启迪人生智慧，从书中能学到很多经验，让自己的人生少走弯路。在后来的中考中我顺利地考上了康平县高级中学。

2007年9月，我来到康平县高级中学读书，几年时间我都住在学校，这也锻炼了我独立生活的能力，因为那时高一下学期便实行文理分班，所以我先后经历了何庆超、王玉玺、高秀红、朱冬浩四位班主任。何老师担任我们班主任时刚从渤海大学数学系毕业，对我们很"宠溺"。王玉玺老师是一位有多年教学经验的英语老师，曾长期在教学一线，具有扎实的理论与实践经验，王老师做事做人都充满着人生智慧，我从王老师身上学到了很多，使我受益终生。高秀红老师毕业于渤海大学外国语学院，是当时年轻教师中为数不多考取专业英语八级证书的老师。朱冬浩老师毕业于渤海大学数学系，朱老师为人谦和，待人和蔼真诚，讲课娓娓道来，让数学本不是太好的我都能听得懂、学得会，课堂上每一道题都会换位思考，从学生的角度分析哪里容易出现错误，深入浅出。我的物理老师张苗苗那时刚从渤海大学物理系毕业，属于颜值和讲课都很出色的老师。我高中班主任中，有三位毕业于渤海大学，那时我就对这所学校有了一定了解，后来高考考取了渤海大学文学院汉语言文学（师范）专业。

云端之舞，知识之光

2011年9月，我进入渤海大学文学院中文系汉语言文学（师范）专业学习，大学生活需要更加自主地学习和自律地生活，后来我也逐渐发现，自律是一个人成功的必备要素。刚迈入大学时对一切都很新奇，没有了高中那么大的学习压力，没有了高中班主任每天的督促，我们辅导员赵博老师一人管着这个年级的240多名学生。渤海大学位于海滨城市锦州，气候宜人，校园里面有山有水，景色宜人，还有两处瀑布，让人流连忘返。大三时我当选为文学院学生会主席，与时任文学院院长王世凯教授、团委书记刘洪志老师有了很多接触，汉语言文学专业作为国家级特色专业，在学生"钢笔字、粉笔字和普通话"培养方面成绩显著，我当时协助学院做了很多师范生培养方面的工作，在这时我与王世凯院长接触很多，王院长还跟我分享了他自己的求学经历，深深鼓舞了我。大三时我组织学生参加了中国教育技术协会主办的首届全国微课程大赛，并有机会到北京参加颁奖典礼，也是在这次活动上结识了于森森等几位挚友，让我对信息技术、微视频等有了更多认识，后来我回到学校跟学校申请创建了学生社团渤海大学微课程学会，学会先后获得了教育部和团中央的多项荣誉奖励。大四对本科生来讲是一道分水岭，这一年要完成毕业论文、实习等，同时还要在找工作还是考研中做出选择，我当时的想法是考取特岗教师，王世凯院长多次鼓励我，给我讲解继续求学的重要意义，同时鼓励我考取汉语言文学专业的硕士研究生，但我当时对考研是畏惧的，因为考研英语一是公认的难，过线并不容易，在王院长的鼓励下，我还是选择试一试，如果能考上就读，考不上还可以接着考教师编制，经过半年多的学习，我顺利地考取了汉语言文字学的硕士研究生，师从王世凯教授，先生现在已经调到天津师范大学文学院工作，担任博士生导师。

2015年9月，我继续在渤海大学文学院攻读硕士研究生学位，王世凯教授对我们要求严格，我们几名硕士研究生每天晚上要到会议室读书，我读的第一本书是《语法讲义》，老师每天晚上也都在办公室工作到很晚，那几年老师发表了多篇核心文章，出版了多部学术专著，老师的自律和努力我们看在眼里，深深感到敬佩。硕士二年级，我在夏中华教授和王世凯教授的共同推荐下，来到中央民族大学跟随周国炎教授学习，2018年3月份成功考取中央民族大学中国少数民族语言文学学院语言学及应用语言学专业博士研究生。

2018年9月，我正式来到中央民族大学报到，在这之前我已经在民大生活了近一年时间，对民大的一草一木都很熟悉。来到民大学习后，让我有幸接触到了一大批知名学者，让我受益匪浅。我的导师周国炎教授是布依族，主要研究布依族语言和文化，多次带领我们到贵州布依族地区调研，我还多次协助老师完成中国语言资源保护工程项目。我多次跟随丁石庆教授团队到新疆、云南等多地调研、开会和协助完成中国语言资源保护工程中期检查等工作，丁老师在学习生活等方面给予了我很多关照。

　　博士二年级时我跟随蒙曼老师上了一学期的《中国古代史》，蒙曼教授多次在央视的《中国成语大会》《中国诗词大会》上担任评委，同时也是党的二十大代表、全国妇联副主席，蒙曼老师对问题认识深刻，对关键问题讲解得很透彻，她的课堂上座无虚席，去晚了就没有座位了。同时我也有机会拜访了杨圣敏教授，先生在民族学研究方面著作等身，令人崇敬。在中央民族大学我也有幸认识了《吉祥三宝》演唱者之一、中央民族大学音乐学院的乌日娜教授。中央民族大学黄泰岩校长曾送给我一本他的著作《与青春握手》，书中收录了黄泰岩教授担任辽宁大学校长、中央民族大学校长期间的开学和毕业典礼发言稿以及十余部《中国经济热点前沿》的序言，黄校长每年的发言稿都将流行语和对新生的希望与对毕业生的嘱托完美融合，没有官腔，不落俗套，"接地气"的同时又饱含深意，黄校长在辽宁大学任职期间，辽大与本山传媒合作举办艺术学院，培养了大批人才，现在《乡村爱情》的演员和制作团队大部分来自那时的辽大，为东北地方文化建设作出了重要贡献。著名语言学家戴庆厦教授给我们上课时82岁，一堂课下来近2个小时，先生上课思路清晰，研究的问题也都是前沿热点问题，具有很强的前瞻性，先生和蔼可亲，对晚辈都关爱有加。2021年是中国共产党成立100周年，我有幸聆听了中央民族大学荣誉资深教授、90岁高龄的胡振华先生为我们所作的党史学习报告，从先生的教诲中我体会到了要有一个平和的心态去对待生活中的成绩与缺失。

　　从2011年读本科算起，到2021年博士研究生毕业，我在两所大学中度过了十年时光，这十年使我学到了知识，得到了许多老师的帮助和关怀，老师们的品格深深影响了我，我得到了成长，锻炼了本领，提高了能力，大学十年间我收获颇多，我时刻记着渤海大学"多学博见，和而不同"和中央民族大学"美美与共，知行合一"的校训，并在今后的工作和学习中努力践行。

作者：葛东雷

单位：北京工业职业技术学院基础教育学院、北京市委教育工委组织二处

本文系教育部教育类教指委中文专委会——北京语言文字工作协会2024年度教育教学改革课题（课题批准号：2024JGZD005）成果

夜游拙政园

郑家齐

在五百年的园子里，听六百年的昆曲，俯首一看，是红楼里黛玉葬花时走过的小桥，抬头便瞧，又是袁枚先借青山再借书的远丘，月到风来，舞榭歌台，风流再起夜里的拙政园。作为中国四大园林之一的拙政园，地处"人家尽枕河"的姑苏胜地，带着江南独有的粉墙黛瓦，又一次在朦胧的夜色中，建起一座座时空变幻的亭台楼阁。

夜里的拙政园虽有些清冷，但更显静谧和谐。刚一入园，走过"青藤园冶"的静僻长廊，以光影形式呈现的文徵明手书"拙政问雅"梦幻篆刻便浮现在眼前，中国造园的空间诗学之旅由此展开。只见大院两侧，分别停放两辆轿子，似是古人乘兴而来，轿内的灯光映射着轿壁的纹饰，投影在视线所及之处张灯结彩，光阴岁月仿佛凝固，分不清虚实。再向内走，无论是墙壁上不断变化的林翳鸟影，还是四时不同景的书法画卷，都在暗合光与影的节拍，就连你我的身形也早已入画，随手一拍，便是绝景。更有"幽园放鹤""月行览胜"，将《诗经·鹤鸣》与《山居秋暝》做了一次长达千年的时空连线，明月穿行，白鹤放歌，声闻于天。接下来是更显山水之乐的园林景色，在尽显精致的池塘春水上，霭霭雾气正和亭台楼阁互相渗透，"瘦漏透皱"的太湖石恰到好处地四处点缀，从漏窗里眺望远方便是苏州园林的"漏景"，"凭栏北寺，月影回响"，庄严的北寺塔迎着清丽的月光冲云而上，难以想象古人在此情此景下"怀民亦未寝，相与步于中庭"的恬淡喜悦。行至最后，荷塘对岸的香洲上出现了娇美的杜丽娘和丫鬟春香，影影绰绰，"原来姹紫嫣红开遍"的昆曲名段《牡丹亭·游园惊梦》娓娓唱来，余音袅袅。

17世纪的拙政园不像这样迷人多姿，被视为江南大地主束缚劳动力、扼杀人类情感和拒绝改变的守旧堡垒，但在当下拥抱改革的中国，在提倡解放的苏州，她再一次焕发出了绚烂光彩。拙政园地处苏州的老城区，与著名的步行老街平江路相隔不远。如果再往东走一走，仿佛来到了另一个城市，高楼林立，车水马龙，这便是苏州乃至中国经济最为活跃的地区之一——苏州工业园区，被誉为改革开放的重要窗口。

　　日出黄浦照寒山，姑苏台待春风还。若非牡丹梦中见，哪向江南再游园。拙政园住宅与园林合一，苏州古典与现代并存，我们的旅行也在自然的烂漫和历史的思考中悄然结束。

　　作者：郑家齐
　　单位：北大附中西三旗学校
　　本文系教育部教育类教指委中文专委会——北京语言文字工作协会2024年度教育教学改革课题（课题批准号：2024JGYB094）成果

赓续中华文化　谱写时代新篇

侯　玥

"有如语言之于批评家，望远镜之于天文学家，文化就是指一切给精神以力量的东西。"乃是爱默生对"文化"的理解，更是留给后世的箴言。中华文化是以中原文化为基础不断演化、发展而成的中华特有文化，它是中华民族的血脉，是中国人民的精神家园。在长期的历史实践中，我国形成了多元一体的中华文化格局。唯有赓续中华文化，才可谱写时代新篇。

中华文化源远流长，中华文明博大精深。中国式的浪漫藏在仰望星空之时，行星探测任务命名为"天问"，源于屈原《天问》中的"遂古之初，谁传道之？上下未形，何由考之？"这是古人突破传统观念向往探索太空奥秘的求知精神，体现了对自然和宇宙空间探索的文化传承。"鸿雁"在中国古典文化中的寓意是书信或传递书信的使者，如《史记·苏武传》中有"言天子射上林中，得雁，足有系帛书，言武等在某泽中。"的记载，于是全球低轨卫星命名为"鸿雁"，寓为"鸿雁传言，永不失联"。中国式浪漫藏在体育竞技之时，张雨霏加冕"蝶后"的"千淘万漉虽辛苦，吹尽狂沙始到金"，还有短道速滑混合团体接力夺魁时的"宝剑锋从磨砺出，梅花香自苦寒来。"中国式浪漫承载着中华民族五千多年的文化底蕴，含蓄且悠长，富有情怀，饱含希望，面向未来。

中华文化源远流长，是中华民族独特的精神标识。我国是人类历史上唯一一个文明未曾中断的统一多民族国家，中华文化的连续性独一无二。远古时期的仰韶文化、大汶口文化、河姆渡文化、红山文化、龙山文化和良渚文化是我国早期人类文明的印记；传统文学、书画剪纸、园林建筑等中华文化不仅彰显了中华民族的审美观念，也包含了人与自然和谐相处的启迪与哲理；尊老敬贤、言辞语令、风俗仪典则承载着中华民族为人处世、待人接物的礼节和仪式；如今，中国高铁、5G技术、人工智能技术等现代科技也为人类文明做着重要贡献。

中华文化源远流长，凝结了中华民族伟大可贵的精神品质。顾炎武曾言"天下兴亡，匹夫有责。"从屈原、岳飞再到抗日战争中的无数英雄烈士，从周恩来年少时的"为中华之崛起而读书"到钱学森等科学家身在异国刻苦钻研，学成之后毅然回国报效祖国的坚定决心。在五千多年的发展历程中，中华民族形成了以爱国主义为核心的团结统一、爱好和平、勤劳勇敢、自强不息的伟大民族精神。中华民族精神，在不同时期，有着不同的具体内容。民主革命时期的井冈山精神、长征精神、延安精神，社会主义建设时期的大庆精神、"两弹一星"精神、雷锋精神，改革开放时期的奥运精神、载人航天精神、特区精神等等，这些具体的精神既是中华民族精神的具体表现，又不断丰富发展着中华民族精神。从古至今，中华民族精神始终是我们应有的风骨，是激励中华民族团结奋斗的旗帜，更是各族人民共同的精神支柱。

中华文化早已融入我们的血脉，成为我们的信仰。文化之力，贯穿时间长河。中华优秀传统文化是中华民族之根，有效推动中华优秀传统文化创造性转化、创新性发展，推进中国特色社会主义文化建设，建设中华民族现代文明。赓续中华文化，谱写时代新篇！

作者：侯玥

单位：中央民族大学中国少数民族语言文学学院

本文系教育部教育类教指委中文专委会——北京语言文字工作协会2024年度教育教学改革课题（课题批准号：2024JGYB016）成果

以生生之美　点燃民族之魂

乔　畅

日落跌进星河，留给山川湖海着迷，长夜繁星欢喜，潜入梦的原野；星河滚烫，美是人间理想；世事无常，美是人间琳琅；众生平庸，美是人间星光；万事浮沉，美是人间归途。

我们自花间踱步而来，为寻觅绵延千年的民族之美。以松花酿酒，春水煎茶；追随"美"从远古蛮荒走向工业文明，从诗词曲赋走向绘画雕塑，从精巧瓷器走向恢宏建筑，美浓缩在民族魂魄与气韵之中，滋养代代华夏子孙，指引我们在美的历程中，且歌且行，认识美，创造美，诠释美，升华美。

人生到处知何似？应似飞鸿踏雪泥

认识美，是一个将抽象形式融于艺术的过程。

艺术与美相依相存，妙肖人生和自然都需要艺术来展现和传承。美的根源就在于"自然的人化"，是无所为而为之的有意味的形式。远古图腾、巫史文化是审美意识和艺术创作的萌芽，它们是表现部族地位最为重要的写实方式，代表着特定时代民族对于美的认识与感受。新石器时期是美作为"有意味形式"的原始形成过程，从写实到象征、从形至线的纯粹美到陶器纹饰的"有意识美"，将内容积淀为形式、想象积淀为感受，美就此绽放。

从龙飞凤舞到青铜饕餮，原始美感寄托于艺术形式慢慢成形，于狞厉粗犷中遇见质朴细腻，民族魂魄伴随着文明的初生掩映成趣，向着光亮，绵亘千年。

九秋风露越窑开，夺得千峰翠色来

创造美，是一个"推己及物"的移情过程。

风行水上，自然成纹，艺术与人生交相辉映，你是否真正体味人生，就在于你是否愿意欣赏身边的事物，并用艺术的手段展现出其美的姿态。惊叹于敦煌石窟壁画，仰望苍穹，想象工匠们如何细笔描绘盛开了千年的鼎盛之花；在越窑青瓷遗址前端详净瓷瓦片，青碧釉面，轻盈润泽，在脑海中构思手工艺人如何将性灵赋予沉睡的凝土，让自然之物带上了传承的光环。

流连于魏晋书画卷轴，将心中所引意象移入墨涂痕迹，书法亦可展现性格和情趣，沉寂的横折撇捺在皴、擦、点、染之中拥有了骨力、姿态、神韵和气魄；柳公权之字劲拔，赵孟𫖯之字秀媚，每每观赏，竟不自觉地展颐摆腰、耸肩聚眉，美早已越过纸墨，流于心间。

徜徉于唐宋明清民族文艺图景，韵味、意境和情趣的讲究成为民族美学的中心，将情融于景，便有了云飞泉跃、山鸣谷应；欢喜时，大地山河都扬眉带笑；悲伤时，风云花鸟都叹气凝愁；惜别时蜡烛垂泪，兴到时青山点头，柳絮可轻狂，晚峰可清苦。

创造美，要用心，心的历程是美的经验沉淀后的丰富与诗化。正如雕刻家可以在顽石上雕出一座秘密花园，写意家可以在荒林中描绘出一派生机勃勃。用审美的精神照耀找寻美的足迹，以一颗谦卑的心去感知体味，在美的历程中寻觅到灵魂的共振点，点燃身体中所流淌着的华夏血液，至此，民族气韵更加悠长，在轻浅中迈向深刻。

叶底藏花一度，梦里踏雪几回

诠释美，是一个将自然人情化、理想化，情人眼里出西施的过程。

美感起于直觉，诠释美要心无旁骛。每个人都是生活的艺术家。处处留心玩索，才能积淀深厚修养。艺术家不仅要有诗人的灵魂，亦要有匠人的精神，不仅要有诗人的妙悟，更要有匠人的巧手，鱼跃鸢飞、一尘之微，皆可涌上心头。

美感经验是在聚精会神之中尝尽物我情趣千回百转的交织共鸣，各人世界由各自伸张，从先秦理性到楚汉浪漫，从魏晋自觉到唐宋酣畅，美的历程已不仅仅定格于形式，亦在探索一种民族气节和精神境界，于是，我们登高怀古，在傲霜残枝中见出孤臣劲节，在暗香疏影中见出隐者高标，与太白碰杯，不羁逍遥醉梦酣；在山高水长的宋词间，找寻细腻的温柔乡。

心中印着美的意象，便会受其浸润，实现"宇宙的人情化"，达到东坡居士笔下"无竹令人俗"的境界。在美的历程中，获得指引人生兴趣和动力，从外在转向内心，开始懂得在宁静世界中完善自己的内心秩序。

且将新火试新茶，诗酒趁年华

升华美，是一个从本我、自我到超我；从实在、想象到象征实现真善美相融的过程。

见过了春日夏风秋叶冬雪，踏遍了南水北山东麓西岭，终知美是浩瀚宇宙，犹如生命般时时更新。美与人性一样，是历史最伟大的成果。我们"为艺术而艺术"，同样也追求"为人而人"。民族之美不仅是情与理的交融、美与善的和谐，更是道与真的互通，感性要包含理性，个体要蕴含社会，知觉要埋藏情感，只有真善美相融，才能实现大同之美，美美与共的和谐境界。

我们何其幸运，拥有感受美妙文明的天性，怀揣浓缩先贤智慧的心灵，当我们以"龙的传人"自称时，远古的图腾正闪耀着同样的光芒；当我们徘徊于感性与理性思维时，孔子的仁爱与屈原的浪漫正孕育着同样的思想对立；当我们以犬儒与佛系标榜时代青年时，魏晋的阮籍和陶潜正演绎着同样的人生哲学；当我们吟诵"天生我材必有用，千金散尽还复来"的抱负时，盛唐之音还在回荡；当我们发出"常恨此生非我有，何时忘却营营"的感慨时，宋元风雅还在绕梁；当我们感伤人生无常时，明清戏曲还在浅唱……中华之美，悠悠千载，美从未断绝，美的历程指向未来，我们始终前进，不曾停下脚步。

民族精神孕育中华民族，我们在美中徜徉，体味人间百态；以美为线，挖掘民族本源，找到生机，美的历程是文化自信的耀眼符号，亦是民族觉醒的理性昭告。

作者：乔畅

单位：中央民族大学中国少数民族语言文学学院

本文系教育部教育类教指委中文专委会——北京语言文字工作协会2024年度教育教学改革课题（课题批准号：2024JGYB045）成果

儒家文化从孔子学堂中走来

张雨婷

弦歌不辍,思接千载。

——题记

齐鲁大地,孔孟之乡。山东省是孔子的故乡,也是我的故乡。在一步步成长中,我见证了儒家文化从孔子学堂缓步走来,在新时代焕发新的活力。

初中时,在语文课堂中学习了《论语》,对"有朋自远方来,不亦乐乎?""三人行,必有我师焉""见贤思齐焉,见不贤而内自省也"倒背如流,理解了其中的含义,也对儒家产生了浓厚的兴趣。

一次回乡去到了曲阜的尼山圣境孔子学堂,在山脚向上望,72米高的孔子圣像双手作揖,谦卑有礼,矗立在面前,刹那间便有一种对孔子"高山仰止,景行景止,虽不能至,然心向往之"的礼敬。登大学之道,拾级而上,进入取名"大学"的孔子学堂中。在这里有着墨香的氤氲,有着学子的琅琅读书声,有着让人宛若闲庭漫步的悠悠古琴曲。学子们诵读"诚者,天之道;思诚者,人之道也"告诉我诚信为本;"贤者以其昭昭,使人昭昭;今以其昏昏,使人昭昭"告诉我教育者先教育的道理;"苟不至德,至道不凝焉"又提示我要培养高尚情操……一句句儒家经典从孔子学堂中走来,回响在尼山,回响在山东曲阜的大地上。

孔子在古代创办私学,出外游历时,弟子们也相随。创办私学,主张"有教无类",教育对象也从贵族推广到平民,这无疑是对当时贫苦人家提升素养莫大的帮助。我在学堂里亲身参观体验仁义礼智信等各个大厅辉煌灿烂的场面，观看欣赏精彩的音乐演艺节目。这是一座展现儒文化艺术的殿堂，气势恢宏、古朴典雅、美轮美奂的建筑，每个细节都流露出儒家传统与现代科技交融的匠心神韵，东阳木雕、欧阳泥塑、菩提彩绘、佛光铜饰，儒宫内部包罗万象，是国内各类传统建筑工艺的大荟萃。

这一次儒家寻根之旅带给我极大震撼，十年寒窗的学子们带着儒家文化从孔子学堂中走来，以与时俱进的禀赋传承着中华千年不衰的文化……

作者：张雨婷

单位：北京市第五十四中学

指导教师：于晓

本文系教育部教育类教指委中文专委会——北京语言文字工作协会2024年度教育教学改革课题（课题批准号：2024JGWT004）成果

普通话推广与汉语方言保护略论

黄尚霞

语言是人与人交流中必不可少的工具，它在人们的生活中扮演了重要的角色。大力推广国家通用语言文字，科学保护少数民族语言和方言是我国目前的语言政策。

中国幅员辽阔，不同地域的人们在交际中形成了独具特色的方言。汉语方言可分为不同方言区，方言区下还可细分次方言、土语等。不同省、市、县的方言都可能存在差异，甚至不同乡镇的方言也有细微差别。这些与普通话发音迥异的汉语方言共同构成了我国丰富多彩的社会语言环境，让我国的文化更丰富、更灿烂。当人们在异地他乡听到熟悉的汉语方言时，家乡的亲切感会油然而生。

中华人民共和国成立之初，为消除地域交际障碍，更好动员全国人民加入国家建设中来，1955年10月，中国文字改革委员会和教育部联合召开全国文字改革会议，确定了"以北京语音为标准音、以北方话为基础方言、以典范的现代白话文著作为语法规范"的普通话，并在全国掀起了推广普通话的热潮。普通话在自上而下的高度重视中蓬勃发展了起来，尤其是普通话教学在推广普通话中功不可没。在"学校为基础、党政机关为龙头、新闻媒体为榜样、公共服务为窗口"的推普思路下，全社会形成一股自觉学习和使用普通话的风尚。据统计，截至2020年，我国普通话普及率达到80.72%，实现普通话在全国范围内基本普及的工作目标。

在推广普通话的同时，我国也开展了中国语言资源保护工程，并建成世界规模最大的语言资源库。中国语言资源保护工程利用现代化技术手段，收集记录汉语方言、少数民族语言和口头语言文化的实态语料，通过建成大规模、可持续增长的动态、多模态语言资源库以保护我国多样化语言资源，并进一步开发应用。

普通话作为国家通用语言，在消除交际障碍、教育教学等方面发挥重要作用，《中华人民共和国国家通用语言文字法》中也规定了普通话与规范汉字的法律地位。汉语方言也有其存在价值，普通话可以从方言中吸收鲜活的成分来让自身更加丰富多彩，社会、家庭、个人都在为传承、保护方言贡献力量。

不管社会如何发展、时代如何变迁，普通话与汉语方言都是我们社会语言生活的重要组成部分。普通话和汉语方言可以在社会中和谐共处，共同奏出美妙的语言乐章！

作者：黄尚霞
单位：铜仁幼儿师范高等专科学校
本文系教育部教育类教指委中文专委会——北京语言文字工作协会2024年度教育教学改革课题（课题批准号：2024JGYB069）成果

久有凌云志，我辈逞英豪

冯禹晗

谓及今之我辈，一则曰不若前人，二则曰坚毅之志所匮。是语也，是何言，是何言？在我心中，纵览大千，世事浮华，万道争锋，我辈为潮头！

"江山代有才人出，各领风骚数百年。"生于千禧后，始欲绽光芒，今之时代与历史，当由我辈所书。

桃花树下，碧海潮生，承卿此诺，必守一生。我辈有不忘初心、坚韧前行之德。红颜弹指老，来路生云烟，数十余载如一梦，却于梦所处之地不断前行。衣带渐宽终不悔，为伊消得人憔悴。千里之行，始于足下，路漫且艰，渐行渐远，方至末路。路虽远，行则将至；事虽难，做则必成。我辈从不怨天尤人，空叹苦衷，奋斗之情从一始终。

"无穷的远方，无数的人们，都与我有关。"我辈勇于担负重任。百年前，青年学子"胶州亡矣"之呼，仍铭记心头，勿忘国耻，振兴中华之担落于我辈之肩，刻于吾等之心。侠之大者，为国为民，国之不存，家将焉附？深谙覆巢无完卵，强国无懦夫之理，定当铁肩担道义，从此筑擎天玉柱、架海金梁。

"愿乘长风破万里浪。"我辈有着长风破浪的凌云壮志，与源头活水的求知精神。纵览古今，曾记否，霍骠骑"匈奴未灭，何以家为"的铮铮之言？曾记否，武乡侯"寝不安席，食不甘味"的竭竭之情？曾记否，周总理"为中华之崛起而读书"的琅琅之语？燕雀安知鸿鹄之志，或遇挫，或遭贬，未知柳絮因风起，狂沙散尽始到金。三年欲飞，三年蓄鸣，终同风起，扶摇云霄抵蓬莱。

聚是一团火，散作满天星。我辈心怀互助热忱之心，会疫情初起，无数青年投身志愿逆流，不惧危险，赶赴一线。青山一道同云雨，明月何曾是两乡。一方有难，八方驰援，同舟共济，生死与共。莫道浮云终蔽日，严冬过尽春蓓蕾。正是有了他们，疫情才第一时间得到控制。愿做及时雨，润泽万物细无声。拳拳情谊汇江海，凝为中华魂。

万舸争流急，我辈为先驱。亦代代无穷已的我辈方铸就了这部炫彩斑斓的历史。我辈的未来由我们自己来开创，欲数天下风云人物，还请细分瞭看今朝！

作者：冯禹晗

单位：渤海大学附属高级中学

指导教师：徐丰

本文系教育部教育类教指委中文专委会——北京语言文字工作协会2024年度教育教学改革课题（课题批准号：2024JGZD020）成果

语言文字数字化助力高校档案管理

何冠熠

在语言文字数字化背景下，高校应该进行档案数字化转型，并充分利用信息技术来支持档案管理工作。这包括将纸质档案转变为数字化形式，建立相应的档案管理系统，提供便捷的检索和共享功能，以及采用合适的信息技术策略来优化档案管理流程。这些举措可以提高学校办公室工作的效率和质量，为学校提供更好的档案管理支持。

语言文字数字化助力高校档案管理主要体现在以下几个方面：一是档案管理与语言文字数字化技术的融合。重点在于探索如何将传统的档案管理理念与现代语言文字数字化技术相结合，实现高效、便捷、安全的档案管理，难点在于如何解决档案数字化、电子化过程中可能出现的技术问题和数据安全问题。二是档案管理对学校办公室工作的支持机制。重点在于分析档案管理对学校办公室工作的具体支持方式和机制，包括提供及时准确的档案信息、支持决策和规划等方面，难点在于如何量化和评估档案管理对办公室工作效率和质量的影响。三是语言文字数字化背景下档案管理对办公室工作流程的优化。重点在于通过语言文字数字化手段改进办公室工作流程，提高工作效率和质量，难点在于如何准确把握不同部门、岗位之间协同配合的需求，并设计出适应性强、易操作的工作流程。四是档案管理人员的培训和能力提升。重点在于培养档案管理人员的语言文字数字化技术能力和专业素养，使其能够适应语言文字数字化背景下档案管理的要求，难点在于如何制定有效的培训计划和方法，提升档案管理人员的综合素质。五是档案数据的质量管理和保护。重点在于确保档案数据的准确性、完整性和可靠性，并采取措施保护档案数据不被篡改、丢失或泄露，难点在于如何建立健全的数据质量管理机制和安全保护体系，解决数据验证、备份和权限控制等方面的问题。

通过研究档案管理系统的建设和应用，可以提供有关如何利用语言文字数字化技术提高办公效率、优化工作流程以及提升服务质量的理论依据。此外还可以为相关领域的学术研究提供参考，促进档案管理与语言文字数字化技术的融合发展。

作者：何冠熠

单位：北京工业职业技术学院

本文系教育部教育类教指委中文专委会——北京语言文字工作协会2024年度教育教学改革课题（课题批准号：2024JGYB102）成果

推进国家统编教材使用 铸牢中华民族共同体意识

陈建威

我国是统一的多民族国家，各民族都为中华文明的形成和发展作出了重要贡献。做好民族工作，事关国家长治久安和中华民族伟大复兴的战略全局。党的十八大以来，以习近平同志为核心的党中央站在实现中华民族伟大复兴的战略高度，谋划和部署新时代党的民族工作，提出"铸牢中华民族共同体意识"这一重大决策部署，并将其确立为新时代党的民族工作和民族地区各项工作的主线，这为做好新时代民族工作指明了方向、提供了根本遵循。

中华民族共同体意识是国家统一之基，民族团结之本，精神力量之魂，而铸牢中华民族共同体意识的根本和关键在于增进文化认同。文化认同是中华民族共同体形成的思想基础，是凝聚中华民族共同体的核心要素，是建设中华民族共同体的精神动力，对中华民族共同体的形成、凝聚和发展发挥着重要作用。党的二十大报告首次提出要"加强教材建设和管理"，将教材建设作为深化教育领域综合改革的重要环节。教材是开展教育教学、打牢中华民族共同体意识思想基础的重要载体和凭借。其中，代表着国家事权的统编教材在加强中华民族共同体认同教育中发挥不可替代的作用。

国家统编教材是铸牢中华民族共同体意识教育的重要载体，使用好国家统编教材是增进民族地区文化认同、铸牢中华民族共同体意识、巩固民族大团结的有效途径。推进国家统编教材使用工作，是党中央立足中华民族伟大复兴作出的长远之举、固本之策，既是对国家整体利益的考虑，也是对少数民族长远利益的考虑，对于推进我国社会主义现代化建设事业具有重要意义。

语文教材以其在整个学科课程体系中的基础地位和特殊作用，是增进文化认同的最佳载体，在铸牢中华民族共同体意识的工作中承担着重要使命。优秀的语文教材不仅是语文学科知识传播的主要途径，也是塑造和建构学生价值观的重要媒介。当前统编语文教材融入了社会主义核心价值观、中华优秀传统文化、革命文化传统等重要内容，并将它们有机渗透到学生的学习成长过程中具有重要意义。使用统编语文教材，有利于各族中小学生认识祖国辽阔的疆域、了解祖国悠久的历史、感受灿烂的中华文化、领悟伟大民族精神，从而让中华民族共同体意识根植各族中小学生心灵深处，从内心增强对中华民族共同体的认同。

铸牢中华民族共同体意识事关民族团结和国家统一，是新时代中国特色社会主义建设的重大课题，对于实现中华民族伟大复兴的中国梦具有重要意义。深入挖掘统编语文教材在铸牢中华民族共同体意识中的重要价值，以共同的语言符号唤醒各民族共同的文化生命，增进民族文化认同，"促进各民族像石榴籽一样紧紧抱在一起"，从而能够凝聚推进中国式现代化的强大精神合力，增强实现中华民族伟大复兴的精神力量。

作者：陈建威
单位：河南中医药大学马克思主义学院
本文系教育部教育类教指委中文专委会——北京语言文字工作协会2024年度教育教学改革课题（课题批准号：2024JGYB006）成果

离去的远山

李婷月

  我鲜少触及关于父亲的故事,尤其在笔尖下,总觉得这样的书写很煽情。然而,内心深处依然渴望留下关于他的一字一句,正如人们所言,"我是他在世间留下的遗物",我会记住他,他也会永远存在。

  我不太喜欢我的爸爸,我的记忆里,他总是对妈妈拳打脚踢,总是大醉酩酊,总是无故狂怒……麦子熟了的季节,庭院里是金黄的小麦、夕阳微微斜射、温和的光、争吵、动手、斧头、淤青,小小的记忆就此被定格。又或集市、小皮鞋、矿灯砸在妈妈身上,记忆又一次更新,变得破旧。爸爸,其实我由衷地佩服我的妈妈,她在逆境中从未丢下我们。以至于在某一刻,我甚至因为你的离去而感到庆幸。

  可我还是会记得小小的课堂窗户外,月光昏昏沉沉,你送来我随口一提的书;我还是会记得,小小的瓦房,瞌睡的灯光,你说,"写字伤眼,天明再写";我还是会记得,香香的各色各样的烧饼、馒头,从矿上带来的,热乎的;我还是会记得,我劝你的话,你会听在心里,你会慢慢地改掉坏的习惯;我还是会记得,你也会骑着车带妈妈回娘家;我还是会记得时间久些,你会对妈妈好,对我们好了,你慢慢学会了爱。可能人们会说这有什么稀罕,但人们不知道它有多么弥足珍贵。遗憾的是,这样的时光并未持续太久,长年的烟酒煤灰还是要了你的命。开始几秒就写下结尾的故事,真的好仓促。

  那是一个白雪漫天的日子,你接过我手里从学校带回来的行李,我隐约看到你佝偻着身躯。就是那天,妈妈把噩耗告诉我——肝癌晚期。我从未想过,电视里那些遥远的病魔会找到我们。你拉着马儿去田地里拔豆的时候，我甚至幻想着这只是一个误诊。直到你也急切地去寻医访药，直到大家冒着夜色去寻偏方里长相可怕的虫子，直到你再也走不动了，也吃不下任何东西了，直到你拿着仅剩的十几二十块钱让我去买豆花，直到你指着那个快有你头大的肿瘤告诉我你好疼，直到来来往往的人一批又一批，直到你黑瘦的身躯被装进那个小小的盒子里……可是我们刚刚搬迁的房子你还没有住几天，可是我还没有带你去看天安门，可是我还没有让你看见这个世界的繁华……

爸爸，以前啊，我真的不太喜欢你，我怨恨过你。可是，在后来，说什么都来不及了。那个小盒子再见不到阳光了，你也不再会注视我们了。但当一切成为过去，我才意识到，已经没有机会弥补。我仍会想起，你步伐总是那么坚定有力，我总是努力追赶，直到你终于坐下来。这次，我终于追上了你，可这些像极了以往的傍晚，你再也不会同我们说说话，再也不会把欠妈妈的还给她了。

爸爸，你也眷恋着这个世界吧！在豆花叫卖声响起时，我朝屋里的询问再也得不到回答，就像那遗失的心跳，再也找不回了。我带着那拍心跳在这里等你，永远……这场潮湿的雨淅淅沥沥，没有尽头，太阳出来的时候，你的坟头总会长满漂亮的小花，那是你吧？别担心了，爸爸！我会把你对妈妈的亏空填满，你可以长成雄鹰，长成大树，长成一切……只要遇见了，我就知道是你。爸爸，家里有我在，你放心。

作者：李婷月
单位：昆明学院人文学院
指导老师：冯佳

本文系教育部教育类教指委中文专委会——北京语言文字工作协会2024年度教育教学改革课题（课题批准号：2024JGYB010）成果；2023昆明学院教学改革项目（"双拓双强"一专多能公费师范生人才培养教学模式的探索与实践）成果

8 其他优秀作品选录

姥爷与戏曲

王淇萱

"这些年，都没什么年轻人喜欢戏曲喽……"姥爷经常这样叹着气说。

我的姥爷是个京剧票友，在我四五岁时就拉着我坐在电视机前兴致勃勃地打开央视11频道看戏曲。他个子不高，有点胖，在我印象中，他习惯戴一副老视镜。看小字时总是拿出放大镜，猫着腰，眯着眼，脸上的皱纹都挤到一起。平日里他总会说出许多笑话逗我笑，但在看戏曲时又变得十分认真，常边看边唱两句，并且看着看着就给我讲起这出戏中的故事或历史来。

因为喜爱京剧，他把手机电话铃声都设成了戏曲，每次响起时的那一声锣鼓响都能把人吓一跳，他却乐在其中。为了能时常听到戏曲，他让母亲给他买了个收音机。逛公园、做饭……时不时就放上一段。

因为戏曲，姥爷的每个周末都变得非常充实。周五他就会掏出手机一个一个打电话，约他的朋友们——几位退休的京剧票友。电话一拨通，他就兴奋地用地道的河北话交谈："喂！老魏啊，周末去小公园不？老曹不去啊……那我就把中阮跟京胡都背上呗？好，行，明儿个见啊！"挂了电话他就开始准备起来，一会儿把那几个黑色的大乐器盒提出来，一会儿又拎出个大包，里面都是琴谱，《穆桂英挂帅》《四郎探母》……样样齐全。

到了周六，一大早他就提着大包小包上了自行车，还拉着我，"走吧，受受艺术熏陶。"他常这样对我说。

到了公园的老地方——公园的一座小亭子，也是上山、下山行人的必经之路，姥爷就精神起来了，背也不驼了，眼睛都亮起来。他戴上花镜，支起谱架子，拿出中阮，开始演奏。只见他的动作如行云流水一般，左手按着弦，右手拿着拨片弹奏着，还陶醉地摇头晃脑。每当有行人经过，他就把动作幅度加大，展现着戏曲的风采；每当有人停下观看，他的笑容就多一分，鱼尾纹都挤了出来。他似乎特别愿意有年轻人观赏，用姥姥的话来说就是"你姥爷就是个'人来疯'"。姥爷才不管，他说自己有"艺术家的风范"，感觉自己都年轻了。

或许是受了姥爷的影响，小学选择学什么乐器时，我不假思索地选了中阮。

姥爷对戏曲的执着、对唱戏的热爱使我感动。

他和几位京剧票友对国粹的传播让我感动。从小培养我对国粹的热爱、了解让我感激。姥爷也告诉我，心中一定要有所热爱，就像汪曾祺先生所写的，"一定要热爱着点什么，恰似草木对光阴的钟情"。

（作者：王淇萱 首都师范大学附属中学初三（1）班；指导教师：吕奇）

石头记

张 杉

　　我随着他的脚步，奔着，奔着，好像一条河流汇进宏大而宽广的海，又好像孩童投入母亲的怀抱。我感到他温热的体温和心跳。而他慢慢停下步子，看着那些熟悉而温柔的景象，抓紧我，微颤的声音震动着我石头的心："啊，'归去来兮'，'归去来兮'！我的家啊，'田园将芜胡不归？'"我莫名地欣慰，陶潜啊，你终于回家了。

　　我本就是一块田园间的石头，我生在阳光照耀下的芳草中，是自然啊，她浇灌着我的石头身、石头心。我是自然的孩子，我常这样想。我记得叶间滴滴雨露，地下深处隆隆的震动与温热，我的一生很长，那么久远的时光，都会在这乡土中消磨掉吧，我常这样想，我喜欢这样想。

　　那天起，一切都不同了。一个青年，自漫漫的乡土中拾起我，我惊异地仰头去看，却见他眼中凄凄泪光："唉，一别故乡，不知何时才能回来啦。什么也带不走，就带上你吧，我家乡，不，故乡的石头。"

　　他一直闷闷的，安静地倚窗，安静地望着远方的月光。他有时会一人大杯大杯地豪饮，然后带着潮红的笑意把玩着我入梦，那是他唯一笑的时候。可我总觉得这笑是苦涩的，他不是笑他，也不是笑这异乡月光草木，他一次又一次呢喃微笑着，好像一个初生的孩童般轻轻握着我，我便感觉到他温柔的脉搏。那酒，那诗，那洒向异乡也洒向故土的月光，织成一张梦的图景，我感觉得到，梦里是家。陶潜的家，我的家。

　　做官，他大抵是不通的。这无所谓，他是自然的孩子，我常这样想。他坐在门外对着天空吟着那古朴乡野的诗，我也跟着他吟。他说他是异乡人，他是田园中人，他说"我故土上的石头啊，你懂我吗？我想返家啊，我想家啊。"那天他怀着世俗强加给他的不解与庸俗，念着家乡，一遍又一遍。一遍迷茫，一遍思恋，一遍是坚定与热爱。他写下一首诗，少年一般，孩童一般，返家。

我被放回那熟悉的草地与阳光中，我感觉得到，故乡草木。

同乡人，我明白你。你我，皆属这自然。

（作者：张杉 北京市第四中学初二（6）班；指导教师：朱思婕）

探寻文化内涵

蒋炳麟

一次考试中,我的《论语》考试题得分很低,我很沮丧。老师说,《论语》不只是一道题,更是文化经典,值得我们用一生慢慢去品读。这使得我对它产生了浓厚的兴趣,决定打开这扇窗去探寻中国文化的内涵。

初读"且夫良医之门多病人,檃栝之侧多枉木。是以杂也。"我只能简单地翻译出它的意思:医术高明的医生门下总有多的病人,矫正竹木的工具多用在不直的木头上,很杂乱。经过老师点拨后,我逐渐明白了,原来这句话说的是孔子对弟子的来历不做干预,不论什么样的人,孔子都会收下他,不论他以前的品德修养有多败坏,都会像那弯曲的木头一样被矫正平直,我探寻到的文化内涵,是孔子有教无类的育人主张。

可是,有教无类的育人主张又该如何理解呢?我想到了《觉醒年代》,陈独秀等人在开办学堂时,社会上的人都可以来参加。不论是北大学子,还是商人、农民,他们都能得到教授的指导。有教无类,就是人人都能受到平等的教育。"哥哥,哥哥,你快看啊!"妹妹突然跑过来,打断了我的思绪。我皱着眉头说:"别捣乱,我正思考问题呢。你一边玩去吧。"她噘着小嘴好像特别委屈。我有点不忍,勉强地说:"那你想让我看什么呀?"她从背后拿出一张报纸说:"你看,有一个保安叔叔考上大学啦!"我定睛一看,还真是,北大的保安考上北大了!这又使得我产生了新的思考:我们现在已经没有了阶级的差异,但人与人之间还存在着基础的差距,保安能考上大学,这说明无论什么基础的人都可以受到最高等的教育啊。我探寻到的文化内涵是有教无类在当下又有了新的含义。

我忍不住找到老师把我的思考告诉了她。老师笑眯眯地说:"很好,你已经能联系历史和生活解读经典的文化内涵啦。"我得意极了。"不过，《论语》是一部文化内涵深厚的著作。你现在做到了'知其一'，还要继续用你的方法细细品读啊。"我的脸红了，微笑着点了点头。

阅读经典，反复读，联系自己的生活去品味、理解，产生新的思考。探寻文化内涵，这条路很长，我还要慢慢走，去探寻人民、社会、国家进步最基本、最深沉、最持久的力量。

（作者：蒋炳麟 北京理工大学附属中学；指导教师：许齐娟）

少年拾趣

焦博涵

徜徉在荣宝斋老街上，两侧端庄古朴的牌匾林立，屋内"文房四宝"琳琅满目。有的毛笔细似蝇头，有的毛笔壮如树桩，整个街道都在墨香的氤氲下……

迈进一个书法展，里面的作品狂草飞舞，看不出其中内容，令我大失所望。然而，展厅中的人们都如获至宝似的端详这些作品，不时发出连连赞叹，令我不解。耳畔传来一位大叔的赞叹声："这条线可真老辣啊。"我闻声盯着那条线，静下心认真品味它的意蕴，忽地发觉它神似巨龙，又像一条野涧飞驰而下成为瀑布，似乎有那么些趣味。即使那线条愈发干涸，也仍能散发出苍劲、奇伟、磅礴的震撼力，犹如裹挟着洪波！那位大叔又侃侃而谈："咱中国的书法是凝固的音乐，又是流动的建筑，不只要注重视觉上的美感，尤其要注意笔墨中传达出的精神，它不仅能反映一个人的性格，还能反映一个时代的生命力。"我朝着大叔点点头，然后怀着激动与自豪欣赏身边的大作。目光自上而下"抚摸"每一处墨痕，逐渐进入了物我合一的境界，找到了书法的妙趣所在：刚柔相济，抑扬顿挫；点如高山坠石，横如千里阵云……这些尘世浮华间的一点一滴，包孕了天地乾坤的灵气！

接着，我踏着欢快的脚步体验非遗项目——木版水印。"下面你要用刷子和耙子体验最后一道工序——拓版。"指导老师说道，"先看我做示范。首先用左手把住刷子在盘子中敲几下，蘸取颜料。然后顺时针在雕版上转动，为图案染上颜料。最后盖上拓纸，右手握住耙子在拓纸上移动，把图案印到拓纸上。"看着讲解员娴熟的动作，我感到这项工作应该十分简单，迫不及待地开始尝试。

　　我拿起刷子蘸上颜料后在雕版上顺时针移动，仿佛感到有什么东西牵住我的手，让我无法自由转动。尝试摆脱它的束缚，我开始胡乱转动，然而那凹凸不平的雕版羁绊着刷子。于是，我捏紧刷子，让它在雕版上快速摩擦。"快停下，这么用力会把雕版磨坏的。"听罢，我用右手拿过刷子，在板上轻轻滑动。"不能用右手，这是前辈传下的规矩，我们不能改动。小姑娘，你心急了，这项工序看起来简单，实践起来很难，我用了整整三年的时间才促成这番成就。静下心来，按要领做，你定会发现它很有趣。"我听完后十分震惊，感慨这项小工艺的不易。抖抖胳膊，让肌肉放松，深吸一口气，让自己沉静。左手匀速转动，颜料轻拓雕版，我感到自己仿佛是一名匠人，浸染着这块稀世珍宝。随着最后一印，那副敦厚的盘腿坐地的小脸跃然纸上。看着这灵动画卷，我的心境一片蔚蓝，澄澈如水，一种轻松与快乐涌上心头。

　　拾着这份中华文化带来的豁然与欣慰的意趣，漫步在古朴的胡同树荫下，我感到心中正升腾着中华之韵、传承之火。

　　（作者：焦博涵 北京市育英学校）

锤炼

刘牧涵

锤炼是一个常用的词语，通常用来形容炼炉中的金属被敲打、打磨、锻炼，最终获得坚固、耐用的形态。然而，除了在金属加工中使用，锤炼也可引申为人们努力经历困难、挑战、磨难，以锻炼自身品质和能力，变得更加坚强、成熟的过程。

我跟着程老师学国画已经五年多了，拿笔、研墨、调色。我画得十分得心应手，觉得画国画也不过如此。直到2022年春天的一节课上，程老师要求我画梅花时，我才感觉到画国画的艰难。

那是周六的下午，程老师说今天学习画梅花，程老师先教我画枝干。"用毛笔调蘸好墨色，自上而下侧锋渐转中锋行笔，行至枝梢，回锋收笔。"程老师一边示范一边跟我说，"画梅花先画枝干，枝干要注意粗细直曲。"枝干大约画了一个多月之后，程老师又教我淡墨圈花，浓墨勾点花心、花托。开始我总觉得笔不听我的使唤，画不出形，更别提神似了。尤其是花瓣的墨色和形态难倒了我，我一遍一遍地画着花瓣，总是在墨色上把握不好，不是墨色太浓就是太淡，不是没有深浅变化，就是花瓣的形态和方向呆板单一，当我看到我画的梅花根本不是开在树上的，而是贴在纸上的时候，我是彻底泄气了。

程老师看到我情绪低落，郑重地对我说："学习就是一个艰苦的过程，但也让你受到锤炼。学国画也确实不容易，但是如果所有学国画的人一遇到困难就放弃了，那么还有谁能把我国这一伟大的文化传承下来呢？在生活中，锤炼是必不可少的，锤炼能培养我们的毅力和坚持，让我们不断提高自己的能力，超越自我。"老师的一番话，一下子让我的眼前亮了起来。

看着程老师充满鼓励的眼神，我一下子振作起来。是呀，我热爱国画，我愿意为它付出我的心。我沉下心来，小时候对国画的热爱坚毅了我的选择，面对这位在国画上走过近五十年的恩师，坚定了我的意志，画下去，一直画……

经过了一下午，我终于一笔一笔勾勒出了一幅墨梅。看到一朵朵梅花开满枝头，好似散发着淡淡的幽香，我陶醉其中。我看到了国画的魅力，感受到了中国传统文化的神韵，坚定了我一定要把它传承弘扬下去的决心。

学习国画让我可以面对各种挑战和压力，培养出坚韧的心态和智慧的思维方式。这包括学习承受挫折和失败的能力，积极应对压力和困难，寻找解决问题的方法，并从中取得成长和进步。

锤炼的过程是不断提升自我的过程，它使我们在成长的道路上获得更多的经验和智慧。通过锤炼，我们能够更好地面对未来的挑战，并在困难面前变得更加坚强。锤炼不仅仅是一个个体的过程，它也能影响我们周围的人，激励他们也加入锤炼的行列中。

（作者：刘牧涵 北京市第156中学；指导教师：冯靖）

不忘初心勤耕耘　踔厉奋发勇前行

王桂林

人生犹如一场马拉松，只有奋发向上，才能跨越起跑线，冲破终点。踔厉奋发是我们追求成功的必然选择。尽管这条路并不平坦，但正是努力攀登过后的回首，才让我体验到生命的意义和价值。

我是一名普普通通的乡村一线教师，可是我又觉得我并不普通。因为一个大山里走出来的孩子，通过不懈努力，终于实现了自己少年时代的梦想，回到家乡成为一名光荣的人民教师。我很满足，也很幸福！

我生长在一个小山村，父母都是农民，这样的家庭为了孩子的学习能够倾尽所有；我有幸在人生学习路上遇到了一位又一位扎根基层教育、不离不弃的优秀老师，是他们激励我踔厉奋发，激发了我的内在潜能。少年时的我贪玩、任性，经常受到家人和师长的劝诫，他们春风化雨、润物无声的培养最终坚定了我"读书才能走出去"的信念。之后的我一直为了这个信念努力，直至考上大学，走了出去，我又在想：虽然我走了出去，可是家乡的孩子们又该如何走出去呢？我该如何回报我的家人、我的师长，还有生我养我的故乡呢？

正如金子需要经过火炼才能闪耀光芒，我们也需要经过生活的挑战和困难的洗礼才能真正展现自己的价值。在大三那年经历了丧母之痛后，我要回到故乡、回报家园的信念更加坚定。我不能等！通过参加辽宁省特岗教师招聘考试，我回到了家乡，成为一名光荣的乡村教师。生活普通，教学和班主任生活却是时时面临挑战。但是我不气馁，不服输，终于通过自己的努力赢得了领导、同事、家长和学生的一致好评。当家长和毕业的学生将锦旗送到我的手中时，我明白我的努力得到了认可，我的人生价值得到了实现。我要再接再厉,认真教学,培养学生,服务桑梓,收获属于我的成功!

我知道成功从来都不会轻易降临,只有通过不懈的努力和奋斗,我们才能够走向成功的彼岸。就像登山者征服高山一样,只有攀登险峰,才能俯瞰广阔的风景。

当我们踔厉奋发时,我们会学会从失败中汲取教训,也会感受到生命的力量和美好,还会收获取得成功的喜悦。踔厉奋发让我们的人生变得有目标、有动力,让我们更加热爱生活,珍惜每一天。

踔厉奋发是我们追求成功的必由之路。踔厉奋发让我们能够激发内在潜能,塑造品格,让人生更加充实和有意义。我相信只要大家勇敢地面对挑战,奋发向上,总能追逐上属于我们自己的梦想,最终也能成就属于自己的辉煌!

(作者:王桂林　盖州市陈屯学校)

当雪花与坚守同框

张倩倩

在中国新疆军区,有一支名为塔克什肯边防连的部队,这里的战士们,每天都在严寒的边境巡逻,坚守着祖国的边防安全。而其中一位战士,名叫陈金禹,已经在这片土地上奋战多年。

陈金禹,是一名普普通通的边防战士,身材魁梧,面庞刚毅,眼中透着坚定的光芒。他已经习惯了在严寒的冬季里巡逻,习惯了与大自然抗争的生活。每当提及他入伍生涯中最大的遗憾,他总回忆起新兵刚下连时,自己因为身体不适错过了第一次戍边巡逻,然而,就在他即将退伍的这个冬天,一场突如其来的大雪,让他的巡逻之路变得异常艰难,但他义无反顾坚持巡逻,也为自己的戍边军旅画上圆满句号。

那天,大雪纷飞,天地间一片银装素裹。陈金禹和他的战友们开始了一天的巡逻任务,寒风刺骨,雪花片片落下,几乎看不到前方的路。然而,他们不能停歇,因为祖国的边境安全,需要他们的守护。陈金禹骑着一匹骏马,穿梭在雪花中。马儿踏雪而行,仿佛是陈金禹的伙伴,陪着他前行。他们沿着边境线一步步前行,搜索着可能存在的隐患。尽管寒风凛冽,雪花落满了他们的面庞,但陈金禹的内心却是火热的,因为他知道,自己正在为国家的安全做出贡献。

在漫长的巡逻中,陈金禹和他的战友们遭遇了各种困难和挑战,但他们始终没有退缩。他们用自己的行动诠释着"不怕苦,不怕累,只要国家需要,随时奉献"的军人信仰。

终于,当夜幕降临,他们完成了一天的巡逻任务,返回了营地。陈金禹的面庞上挂满了冰霜,他的身体已经被寒冷彻底冻透,但他的眼中却闪烁着坚定的光芒。他知道,自己的军旅生涯即将画上圆满的句号,但他对祖国的热爱和对边防战士这份职责的执着,将永远铭刻在心中。

在这片雪花飘飘的土地上,陈金禹和他的战友们,用他们的坚守和奉献,守护着祖国的边疆安全。他们或许没有豪言壮语,或许没有惊天动地的事迹,但他们默默无闻地坚守在边境线上,是祖国安全的守护者。

在这个特殊的冬天,当雪花与坚守同框,我们向所有边防战士致敬!愿他们平安归来,愿祖国繁荣昌盛!

(作者:张倩倩 郑州科技学院)

励志与奋斗齐飞 传承共发展一色

王重元

在广袤无垠的中华大地上，我们见证了一代代英雄儿女的奋斗与拼搏。他们用汗水和智慧书写着属于这片土地的辉煌篇章，成为时代的楷模。今天，我们站在新的历史起点上，励志奋斗，歌颂祖国，为祖国的美好未来献上最诚挚的祝福。

励志，是中华民族自古以来所崇尚的美德。从"卧薪尝胆"到"悬梁刺股"，无数先贤用他们的实际行动诠释了这一品质。正是这种不屈不挠、勇往直前的精神，激励着我们在逆境中奋发向前，不断追求卓越。如今，我们身处一个充满机遇与挑战的时代，更应传承这份宝贵的品质，勇敢地肩负起时代赋予我们的责任。

奋斗，是实现梦想的必由之路。从古至今，无数英雄豪杰在国家危难之际挺身而出，为民族的解放和繁荣不懈努力。正是这种前赴后继、舍生取义的精神，成就了中华民族的辉煌历史。作为新时代的青年，我们更应将个人理想融入国家事业之中，用实干精神书写无悔青春。

歌颂祖国，是因为我们深爱这片土地。在这片古老的土地上，孕育了中华民族五千多年的灿烂文明。从长城的巍峨到黄河的奔腾，从江南的水乡到西北的高原，每一寸土地都承载着无数先烈的血汗和民族的荣耀。如今，祖国正日益强大，国际地位不断提升。作为中华儿女，我们深感自豪与骄傲。

励志、奋斗与歌颂祖国三者相辅相成，共同构筑了中华民族的精神高地。我们要在心中播下励志的种子，以坚定的信念和顽强的意志去迎接挑战；我们要用奋斗的双手去创造美好未来，为实现中华民族伟大复兴的中国梦贡献力量；我们要以歌声赞美祖国的大好河山和繁荣昌盛，为传承中华文明、弘扬民族精神不懈努力。

　　时光荏苒，岁月如梭。站在新的历史起点上，让我们以更加昂扬的斗志、更加坚定的信念、更加执着的努力，励志奋斗、歌颂祖国。当每个生命的创造精神、奋斗韧劲前所未有地迸发出来，涓滴之水汇聚成不可阻挡的时代洪流，中华民族的逐梦征程将所向披靡，新时代的中国前途将不可限量。相信在不久的将来，中华民族必将书写更加辉煌壮丽的篇章！

（作者：王重元　营口市鲅鱼圈区熊岳高级中学；指导教师：王桂林）

雕刻一把钥匙

李秋宏

我看见第一个光圈的时候,用力吸了一口气,把物质化的自己装进自己的口袋。

人是环境的产物。在相对静止和绝对运动影响下的产物,必然是前进的。在螺旋式上升中,会有规律性的雾霾,看似充满试探性的每一步,无疑是自我意识觉醒唤起的潜力化作了一把无形的钥匙,一步一雕刻,直到它拥抱雾霾后的门锁时,它们便成为最亲密的伙伴,拥有最契合的灵魂。然后,继续走,在这雾霾中,解救自己的钥匙一直都在自己手里,甚至,自己本身就是一把钥匙。

寓言里的故事,正是我们自己。漫长的赛道中,我急着寻找一把最正确的钥匙,我妄想我的指尖一触碰到它,就一蹴而至终点。殊不知,我更应该观望赛道旁是悬崖还是平地,我是该走向平坦还是捡起悬崖边上的石头子打磨钥匙,甚至观摩悬崖绝壁下是不是有真正的世外桃源……也许那把钥匙不是被找到的,而是被雕刻的,那把钥匙是自己。

我哪有那么多钥匙,但是我有一个我。渴了,找水喝,学会寻找;饿了,做饭吃,学会创造;饱了,闭上嘴,又学会了适度原则。大道至简,人向往生存的本能便是一把钥匙,它打开的是人学会如何生活的大门。在这扇门后,是洋溢主观理想化又浸满客观现实化的更多的门。

开始,我试图穿着华丽,手里拿着镶满钻石的钥匙,顺顺利利地去打开一扇扇门。有一天我确实打开门了,可是门后是一堵墙,我自以为是地把头撞出了红肿的包,我才发现开错了门。几经周折我才觉悟,打开一扇好门,是以一种王者风范的心态、建筑工人的踏实、工匠师傅的精神去好好地雕刻自己，然后平和地站在门前，只是拿出一把钥匙，为自己想打开的门锁，打磨钥匙，让二者拥有最亲密的关系。在这个过程中，我不是扁的，也不是圆的，我是立体的，用料独特而稀有的"万能钥匙"。

路走多了，好多扇门，我摸摸衣兜，蓦然回首，路灯下好像有个人，意识化的自己指了指我的口袋，我笑着把手伸进衣兜，仅仅是指尖一触碰，我就感受到了无比光滑的触感，打磨之至自然成。我的手握住它，就好像握住世界。那可不，口袋里的是一把精美而又独一无二的物质化的自己，我拿出它，我就知道，我又要开启一扇新的大门，迎来一个新的世界。

（作者：李秋宏 辽东学院）

母亲从岁月中走来

冯 琳

荏苒的岁月斑驳了窗棂旁的矮墙，抚上面颊，折皱了她微垂的眼角。从前我总是热衷于歌颂母爱的伟大，可是现如今，我只想替她定格似水年华，伴她走过岁月。

难得回到阔别许久的南方小城——那也是母亲生长的地方。来到一座我未曾见过的房子前，尘封的大门，似乎告诉了人们这里已鲜有人至，推开大门，厚重的岁月感夹伴着尘灰扑面而来，让我不禁咳嗽几声。母亲今日要收拾走冗余的东西，来不及感慨时光易逝，一进门就开始忙碌着，而我像个小影子一样，寸步不离地跟在她的身后"东奔西走"。

最终一个隐于角落中的老式木箱吸引住我的目光，木箱已经尘封很久了，原本明艳的朱漆早已败色，连小巧玲珑的银锁也覆上厚厚的灰尘，更是让它显得暗淡没有光泽。箱中整整齐齐地摆放着许多有些过时的服饰：绣着楚楚欲燃的春樱的方巾，烫了鎏金花边的雾蓝色长裙，镶满晶晶亮的碎钻的手表……许是穿戴时便万分爱惜、存放时也较为得当的缘故吧，这些服饰虽然在岁月的侵蚀下不复当年那般光鲜亮丽，却也依旧能看出它们在用料与设计时的考究尽心。最上层放着的是一本纸质封面泛黄的相册，在好奇心驱使下，我迫不及待翻开相册，却又小心翼翼怕碰坏了什么弥足珍贵的物品，相册中的母亲穿着箱子中的长裙，方巾在耳畔飘起，充满活力与激情的女孩肆意地大笑，随着一页一页翻过，我好像也了解到了母亲随着时光成长的故事。母亲的目光在触及这些服饰时明显有些怔愣，微风轻轻撩起她额前散乱的碎发，薄阳透过枝叶间的罅隙吻过她落寞的双眼。她絮絮地和我讲述着每一张照片背后的故事，像在追忆着那些稚嫩又青涩的似水年华。我央求着她再穿上那条长裙，我为她在镜子前仔细地戴上方巾，母亲很灿烂很幸福地笑，就像个小姑娘一样。那一刻我仿佛看见了母亲从岁月中走来，从少女，到妻子，再到母亲的角色。

其实她应该像她叙说的那样，就像个任性的小姑娘。她应该有填满整个衣橱的小裙子，应该戴着面料细软的方巾，应该在花的香气中翻阅喜欢的书籍，应该在月的柔华下提笔写信。不应只因走过岁月便甘愿舍弃这些，我愿在她往后岁月的旅程中，替她定格属于每位母亲的似水年华，在人来人往的岁月中不留有遗憾。那天之后，我便不再热衷于歌颂母爱的伟大，我央求她陪我去新开的咖啡厅拍照，催促着她买上几束旧报纸包裹的鲜花，像朋友般讲上几句悄悄话。我想将那些属于少女的一切都重新还给她，让她张开双臂用一颗永远年轻的心去拥抱充盈着无限希冀的未来。

"妈，我突然想起来我的房间里还有空余的地方，这个箱子就别丢掉了，放我那里吧。"

（作者：冯琳 北京市第五十四中学；指导教师：于晓）

聆听大自然的声音

王黛瑶

在大自然里，有着很多可爱的生命。

春天，是万物复苏的季节。伴随一声春雷，蛰伏的虫儿就三五成群地来到了大地上。我想："虫儿是不是在聚餐呢？"伴随一阵清风，柳树枝摇来摇去，好像是在呼朋引伴呢；伴随一股暖意，小朋友们也成群结队地出来玩儿啦；有的在放风筝，有的在你追我赶地踢足球，有的在捉迷藏。好一幅温馨的春景图。

夏天，是成长和孕育的季节，也是太阳公公发威和雷雨撒欢的季节。花草树木在灼热的阳光和充沛的雨水陪伴下郁郁葱葱，绿油油的田野变成了青纱帐，虫儿渐渐长大，知了躲进树荫开始歌唱，运动场上的年轻人打起了赤膊，老人们在遮天蔽日的树下摇着蒲扇，李子、苹果、山楂花……开始悄悄地孕育果实。

秋天，秋风就像一个魔术师，又像一个画家，把五彩斑斓泼洒在人间。红的、黄的、紫的、绿的……绘就了一幅美妙的秋景图。夕阳西下，倦鸟归巢，成群的乌鸦呱呱地唱着歌和排成"人"字形的大雁一样飞在回家的途中，这画面不禁让人想起刘禹锡的"我言秋日胜春朝"。

冬天，寒风把冷空气雕刻成一朵朵雪花，纷纷扬扬落到地上，被人们踩踏发出嘎吱嘎吱的声响，所有的花都垂下了头，所有的绿色都被凝固，小溪流也失去了往日的欢腾，但冬天来了，春天还会远吗？

鸟语花香、草长莺飞、秋风落叶、白雪皑皑……让我们在四季轮回中聆听大自然的声音。

（作者：王黛瑶 北京市海淀区中关村第一小学；指导教师：徐婷婷）

误入大海的小金鱼

王钥瑶

在一个精致的大鱼缸里,生活着一群小金鱼,他们每天无忧无虑,自由自在。其中有一只身上长着黑斑的小金鱼,它不知天高地厚,一心想着去大海里玩玩。

有一天,主人在鱼缸边欣赏自己养的鱼,那只小金鱼便游过去,对他说:"您能帮我实现一个愿望吗?"主人问:"什么愿望?""我想去看看大海!"就这样,小金鱼来到了大海。

小金鱼一到大海就觉得不太适应。在他心中,大海不过是一个大一点的鱼缸。可是现在,出现在他眼前的是一个一望无际,蔚蓝蔚蓝的世界,还有很多它没见过的鱼类,比如八爪鱼、海马、海豚等。突然,他发现身边的鱼都在拼命地逃跑,他扭过头,发现一只张着血盆大口,长着满嘴尖牙的鱼向这边游来,他吓得屁滚尿流,赶紧逃命。他心里想:我的妈呀!这不会是鲨鱼吧!慌乱中他一不小心喝了一口海水,呸!呸!呸!好咸啊!

这时,一只船经过这片海域,小金鱼赶紧游过去对船夫说:"请送我回家吧,我想回家!"船夫说:"我走错了路,麻烦您送我回家吧!"小金鱼红着脸说:"嗯,我知道了,最适合自己的才是最好的!"

小金鱼在大海里吃尽了苦头,最终他回到了他日思夜想的家 —— 鱼缸里。

(作者:王钥瑶 北京市海淀区中关村第一小学;指导教师:张如琦)

凝聚青春力量　推普助力乡村振兴

张煜瑶

乡村振兴是我国近年来积极推动的一项重大战略。它关乎农业农村现代化，关乎国家全面协调发展，更关乎亿万农民的福祉。而大学生推普助力乡村振兴是一种富有成效的教育实践活动，它将大学生的知识、技能和热情与农村的实际需求相结合，助力乡村振兴的同时也提升了大学生的综合素质和社会责任感。于是在这个充满希望的田野上，我怀着憧憬与好奇的心情，踏上了宁夏银川的调研之旅。在此次的调研过程中，我深感推广普通话的重要性。此次调研，我们走进校园，与老师们探讨如何更好地推广普通话，走进乡村，见证普通话给孩子们带来的改变。

夏天的银川，阳光明媚，微风拂面。我们首先来到了一所乡村小学，受到了师生们的热烈欢迎。学校的老师们告诉我们，推广普通话对于提高农村孩子的综合素质具有重要意义。不仅有助于孩子们更好地融入现代社会，还能增强他们的文化自信。然而，师资短缺、教育资源不足等问题，成为推广普通话的瓶颈。为此，老师们积极开展校际交流，互相学习，共同提高普通话教学水平。同时，他们还通过开展丰富的校园活动，开拓孩子们的视野，激发他们对普通话的兴趣。这里的孩子们为我们展示了一场精彩的《写好中国字，做好中国人》手势舞表演。他们用翩翩舞姿，诠释着对传统文化的热爱。在这场表演中，我们看到了乡村孩子们在推广普通话、传承中华文化方面的决心和毅力。

第二天，离开银川，我们来到了固原。这里的风景同样美丽，我们又来到了一所乡村学校，这里的孩子们虽然生活在贫困地区，但他们对普通话的热情却让人感动。我们筹备了一批文具，包括杂志、橡皮、笔等，捐赠给乡村学校的孩子们。当我们将文具送到孩子们手中时，他们脸上露出了灿烂的笑容。这些文具，对于他们来说，不仅仅是一份礼物，更是一份关爱与鼓励。我们发现，农村地区的孩子在学习普通话的过程中存在一些困难，比如发音不准、词汇量不足等。因此，我们通过与当地的老师进行交流，并利用课余时间，与孩子们进行互动，教他们一些简单的日常用语，让他们在轻松愉快的氛围中学习普通话。走廊里传来了琅琅读书声，楼道两旁贴满了他们的书法、绘画作品，这里的校长说，推广普通话不仅是教育责任，更是民族使命。她希望通过自己的努力，让更多的孩子走出大山，走向世界。这天下午，我们还到闽宁新貌展示中心、六盘山红军长征纪念馆参观，进一步感受长征精神和闽宁协作的山海情深，使得我们在社会实践中受教育、长才干、作贡献。

此次调研，让我深刻体会到推广普通话的重要性。我相信，在党的领导下，我国乡村振兴事业一定能够取得更大的成就。而在这个过程中，普通话的推广将发挥不可替代的作用。普通话是中华民族的文化载体，是沟通世界的桥梁。学好普通话，不仅有助于提高农村孩子的综合素质，更有助于传承和弘扬中华优秀传统文化。

在此次调研之旅中，我收获了许多宝贵的东西。这里有美丽的风景，有感人至深的故事，更有对推广普通话的思考与启示。在老师的带领下，我们积极参与社会服务，传播正能量。通过这些活动，我们不仅提升了自己的能力，还为社会的发展贡献了自己的力量。

（作者：张煜瑶　北京工业职业技术学院；指导教师：葛东雷；北京工业职业技术学院大学生科研项目"职业院校推普助力乡村振兴的实践路径研究"［BGY2024XSKY-53］）

炽热的青春

李梦涵

不是所有的坚持都会有结果，但总有一些坚持能从冰封的土地里培育出千万朵盛开的蔷薇。

——题记

教室里的空调呼呼吹着，吹动了我们飘逸的头发，吹起了我们奋笔疾书过的试卷。窗外的阳光很是灿烂，窗户的边缘被晒得发烫，张扬的青春像永不褪色的骄阳般定格在此刻。

我向窗外的晚霞发呆，像火一样的夕阳很美，让我恍惚觉得三年的青春短得只有一瞬间。当我再一次回过神来时，看见黑板上的倒计时不足100天，时光流逝，岁月如梭，一眨眼三年青春即将过去。都说热烈的青春比似火的太阳还耀眼，可当我回想起我三年的青春却找不到自己身上的闪光点。我并不是天赋异禀的孩子，当别人站在青春的舞台上彰显自己的风采时，我只会在台下默默鼓掌，在灯光照不到我的地方度过我此刻的青春。

小时候因为懒惰不知道学习的重要性，并没有坚持好好学习的习惯，所以如今只能羡慕别人站在自己的舞台上彰显自己的风采。但好在此刻我正值青春，所以在茫茫人海中我即使是平庸的普通人，但青春再普通也是独家记忆。人间骄阳正好，风过林梢，此时的我们正值青春年少。

于是我打开记忆的大门，进入属于我世界里的青春。里面是冬季也会勇敢生长的蔷薇，是长满一朵朵浪漫鲜花的夏天，是草长莺飞的春天，是丰收果实累累的秋天。我想春天同植物一起生长，忘记过去的一切挫折与悲伤，开启新的青春。因为每一次在冬天里死去的植物都会在春天慢慢苏醒，也是一次重生的机会。"几处早莺争暖树，谁家新燕啄春泥"这是我心目中明媚的春天，也是我青春里最美好的风景。

  我伴随着春日里的暖阳，不惧怕时光的流逝，道路的艰难。因为我知道平庸普通的我只能靠自己脑海中的知识来改变自己的命运。于是，我心中的热烈伴随着年少轻狂向着青春的光芒冲去。作为一名初三学子，应该在仅剩的100天里努力拼搏。要有全力以赴的决心，成为一匹不可超越的黑马！在青春的舞台上展现光芒。

（作者：李梦涵 沈阳市第七中学沈北分校 9年8班）

那一次　我与古典舞深深共鸣

刘灿然

月光如洗，洛水静流，如梦似幻，拨开烟云迷蒙的雾霭，纵以长袖作舞，袖凌空飘逸，如行云流水，曼妙灵动，千姿百态。

我学习舞蹈一段时间后，偶然有一次大型演出的机会，便很早开始准备。老师给我看了几个备选的剧目，傣族舞舒缓柔雅，维吾尔族舞热情华丽，蒙古族舞刚劲有力，各有千秋，唯独那一段古典舞水月洛神将我深深吸引，轻盈的舞步，曼妙的身姿，无不让我为此沉迷，我下定决心，开始学习这支舞。

刚开始，我一味注重学习的速度和舞蹈的难度，一支舞很快就学了下来，我激动地给老师展示，看似流畅却磕磕绊绊，跟不上音乐，动作不到位的问题频频出现。老师看后微微皱眉，把我叫到她的身旁，脸上是从未有过的严肃。老师摆摆手示意我站在镜子前坐四位转，我只好硬着头皮，起范，半蹲，立脚，吸腿，可不知为何，我的身体像不受控制一样东倒西歪。老师像是早就预料到了一样，心平气和地说："纵有高大的树，根基不稳，也无法历经风雨。同样，对舞蹈来说，外行看热闹，内行看门道，没有好的基础，再华丽的外表也无济于事。"于是我从最基础的开始，耗腿，压腰，旋转；再到大跳，空翻。磨破了脚就绑上绷带，磕清了腿就贴上膏药，沉重的发饰让我脖子酸痛，长长的水袖使我无数次绊倒。垃圾桶边堆满了穿破的舞鞋，舞蹈室里留下我无数的汗水。日复一日，看到点滴进步我也无比欣慰。

临近演出，老师问我："你知道中国古典舞与其他舞种最大的区别吗？"我愣了愣，答道："服饰、风格、技巧？"老师摇了摇头，笑着说道：

"中华文化源远流长,博大精深,古典舞未尝不是对它的承载与弘扬?每个好的古典舞剧目背后都与其所承载的文化深深共鸣。"说罢,老师带我查阅资料,了解历史背景;品读《洛神赋》,体味优美语言;一览《洛神赋图》,品析人物的神韵。渐渐地,我对这支舞有了更深刻的理解,一颦一笑,每一个动作都有其背后的含义。步伐轻快,舞姿轻巧,似欢舞于山水之间,与禽鸟相伴。而后,舞步连绵,表情凝重,充满对战争的无奈与心中的压抑。这一次,我与古典舞深深共鸣。

很快到了演出的时候,随着主持人的报幕,我走上台立于舞台中央。甩开朱色水袖,单足跃起,旋转飘舞。犹如月下仙子……每每跳起,就像一场与古人打破时空的对话,是灵魂的交融,更是文化的传承。古典舞以另一种形式向世界传播着中华文化。

(作者:刘灿然 中国人民大学附属中学;指导教师:张翠仙)

什么是年

王嘉瑞

什么是年
是除夕前掰着手指倒数的那几天
是老人倚在窗前的殷殷期盼
是游子归心似箭车轮飞转
是老家的小黄狗扑到你怀里差点把尾巴摇断

什么是年
是日复一日的思念绵绵
是人近情怯的句句寒暄
是团圆饭桌上的推杯换盏戏说童年
是久未谋面的把酒言欢忆苦思甜

什么是年
是叔叔接送亲人奔波于各个车站
是妈妈和婶婶辛苦准备的一桌丰盛的年夜饭
是大舅半夜起来炖熟一锅羊肉把我呼唤
是二舅妈给我提来一兜腊肉沉甸甸

什么是年
是长大也能收到的压岁钱
是厨房里锅碗瓢盆交响联欢

是麻将桌前一张张绽放的笑脸
是走村串巷、提着"礼当"把亲情访探

什么是年
是待客、聚餐和看老照片
是赏花灯、逛县城、"干瞪眼"和套圈圈
是佳节过半便迫切渴望剧情重演
是逐一送别攥又攥不住的时间

什么是年
是拿起行李说再见时的婆娑泪眼
是不舍的老人跟在后面步履蹒跚
是把奶奶说的那句"我还没把你看够"
回想了一遍又一遍

年的结尾
是从奶奶眼睛里看到的那句
常回家看看

(作者:王嘉瑞 中国工商银行北京门头沟支行)

又见小麦黄

王真卓

"田家少闲月，五月人倍忙"。金黄的麦穗在风中摇曳身姿，布谷鸟在"咕咕咕咕"割麦割谷中的声声鸣叫。又是一年小麦黄，我挂掉远在农村老家生活的老父亲电话，脑海里情不自禁浮现了一幕幕熟悉的农忙景象。

20世纪90年代，收割小麦是极其劳累和繁重的农活。"足蒸暑热气，背灼炎天光。力尽不知热，但惜夏日长"，正是收割小麦时的天气写照。天刚蒙蒙亮，勤劳的父亲就磨好锋利的镰刀，准备收割麦子。这一天，全家老少都要一起出动，我也分担着端茶送水和早回家做饭的跑腿活。我们每人划分区域，分工收割，把一镰一镰割下来的麦子放置一堆，然后再扎成一捆一捆，装上平板车拉到自家场上，堆成垛子，等待好天气再把麦子摊开，让黄牛一遍一遍地拉磨碾压，分离出麦粒和麦糠，之后还需扬麦才能得到更干净的麦粒，直到晒干多余的水分，方可运送回家储藏。由于手工劳动效率很低，整个过程要持续半个月到一个月之久，这期间还最怕天公不作美，赶上下雨，劳动果实就可能毁于一旦。这个劳作过程下来，个个都会累得直不起腰，疼得伸不开五指，可在疲惫的背后，更多的是丰收的喜悦。

《小草帽》曾是一支我儿时最爱跳的舞蹈，带着草帽拾麦穗亦是我童年的快乐。如今，身处异地他乡，我已二十年没有再感受和目睹农忙时节。社会的进步，机械化的普及，早已解放了农民耕种和收割农作物的双手。曾经忙碌的景象也早已一去不复返，但历久弥新的经历已根深蒂固地烙在我成长轨迹里，成为美好夹杂着辛酸的回忆。

又是麦黄时。看！那一片片金黄脉动，成熟饱满的麦穗都低下了头，它们依然那么谦虚和亲切。再看，一丝丝皱纹已爬满父母的额头，一层层老茧布满他们的双手，是他们用辛勤汗水养育了我，培养了我吃苦耐劳的精神和毅力，让我懂得劳动果实的来之不易和付出才有回报的道理。听！那布谷鸟又在咕咕鸣叫，似乎在催促忙碌的时节已到。吾当何为，载着感恩之念和奋斗之心，一路行之！

（作者：王真卓 北京工业职业技术学院党委组织部）

9 跟着习近平总书记的足迹学习感悟选录

跟随习近平总书记的足迹 从"课堂听"到"现场悟"

北京工业职业技术学院组织优秀青年骨干到河北正定培训学习

为巩固拓展学习贯彻习近平新时代中国特色社会主义思想主题教育成果，高质量开展党纪学习教育，2024年4月12日至14日，北京工业职业技术学院组织优秀青年骨干到河北正定干部学院开展"聚力同心筑梦，强化使命担当"主题培训活动。北京工业职业技术学院学校党委副书记魏晓东，党委常委、组织部长苗耀华以及各学院党总支书记、优秀青年骨干、党外人士代表40余人参加培训。本次活动由党委组织部统筹谋划，并得到了《北京青年报》和《现代教育报》的宣传报道。党委组织部择优选取部分青年骨干的学习感悟刊登在本部分，供读者交流参考。

——北京工业职业技术学院党委组织部

本次培训从加强党建、不忘初心、实干实政、改革创新、重视人才、文化传承、严以律己等方面，真实展现了习近平同志在河北正定工作期间的从政风范，为广大青年在新征程伟大实践中展现担当作为提供了鲜活案例和学习典范。青年骨干要以本次培训为契机，不断锤炼"不忘初心、牢记使命"的政治要求，恪守"为党育人、为国育才"的使命担当，发扬"求真务实、守正创新"的工作作风，强化"立德树人、艰苦奋斗"的育人目标，以"躬耕教坛、强国有我"的教育情怀和"对党忠诚、挺膺担当"的教育信仰，回答好"教育强国、职教何为"这一时代命题，高标准、严要求做好本职工作，为建设好中国特色高水平高职学校贡献智慧和力量。

——北京工业职业技术学院党委副书记：魏晓东

  党的历史是最有说服力的教科书，调查研究是党的传家宝。本次培训通过专题学习和实践教学相结合的方式展开，让学员们跟随习近平总书记的正定足迹学习领悟年轻干部的成长成才之道。一是有理论有实践。本次培训既有习近平总书记在正定的实践探寻，又有中华历史文化的温故知新；既有爱国主义电影的赏析品味，又有对乡村振兴先进典型的实地考察，从"课堂听"到"现场悟"，推动学习教育入脑入心。二是有场景有感悟。学员参观了县委大院前的百年古槐树、全国先进基层党组织、全国文明村——塔元庄村，感悟习近平总书记坚守为民的初心、推进乡村振兴的决心；走进了正定古城南城门、荣国府和梁思成文史馆，感受习近平总书记对于历史文化遗产保护的重视和"功成不必在我，但功成必定有我"的政绩观。三是有故事有情怀。学员从习近平总书记在正定从政的"党建篇、经济篇、文化篇"专题故事中，深刻体会习近平同志"知之深爱之切"的正定情怀，学习他在青年时期就具有的坚定信念、为民情怀、改革思维、开放意识、务实作风和责任担当。

——北京工业职业技术学院党委组织部部长：苗耀华

副部长：兰　健

干　部：王真卓　王璇　周凌瑞

躬耕教坛心向往　强国有我勇担当

葛东雷

4月12日至14日，北京工业职业技术学院组织优秀青年骨干到河北正定干部学院开展"聚力同心筑梦，强化使命担当"主题培训活动。本次培训活动理论与实践相结合、既有知识的学习又有实地考察的深刻体会，真实展现了习近平同志在河北正定工作期间的从政风范，使我深受感染和鼓舞，也更加坚定了我们年轻教师要在"职业教育大有可为"和"教育强国"背景下，做好本职工作的信心，以挺膺担当的责任感和艰苦奋斗的工作作风答好新时代的职教答卷。

躬耕教坛心向往。通过这次培训我更加深刻地了解到习近平总书记的初心与使命。他主动选择到基层锻炼，主动要求到艰苦和经济条件差的公社去，做好了入"苦海"的准备。我们青年教师同样如此，教书育人是教师的生命，无论什么样的学生、无论什么样的环境，都要想方设法根据学生特点制定教学方案，设置教学目标，要时刻牢记自己作为教师的初心和使命是什么，能够将基础薄弱的孩子教育好才是真正的责任与担当，也是对教师的重要考验。作为教师我们要敢于选择基础薄弱的班级，敢于挑战最辛苦的工作，强化自己躬耕教坛的初心与使命。

认真钻研重修身。早在1984年，习近平同志在正定期间就重视调查研究在工作中的重要性，他带头走遍全县所有的村，了解群众需求，调查研究之风从县委大院兴起，吹进机关、乡镇，鼓励干部扎到基层，经过调查研究，发现问题，找出办法，很快形成了一批调研成果。在我们的实际教学中，同样存在这样的问题，在开展教学活动时首先要调研学生对什么内容更感兴趣，什么样的方式学生更容易接受，并且根据调研结果不断调整自己的教学方式方法。在科研中,更要注重调查研究的重要性,论文不是空想出来的,论文一方面是对某一问题的理论总结,另一方面也对科学研究中存在的问题提出切实有效的解决办法。在调查研究的基础上,要认真调研,提高自身本领,在教育教学和科研中发挥自己的作用。

强国有我勇担当。教育强国是党中央在新时代和新形势下做出的战略部署,从"科教兴国"到"教育强国"的转变是新时代对广大教师提出的新要求。教育强国首先要强教育、强教师,在整个教育教学环境中,教师发挥着重要的作用,作为青年教师要在教育强国建设中勇于担当,不断通过学习提升自我,认认真真上好每一节课。职业教育面临着前所未有的发展机遇,"双高"建设计划更是为职业院校发展提供了支撑,职业本科使得多年来的职业教育学习"天花板"得到有效缓解,这些都为职业院校发展带来了前所未有的机遇,身为新时代的青年教师,我们有责任有义务不忘初心,勇于担当,以不畏艰难的闯劲和敢于突破的韧劲做好本职工作,为学校双高发展和职业本科建设贡献力量。

(作者:葛东雷 北京工业职业技术学院基础教育学院)

以青春之我勇担时代使命

杨奕

2024年4月12日—14日，作为我校优秀青年骨干的一分子，在我校党委副书记魏晓东，党委常委、组织部长苗耀华等领导的带领下，我参与了到河北正定干部学院开展的"聚力同心筑梦，强化使命担当"主题培训活动。本次为期不长的培训内容丰富而生动，严肃又活泼，感人且深刻。

跟随习近平总书记的正定足迹，我领略到了青年时代的习近平同志，一名年轻的干部，身上所具有的坚定信念、为民情怀、改革思维、开放意识、务实作风和责任担当。正定是习近平总书记从政起步的地方，习近平总书记在正定工作期间留下了宝贵的思想财富、精神财富和实践成果，为广大青年在新征程伟大实践中展现担当作为提供了鲜活案例和学习典范。

在党建方面，习近平同志十分强调党的建设的重要性。他在《知之深爱之切》一书中指出，"党风的好坏，决定人心的向背；人心的向背，不但决定着社会主义建设的命运，也决定着党的命运"。对于新时期基层党的建设，习近平总书记认为"办好中国的事情，关键在党。党的基层组织细胞有生机，党的肌体才健康有活力。"在正定县委县政府大院前古老的大槐树下，我们仿佛看到了习近平总书记和老百姓交谈的情形，仿佛看到了习近平总书记是如何让领导干部们做"政治上的明白人"、如何"从战略高度上"为人民群众进行精神文明建设，感受到了习近平总书记深邃的政治智慧和强烈的使命担当。

在经济方面，正定有着习近平总书记改革创新、推进乡村振兴的生动实践。习近平总书记认为"一定要树立'不抓农业不稳，不抓工业不富，不抓商业不活'的指导思想，站在发展商品经济的高度上总揽全局，实行农工商综合经营，全面发展。"在全国先进基层党组织、全国文明村塔元庄村，我深刻感受到了习近平总书记对脚下这片土地的热爱，永远保持同人民群众的血肉联系，始终同人民想在一起，干在一起，深刻体悟到了习近平总书记卓越的战略远见和真挚的为民情怀。

在文化方面，习近平总书记确定了"要充分挖掘正定县旅游资源丰富的优势，通过抓旅游建设促进正定发展的思路"。习近平总书记早在20世纪80年代初就多方筹资建起荣国府，开创了旅游业发展的"正定模式"，身体力行推动文物抢救和保护工作，探索走出一条保护与发展双赢的新路子，这些高瞻远瞩的决策，充分展现了总书记的战略眼光和文化情怀。在荣国府、梁思成文史馆、南城门、正定古城，我深刻领会了习近平总书记"功成不必在我，但功成必定有我"的政绩观，现场感悟了习近平总书记对历史文化遗产保护、传承的"正定实践"，进一步坚定了文化自觉和文化自信。

伟大的事业需要伟大的精神，青年的精神之根深扎于新时代的土壤之中。我们要将自身的发展和学校的发展、教育事业的发展、时代的发展同频共振，心怀"国之大者"，砥砺"家国情怀"，勇立潮头，以青春之我、奋斗之我，勇担时代使命，发扬"求真务实、守正创新"的工作作风，以"躬耕教坛、强国有我"的教育情怀，回答好"教育强国、职教何为"这一时代命题，在教育强国的新征程上共同谱写新篇章。

（作者：杨奕 北京工业职业技术学院审计处）

坚定理想信念　不忘初心使命

郭蕊

4月12日至14日，学校组织优秀青年骨干到河北正定干部学院开展"聚力同心筑梦，强化使命担当"的主题培训活动，我有幸参加了此次培训，受益匪浅。这次培训通过专题学习和实践教学的有机结合，让我深刻领悟了年轻干部的成长成才之道。在此，我将就培训过程中的体会与收获，进行梳理与总结。

一、理论实践相结合，深化教育内涵

本次培训不仅注重理论知识的学习，更强调了实践应用的重要性。在理论学习环节，我们重温了中华历史文化的博大精深，通过赏析爱国主义电影，激发了我们的爱国情怀。而在实践教学环节，我们实地考察了乡村振兴的先进典型，从"课堂听"到"现场悟"，深刻体会到了理论与实践相结合的重要性。这种学习方式不仅让我们的知识更加系统化，还让我们的认识更加深入，真正做到了让学习教育入脑入心。

二、场景感悟相交融，激发奋斗精神

培训过程中，我们参观了正定县委大院前的百年古槐树、全国先进基层党组织、全国文明村——塔元庄村等地。这些场景不仅让我们感受到了浓厚的历史文化氛围，更让我们深刻体会到了习近平总书记坚守为民的初心、推进乡村振兴的决心。在正定古城南城门、荣国府和梁思成文史馆

的参观中,我们进一步感受到了对历史文化遗产保护的重视,以及"功成不必在我,但功成必定有我"的政绩观。这些场景与感悟的交融,不仅激发了我们的奋斗精神,也让我们更加坚定了作为中共党员为人民服务的信念。

三、故事情怀相辉映,塑造优秀品质

从习近平总书记在正定从政的"党建篇、经济篇、文化篇"的专题中,我们通过一系列生动的故事,深刻体会到了"知之深 爱之切"的正定情怀。这些故事不仅展现了正定人民的坚定信念、为民情怀、改革思维、开放意识、务实作风和责任担当,更让我们感受到了作为一名教育工作者所应具备的优秀品质。通过学习,我们更加明白了作为一名青年骨干教师,不仅要具备扎实的专业知识,更要具备高尚的师德师风,为学生的成长成才提供有力的支撑。

四、个人成长与集体进步共融共促

这次培训不仅让我个人的教育理念和教学方法得到了提升,更让我深刻体会到了集体进步的重要性。在培训过程中,与其他教师共同探讨、交流心得,分享彼此的教学经验,这种集体学习的氛围让我受益匪浅。同时,我也看到了其他教师在教育教学中所展现出的优秀品质和创新精神,这对我今后的工作具有重要的指导意义。

五、展望未来,砥砺前行

通过这次培训,我更加坚定了作为一名青年骨干教师的责任和担当。在未来的工作中,我将继续深化理论学习,提升实践能力,努力将所学知识运用到教育教学中去。同时,我也将积极参与学校的教育改革和创新实践,为提升学校的教育质量和水平贡献自己的力量。

这次青年骨干教师培训是一次宝贵的学习经历，它不仅让我收获了丰富的知识和经验，更让我坚定了教育事业的信念和追求。我将以更加饱满的热情和更加扎实的工作作风，为培养更多优秀的人才而努力奋斗。

（作者：郭蕊　北京工业职业技术学院信息工程学院）

挺膺责任担当　坚定文化自信

李雪艳

"聚力同心筑梦、强化使命担当"，在为期3天的培训中，我们进行了专题学习"知之深 爱之切"——习近平在正定的难忘岁月；现场教学：回顾习近平同志那段从政开始的难忘岁月——县委县政府（大槐树）、坚守为民初心，推进乡村振兴——全国先进基层党组织、全国文明村塔元庄村、历史文化遗产的保护、传承、利用的正定实践——南城、树立"功成不必在我，但功成必定有我"的政绩观——荣国府、坚定文化自信——梁思成文史馆，自学《习近平在正定》等内容，作为一名教师，我深刻认识到"功成不必在我，但功成必定有我"这一政绩观的重要性，同时，坚定文化自信也是我们教育工作者不可或缺的品质。

"功成不必在我"体现了一种宽广的胸怀和高尚的境界。在教育工作中，我们不能仅仅追求个人的成绩和荣誉，而应该着眼于学生的全面发展和社会的长远利益。我们要培养学生的综合素质，不仅要注重知识的传授，更要注重品德的培养、创新能力的提升。我们要明白，教育是一项长期而复杂的事业，需要我们持之以恒地努力，可能我们无法在短时间内看到明显的成果，但我们的付出将会对学生的未来产生深远的影响。

"功成必定有我"则体现了一种责任和担当。我们要有主人翁的意识，积极投身于教育事业中，为学生的成长和社会的发展贡献自己的力量。在教学过程中，我们要不断提高自己的教育教学水平，勇于创新，积极探索适合学生的教学方法和手段。同时，我们还要关注学生的个性差异，因材施教，激发每个学生的潜能，让他们都能在自己的领域取得成功。

坚定文化自信是我们教育工作者的重要任务。文化是一个国家、一个民族的灵魂，我们要让学生了解和热爱自己的文化，培养他们的文化自信。在课堂教学中，我们可以通过传授传统文化知识、引导学生欣赏经典文学作品、开展文化活动等方式，让学生感受中华文化的博大精深。同时，我们也要注重培养学生的跨文化交流能力，让他们在了解其他文化的同时，坚守自己的文化根基。

树立正确的政绩观和坚定文化自信是教师工作的内在要求。我们要以学生为中心，以培养全面发展的人才为目标，不断努力，为教育事业的发展贡献自己的力量。在这个过程中，我们要注重团队合作，与同事们共同探讨、共同进步，形成良好的教育教学氛围。

总之，作为一名教师，我们要时刻牢记自己的使命和责任，以正确的政绩观和坚定的文化自信为引领，努力工作，为学生的成长和社会的发展做出自己的贡献。

（作者：李雪艳 北京工业职业技术学院机电工程学院）